PAIDÓS EMPRESA

Las inversiones de Warren Buffett

Las inversiones de Warren Buffett

Veinte grandes ejemplos

YEFEI LU

Traducción de Nieves Cumbreras

PAIDÓS EMPRESA

Obra editada en colaboración con Editorial Planeta - España

Título original: *Inside the Investments of Warren Buffett: Twenty Cases*

© Yefei Lu, 2016
© del prólogo, Javier Ruiz Ruiz, 2024

© de la traducción, Nieves Cumbreras, 2024
Diseño de la colección: Sylvia Sans Bassat
Composición: Realización Planeta

Value School agradece especialmente la contribución de las siguientes personas a la edición de esta obra: Ana Rosa Alejano, Manuel Franch Personat, Borja Lissén Arbeloa, Federico Castro-Rial Schuler, Francisco Lodeiro, Carlos Galán, Rubén Pérez Martínez, Nicolás Albert, Manuel Pérez Segado, Miguel Ángel Martín Ollero y Rafael Rodriguez Cabrero.

© 2024, Centro de Libros PAPF, SLU. – Barcelona, España

Derechos reservados

© 2024, Ediciones Culturales Paidós, S.A. de C.V.
Bajo el sello editorial PAIDÓS M.R.
Avenida Presidente Masarik núm. 111,
Piso 2, Polanco V Sección, Miguel Hidalgo
C.P. 11560, Ciudad de México
www.planetadelibros.com.mx
www.paidos.com.mx

Primera edición impresa en España: octubre de 2024
ISBN: 978-84-234-3786-3

Primera edición impresa en México: noviembre de 2024
ISBN: 978-607-569-877-9

Impreso en los talleres de Corporación en Servicios Integrales de Asesoría Profesional, S.A. de C.V.
Calle E # 6, Parque Industrial
Puebla 2000, C.P. 72225, Puebla, Pue.
Impreso y hecho en México / *Printed in Mexico*

A mi amor, Nora, y a nuestra preciosa hija, Lily

Sumario

TERCERA PARTE
La última etapa (1990-2014)

CUARTA PARTE
Las lecciones aprendidas

Prólogo

No hay duda de que se han escrito un sinfín de libros sobre la vida y obra del que, por impacto y resultados, ha sido el mejor inversor de la historia: Warren Buffett. En general, estos libros han abarcado aspectos tan diversos como su historia personal, su filosofía inversora, sus inversiones más destacadas o el funcionamiento de su querida Berkshire Hathaway, el *holding* que gestiona desde hace más de cinco décadas junto con su inseparable Charlie Munger. Por lo tanto, no es tarea fácil conseguir escribir un texto que resulte original entre tamaña bibliografía y, menos aún, enfocándose en inversiones históricas del archiconocido Oráculo de Omaha, como es el caso que nos ocupa. Sin embargo, en su libro *Las inversiones de Warren Buffett: Veinte grandes ejemplos*, Yefei Lu lo consigue gracias a dos bondades de esta obra que le otorgan un importante atractivo frente al resto. Por un lado, Lu realiza una amplia y detallada exposición de casos de inversión que abarcan más de cincuenta años de la vida inversora de Buffett. Por otro, más interesante, si cabe, lo hace analizando estos casos en el momento en que tuvieron lugar estas inversiones, evitando así los clásicos sesgos en los que muchos otros autores incurren al estudiar estos mismos ejemplos *a posteriori*; es decir, una vez que cuentan con toda la información de lo que sucedió después.

Efectivamente, cuando hablamos de una carrera tan larga

como la de Buffett, es imposible imaginar que su forma de invertir se haya mantenido estable a lo largo del tiempo. De hecho, él mismo ha comentado en numerosas ocasiones cómo ha ido evolucionando su filosofía o su manera de aproximarse al análisis de compañías. Si echamos la vista atrás, creo que sin lugar a equivocación podemos afirmar que esta evolución inversora ha estado decisivamente marcada por dos hitos. Por supuesto, el primero de ellos fue toparse con la figura de Benjamin Graham. No muchos lo saben, pero Buffett comenzó a invertir en acciones apoyándose en lo que se conoce como chartismo (intentar predecir qué va a hacer una acción sobre la base de su patrón gráfico). Sin embargo, su lealtad a esta estrategia duró poco. Como lector voraz que siempre ha sido, en aquella época, Buffett se empapaba de todos los libros relacionados con negocios e inversión que encontraba, y un día el destino quiso que cayera en sus manos la obra de Graham. Desde ese momento, todo cambiaría. De la noche a la mañana, Buffett pasaría de vislumbrar los mercados como un juego especulativo a contemplarlos bajo el prisma del dueño de varios negocios. Así, las acciones dejaron de ser pedazos de papel que cambiaban de manos sin ton ni son. Desde ese momento, representarían la propiedad de las compañías en las que invertía.

Buffett afianzaría esta forma de invertir. Primero, al ser estudiante del famoso curso de inversión de Columbia impartido por Graham y David Dodd (en el que Buffett obtuvo la mejor calificación que Graham había otorgado nunca) y, posteriormente, al cumplir su sueño de trabajar como analista en la sociedad Graham & Newman, de la que era dueño su ídolo y mentor. Buffett extraería muchas enseñanzas de esta etapa «formativa», pero, desde luego, una que le ha acompañado siempre es la idea de margen de seguridad. Hoy un concepto muy habitual entre los inversores *value* y que Graham acuñó para describir la importancia de comprar compañías pagando un precio sustancialmente inferior a su valor. En concreto, simplificando algo, Graham abogaba por adquirir aquellas empresas que cotizasen con un descuento importante sobre el teórico importe que percibirían sus accionistas si procedieran a su liquidación. Este estilo de inversión, conocido posteriormente como *deep value* por la comunidad inversora, sería el seguido por Buffett en sus primeras etapas inversoras una vez que abandona el nido de Graham y comienza a volar solo, gestionando su patrimonio y el de familiares y conocidos a través de sus sociedades de inversión (Buffett Partnership Limited).

Precisamente, es esta etapa la que engloba la primera de las cuatro partes del libro de Lu. Un período que abarcaría de 1957 a 1968, y en el que se profundiza en casos ya icónicos, como son las inversiones en The Sanborn Map Company, Dempster Mill Manufacturing Company o en la propia Berkshire Hathaway, que daría cierre a este período profesional. Las tres inversiones son un claro ejemplo de adquisiciones en las que Buffett, fiel a las enseñanzas de Graham, compró negocios con un elevado descuento de su valor de liquidación. En el caso de Sanborn, como bien explica Lu, el descuento provendría del mayor valor de las inversiones financieras realizadas por la entidad. Mientras que en los otros dos ejemplos lo generarían el valor de sus activos físicos. Sin embargo, si algo caracterizaba, además, a estas tres empresas, era la baja calidad de sus negocios: todos ellos en declive y con productos escasamente diferenciables, lo que con el paso del tiempo hacía que arrojasen unos retornos menguantes del capital empleado. Como posteriormente recalcaría Buffett en innumerables ocasiones, el tiempo es enemigo de los negocios mediocres. Por consiguiente, Buffett tuvo que hacerse con una posición de accionista de referencia (e, incluso, de control) para poder contribuir a destapar el valor oculto del balance de estas inversiones. Empero, nunca se sentiría cómodo con este papel activista, ya que podía acarrear también enfrentarse a la presión social y pública, como sucedió en el caso de su inversión en Dempster. Para Buffett, la reputación siempre ha sido su mayor intangible, y no estaba dispuesto a que su estilo inversor la dañase, por eso con el paso del tiempo este tipo de adquisiciones dejó de ser la norma. De hecho, la última inversión relevante de esta etapa (al margen de Berkshire) sería American Express, un negocio de gran calidad y, por ende, totalmente opuesto a los anteriores.

Si encontrarse con Graham fue el primer hito que marcaría la carrera inversora de Buffett, igual o más importante fue conocer a Charlie Munger. Aunque predestinados a encontrarse, en un principio pareciera ser justo lo contrario. Y es que Munger también creció en Omaha, pero incluso a pesar de que trabajó para el abuelo de Buffett, el dúo tardaría bastantes años en conocerse. El culpable de que finalmente sucediera sería el doctor Davis, un médico muy reconocido en la ciudad y que invirtió en las sociedades de Buffett porque le recordaba a «otro chico brillante» llamado Munger. Al final, el doctor Davis invitaría a ambos a una cena y eso encendería la chispa de un matrimonio inversor que ha durado ya más de seis exitosas décadas. Pero ¿por qué ha resultado tan relevante la figura de Munger en el estilo inversor de Buffett? Porque al contrario que Graham, Munger siempre abogó por invertir en negocios de mayor calidad; es decir, en compañías que contasen con algún tipo de barrera de entrada o de ventaja competitiva que las protegiera de las acciones de la competencia. De esta manera, con el paso del tiempo, Buffett adoptaría su famoso mantra de que siempre es mejor invertir en negocios de gran calidad a un precio correcto que invertir en negocios de pésima calidad con un elevado descuento. Sin embargo, este giro de estilo inversor no llega a su máxima expresión hasta que Buffett inicia su segunda fase como inversor profesional, a cargo del *holding* Berkshire Hathaway.

A finales de los años sesenta, ante la falta de oportunidades que encontraba en un mercado con valoraciones más y más exigentes, Buffett decidiría dar carpetazo a la gestión de sus sociedades inversoras. En concreto, comienza una nueva andadura (que aún perdura) en la que la compañía textil Berkshire Hathaway, adquirida con sus sociedades, pasaría a ser su vehículo inversor en compañías cotizadas y no cotizadas. Este inicio al mando de Berkshire está plasmado en los casos de inversión que Lu recoge en la segunda parte del libro, y que engloba los años 1968-1990. En un primer momento, como comenta Lu, el «nuevo» *holding* Berkshire Hathaway focalizaría sus esfuerzos en adquirir compañías que generasen un importante flotante (*float*); a saber: dinero adelantado por los clientes y del que una compañía puede disponer durante un tiempo (a veces, incluso no devolverlo), como la prima cobrada a un asegurado. Así, Buffett comenzó a adquirir compañías aseguradoras, como National Indemnity Company. Un sector que siempre ha conocido muy bien y que hoy supone el pulmón en el que se sustenta el modelo de negocio de Berkshire. Con el flotante de estas entidades, Buffett realizó otras inversiones generadoras también de flotante, como Blue Chip Stamp, creando un efecto de bola de nieve que aún perdura. Precisamente, el presidente de esta última entidad comentaría a Buffett que la empresa See's Candies se encontraba a la venta, despertando al instante su interés. See's era (y es) una entidad dueña y gestora de tiendas de bombones muy popular en California y que ejemplificaría el auténtico punto de inflexión en la filosofía de inversión de Berkshire Hathaway. Como Buffett y Munger admitieron décadas después, See's Candies supondría que ambos comprendieran, de una vez por todas, que los negocios de mayor calidad (los que consiguen mayores retornos sobre el capital empleado y que cuentan con importantes ventajas competitivas o barreras de entrada) merecen un múltiplo superior en su valoración y que, a muy largo plazo, estos negocios pueden capitalizar de manera espectacular una inversión.

A partir de este momento, Berkshire Hathaway se convertiría en una máquina de adquirir negocios de calidad a precios muy atractivos. Así, tras See's Candies seguirían *The Washington Post* (cuya lucha con la Administración Nixon generó una histórica oportunidad de inversión), la aseguradora GEICO (valor que ha acompañado, intermitentemente, a Buffett en toda su carrera inversora), *The Buffalo Evening News* (en los setenta, el negocio de prensa escrita no tenía nada que envidiar a las grandes plataformas tecnológicas de la actualidad), Capital Cities (cuyo tándem de directivos rivalizaba en inteligencia y buen hacer con Buffett y Munger) o, por supuesto, su adorada Coca-Cola (un caso de inversión muy interesante, ya que refleja cómo pueden generarse oportunidades también en las compañías más seguidas por la comunidad inversora). Sin duda, a la hora de invertir en compañías cotizadas de calidad a precios muy atractivos, estos años fueron los más prolíficos para Berkshire. Sin embargo, el éxito puede ser la semilla de la destrucción de muchos negocios de inversión, ya que el mayor tamaño puede terminar haciendo mella en las rentabilidades cosechadas. Esto llevó a Buffett a reinventarse de nuevo, dando un giro más oportunista a sus inversiones, además de focalizarse en entidades con mayor capital empleado.

Esta etapa, que Lu recoge en la tercera parte del libro, se iniciaría a principio de los años noventa. Desde entonces, Buffett comienza a invertir más agresivamente en momentos bajos del ciclo de un sector o, directamente, en crisis económicas, ya que es cuando surgen oportunidades de inversión en compañías cotizadas con suficiente tamaño, para que merezca la pena apretar el gatillo de ese elefante (en sus propias palabras) en el que se había convertido Berkshire. Sin duda, uno de los casos más paradigmáticos de esos años es la famosa inversión en el banco Wells Fargo tras la crisis inmobiliaria y financiera a inicios de los noventa. Asimismo, Berkshire comienza también una fase inversora en compañías con negocios con fuertes necesidades de capital y con una regulación favorable, habitualmente vinculados a las infraestructuras y a la energía, entre los que destacan MidAmerican Energy Holdings Company y Burlington Northern Santa Fe. En principio, todas esas inversiones resultaron desconcertantes, pero con el tiempo han demostrado el sentido financiero y estratégico para Berkshire.

No obstante, ni siquiera un genio como Buffett puede librarse de errores importantes de inversión. En 2011, para asombro de propios y extraños, realiza una fuerte inversión en la compañía tecnológica IBM. Una inversión que, como el propio Buffett comentó en muchas ocasiones (y Lu destaca en el libro), respondió más a la agresiva recompra de acciones que estaba realizando IBM y que, para Buffett, generaría mucho valor para los accionistas. El problema es que IBM no supo posicionarse competitivamente frente a otros gigantes tecnológicos, y esta inversión terminaría siendo un error importante para Buffett (del que, por cierto, se desquitaría con creces al cambiar esta posición por otra en el gigante Apple). Precisamente, por todo eso este caso de inversión puede resultar también de gran interés para el lector.

Como colofón, la cuarta y última parte del libro de Lu se dedica a resumir la evolución inversora de Buffett en todos estos años y las lecciones (muy valiosas) que podemos extraer como inversores. En definitiva, estamos ante una obra muy completa, por su amplitud y diversidad, y cuenta con ejemplos muy detallados de inversión realizados por el mejor inversor de todos los tiempos. Disfruta de su lectura, como un servidor ha hecho ya en varias ocasiones.

JAVIER RUIZ RUIZ
Director de Inversiones
y socio de Horos Asset Management

Introducción

En los últimos treinta años, tanto el nombre de Warren Buffett como el de su empresa inversora, Berkshire Hathaway, se han hecho familiares. Para quien forme parte del mundo de las inversiones, Omaha (Nebraska) ya no es una desconocida ciudad del Medio Oeste. Los resultados legendarios que ha logrado Buffett han incitado a los inversores comunes a querer seguir sus pasos y a muchos profesionales del sector a intentar emular sus estrategias. Pero ¿cuáles fueron las mejores inversiones que hizo Buffett? ¿En qué contextos las realizó? Además, ¿qué lecciones podemos extraer de su vasta experiencia?

El objetivo de este libro es encontrar respuesta a estas preguntas haciendo un recorrido por la carrera de Warren Buffett como inversor. En concreto, analizaré las veinte inversiones que, desde mi punto de vista, más repercusión tuvieron en su trayectoria. He elegido una muestra representativa de distintos tipos de inversiones y otras que me han parecido particularmente ilustrativas. También he tenido en cuenta el tamaño relativo de cada inversión en el momento en que la realizó.

Para analizar estas inversiones cruciales, me he centrado en estudiar específicamente cómo ha procedido Buffett al decidir dónde invertir. Mi objetivo es comprender, desde una perspectiva externa, cómo podría haber razonado él, u otro inversor, en cada situación. Cuando lo he considerado pertinente, y con la intención de destacar la perspectiva única de Buffett, he intentado adoptar el punto de vista que habría tenido un analista de inversiones que hubiera evaluado los negocios en el mismo momento que él. De este modo, a diferencia de las numerosas biografías de Warren Buffett disponibles, este libro se centra exclusivamente en contar su historia a partir de sus inversiones clave. La intención es trascender todas esas publicaciones que contienen información relevante sobre sus inversiones (incluidas sus propias cartas anuales) aprovechando, en la medida de lo posible, fuentes originales y otra información histórica. En líneas generales, intento proporcionar al lector un análisis realista de las inversiones más destacadas de Buffett para permitirle sacar sus propias conclusiones.

El libro consta de tres partes organizadas en orden cronológico. En la primera, se detallan cinco inversiones esenciales que Buffett realizó entre 1957 y 1968, durante su etapa como director de Buffett Partnership Limited, la sociedad privada de inversiones que dirigía antes de asumir el control de Berkshire Hathaway. En la segunda se detallan nueve inversiones realizadas entre 1968 y 1990, las dos primeras décadas en las que utilizó Berkshire Hathaway como vehículo inversor. La tercera se centra en el período en Berkshire desde 1990. Cada parte incluye una breve introducción que presenta cómo encaja cada inversión en la carrera de Buffett y establece el contexto del mercado de valores estadounidense, el principal mercado en el que invirtió, durante ese período. Los capítulos que conforman cada parte están dedicados a inversiones concretas, tratándolas como un estudio de caso. En la parte final del libro reflexiono sobre la evolución general de Buffett como inversor y resumo lo que he aprendido de su filosofía y estrategias a partir del análisis de sus veinte inversiones fundamentales.

Antes de adentrarme en las inversiones concretas de Buffett, es importante explicar la metodología que utilicé para llevar a cabo mi análisis. Al evaluar cada inversión me centré, en primer lugar, en comprender los factores cualitativos y el contexto. Luego, procedí a su valoración, buscando determinar el valor intrínseco de la empresa. Este valor se basaba principalmente en los beneficios que consideré sostenibles a largo plazo. A menudo, esto implicaba realizar ajustes en función del carácter cíclico de un negocio. En algunos casos, ajusté los costes de depreciación y amortización en comparación con los gastos de capital de mantenimiento (CAPEX). En otros, utilicé los beneficios del último año, sin más ajustes. En aras de mantener la coherencia y la simplicidad, opté por mantener el EBIT-EV[1] como métrica principal de valoración basada en los beneficios, empleando cifras normalizadas, como ya se ha mencionado, y por referirme con menos frecuencia al P/E.[2] En algunos casos, cuando lo consideré justificado, utilicé una valoración basada en los activos en lugar de, o además de, una basada en los beneficios. La evaluación cualitativa y las metodologías de valoración que he elegido no son las únicas formas de evaluar estas empresas. En gran medida, mi análisis se basa en la interpretación personal y, sin duda, habrá momentos en los que dicha interpretación pueda mejorarse empleando otros parámetros que no he tenido en cuenta. En resumen, la idea de este libro es proporcionar un análisis preciso de las inversiones en estas empresas basándonos en los datos disponibles. En conjunto, el análisis refleja lo que he podido comprender e interpretar de las decisiones que tomó Buffett en el momento de invertir.

1. La ratio EBIT-EV (del inglés *earnings before interest and tax/enterprise value*) se refiere al valor de la empresa dividido por los beneficios antes de intereses e impuestos.

2. La ratio P/E (del inglés *price-to-earnings*), también conocida como PER, se refiere a la capitalización bursátil dividida por los beneficios nominales o al precio de la acción dividido por los beneficios por acción.

Primera parte

Los años de las sociedades (1957-1968)

La carrera de Warren Buffett como inversor comenzó en serio en 1957, año en que creó su primera sociedad de inversión. Después de dos años trabajando como analista de valores en la Graham-Newman Corporation y tras la experiencia de estudiar en la Columbia Business School bajo la tutela de Benjamin Graham, estableció Buffett Partnership Limited (BPL). Esta sociedad fue financiada por algunos amigos, familiares y socios cercanos.[3]

Si bien los detalles del proceso mental de Buffett como inversor están mucho más documentados en etapas posteriores de su carrera, se pueden discernir algunos temas evidentes durante sus años como socio. Ante todo, destaca su perspectiva de querer comprar a buen precio. En su carta de 1962 dirigida a los socios, Buffett afirma que la piedra angular de su filosofía como inversor es adquirir activos a precio de ganga, en sintonía con el punto de vista tradicional de Benjamin Graham sobre el precio bajo

---

3. Buffett Partnership Limited se compondría pronto de numerosas sociedades individuales, entre ellas Buffett Associates, Buffett Fund, Dacee, Emdee, Glenoff, Mo-Buff y Underwood entre 1956 y 1969.

frente a la valoración intrínseca; es decir, una evaluación fundamental de la capacidad de una empresa para generar flujo de efectivo o el valor de una empresa en activos. En segundo lugar, Buffett adopta una visión firme de un mercado en movimiento; el señor Mercado puede sobrevalorar o infravalorar una empresa, pero a largo plazo reconoce su valor intrínseco. En tercer lugar, Buffett también presta atención a la psicología del inversor en lo que concierne a quién invierte en el mercado y a las repercusiones de esa forma de pensar. En concreto, menciona varias veces la idea de que los inversores deben tener mano firme frente a las manías y fluctuaciones de las distintas épocas.

En ese período, mientras gestionaba su sociedad, Buffett mantuvo en secreto sus participaciones y adoptó una estrategia llamada de «caja negra» con sus socios comanditarios. En el apéndice de la carta de cierre del ejercicio de 1963 dirigida a los socios, afirma:

> No podemos hablar de nuestras inversiones actuales. Adoptar la costumbre de hablar de ello abiertamente jamás serviría para mejorar nuestros resultados y, en algunos casos, podría llegar a perjudicarnos gravemente. Por esta razón, si alguien, incluidos los socios, nos pregunta si estamos interesados en algún valor, debemos acogernos a la quinta enmienda.

Durante este período, las inversiones más significativas de Buffett fueron una combinación de apuestas por el valor y movimientos corporativos. A veces, BPL invertía hasta un 35 por ciento de sus activos netos en una sola empresa, y cuando se presentaba la oportunidad, adquiría una participación mayoritaria en esa misma empresa.

Cuando, a finales de los años cincuenta y a lo largo de los años sesenta, Buffett dirigía su sociedad, Estados Unidos disfrutaba de una economía relativamente estable y próspera. Después de la guerra de Corea en los años cincuenta y en plena Guerra Fría a principios de los sesenta, la economía estadounidense era menos convulsa que la política. En la década de 1950, el índice Dow Jones pasó de alrededor de 200 puntos en 1950 a unos 600 puntos en 1960 (es decir, una subida del 200 por ciento). Aunque a principios de los años sesenta se produjo una pequeña recesión que llevó al Dow Jones a retroceder a 530 puntos en 1962 desde un máximo de 730 puntos a finales de 1961 (o sea, un descenso del 27 por ciento), el Dow llegaría a superar los 900 puntos en 1965, lo que representa un aumento del 70 por ciento desde el mínimo. Durante los años de Kennedy, la economía continuó prosperando y los primeros indicios de preocupación no surgieron hasta finales de los sesenta, cuando las tasas de inflación empezaron a aumentar cada vez más deprisa. Cuando Buffett cerró su sociedad de inversión en 1968, la prosperidad económica era tal que le resultaba cada vez más difícil encontrar las inversiones de valor que buscaba. De hecho, ésa fue una de las principales razones por las que, a pesar de estar en pleno rendimiento, decidió poner fin a su sociedad.

Las cinco inversiones analizadas en la primera parte de este libro son las que he considerado más significativas e interesantes de los años de asociación de Buffett.

1

1958: Sanborn Map Company

La historia de la Sanborn Map Company es fascinante. En la década de 1860, la compañía de seguros Aetna contrató a un joven topógrafo llamado D. A. Sanborn para que elaborara varios mapas de la ciudad de Boston. Aetna utilizaba estos mapas para evaluar el riesgo de incendio en edificios específicos de las zonas inspeccionadas con vistas a los seguros contra incendios. Los mapas tuvieron tanto éxito que D. A. Sanborn fundó su propia empresa, que pasó a conocerse como Sanborn Map Company.

A lo largo de las décadas de 1860 y 1870, Sanborn se expandió regionalmente, y hacia finales de esa misma época ya había cartografiado más de cincuenta ciudades.[4] En la década de 1920, Sanborn Map ya se había consolidado como el líder del mercado de la cartografía para los seguros contra incendios en Estados Unidos.

Para entender mejor a qué se dedicaba Sanborn Map, es importante comprender el sector de los seguros contra incendios. Este tipo de seguros surgió en Inglaterra tras el gran incendio de Londres de 1666, que destruyó más de trece mil casas y dejó sin hogar a aproximadamente el 20 por ciento de sus ha-

---

4. Sanborn Map, *Informe anual del año fiscal 1966*, 1-2.

bitantes. Durante los siglos XVIII y XIX, esta industria se trasladó a Estados Unidos, administrada en principio por compañías británicas que tenían el privilegio real para explotar este negocio y, más tarde, por empresas estadounidenses que se convirtieron en pioneras en el sector a escala local. Hacia finales del siglo XIX, el negocio de los seguros contra incendios ocupaba ya un lugar destacado en las urbes más grandes como Boston o Filadelfia (imagen 1.1).

Imagen 1.1

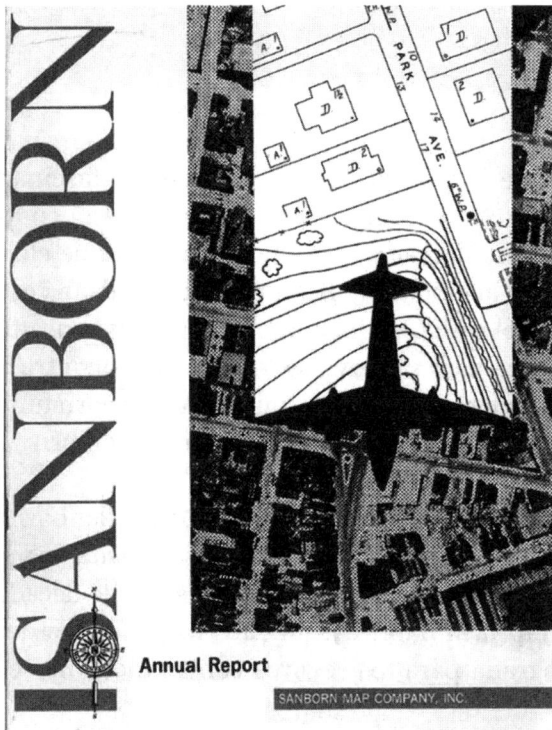

Tras inspeccionar el edificio en cuestión, estas compañías calculaban los riesgos y determinaban el precio del seguro teniendo en cuenta factores como el tipo de construcción, los materiales empleados, el número de ventanas y otros aspectos estructurales, así como la presencia de edificios circundantes. La metodología utilizada requería que un topógrafo profesional inspeccionara el terreno. Dado que este trabajo era muy laborioso y costoso, una empresa que se dedicaba a producir mapas detallados que permitían evaluar de manera precisa el riesgo de incendio tenía ventajas evidentes. Por un lado, en lugar de examinar los edificios de uno en uno, era mucho más eficaz trabajar con una manzana o incluso con un barrio completo; pero lo más importante era que los mapas se hacían a escala, por lo que, una vez elaborados, la información generada no la usaba en exclusiva una compañía aseguradora, sino que también muchas otras podían evaluar el riesgo subyacente del mismo grupo de edificios.[5] Es algo similar a la industria moderna de exploración sísmica, sector en el que las compañías generan la cartografía necesaria para que las empresas petroleras hagan perforaciones en busca de petróleo en alta mar. Por ejemplo, empresas como TGS-Nopec se benefician de economías de escala similares. TGS-Nopec lleva a cabo estudios en 2D y 3D del fondo marino en regiones como el golfo de México y luego vende esa información a grandes compañías petroleras interesadas en perforar en la zona. En el contexto de su época, la cartografía de Sanborn Map también estaba muy en consonancia con la práctica del seguro múltiple. Era bastante habitual que las edificaciones industriales más grandes estuvieran aseguradas por varias compañías de seguros, cada una de las cuales asumía una parte del riesgo.

Aunque el coste inicial de producir mapas tan detallados era extremadamente alto, una vez que Sanborn había invertido ese importe para cartografiar una ciudad, se necesitaba mucho menos capital para continuar trabajando en esa misma zona. A menudo, continuar el trabajo sólo requería que unos cuantos topógrafos supervisaran los cambios que se habían producido en las carreteras y edificios y enviaran esa información al departamento de cartografía de la sede central de Sanborn para editar los mapas. Esto implicaba que, con el tiempo, Sanborn obten-

5. Wrigley, Robert L., «The Sanborn Map as a source of land use information for city planning», *Land Economics*, 25, 2, (1949), pp. 216-219.

dría unos márgenes muy atractivos. Sin embargo, si el mercado en esa ciudad se fragmentaba y Sanborn obtenía menos beneficios debido a que parte de los ingresos se los llevaba la competencia, la inversión inicial ya no estaría justificada. Por lo tanto, cuando Sanborn terminaba de cartografiar una ciudad, nadie más podía ingresar en ese mercado concreto. Esto allanó el camino para la consolidación del sector.

Teniendo en cuenta este trasfondo, no es difícil entender por qué tuvo tanto éxito una empresa bien gestionada como Sanborn Map, que se centraba de manera meticulosa en capacitar a su personal para producir mapas precisos y de alta calidad y que era agresiva en su expansión tanto orgánica como, más tarde, a través de adquisiciones. A pesar de que a finales del siglo XIX había otros negocios de cartografía, incluidos la Jefferson Insurance Company, Hexamer & Locher, Perris & Brown (que se fusionó con Sanborn en 1889) y la Dankin Map Company, Sanborn Map era la dominante en la década de 1920.[6] Un último factor que contribuyó en gran medida a esta transformación fue la necesidad de que las compañías de seguros se estandarizaran. Dado que, en general, las aseguradoras preferían capacitar a sus suscriptores en un estándar único, una empresa que garantizara un proceso de inspección sistemático a escala nacional jugaba con ventaja.

En 1958, cuando Warren Buffett invirtió en ella, Sanborn llevaba varias décadas siendo la empresa líder en su sector. Para hacernos una idea del producto que elaboraba Sanborn, véase, en las imágenes 1.2 y 1.3, la reproducción de uno de los mapas de Sanborn para la ciudad de Boston, fechado en 1867.[7]

Fieles a su propósito original de ayudar a las compañías de seguros a estimar el riesgo de incendios, los mapas de Sanborn incluían detalles no sólo de las calles y casas de una ciudad, sino también de elementos como el diámetro de las tuberías de agua bajo las calles, el número de ventanas, los huecos de los ascenso-

6. <http://www.lib.umd.edu/NTL/Sanbornhistory.html>.
7. D. A. Sanborn, *Insurance map of Boston,* mapa, en *Sanborn Map Collections,* Biblioteca del Congreso, Estados Unidos, 1867.

Imagen 1.2. Leyenda del mapa Sanborn de la ciudad de Boston (1867)

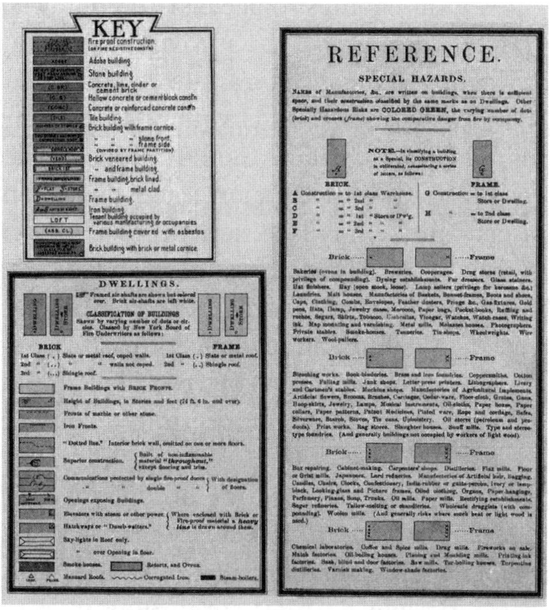

Imagen 1.3. Mapa Sanborn de la ciudad de Boston (1867)

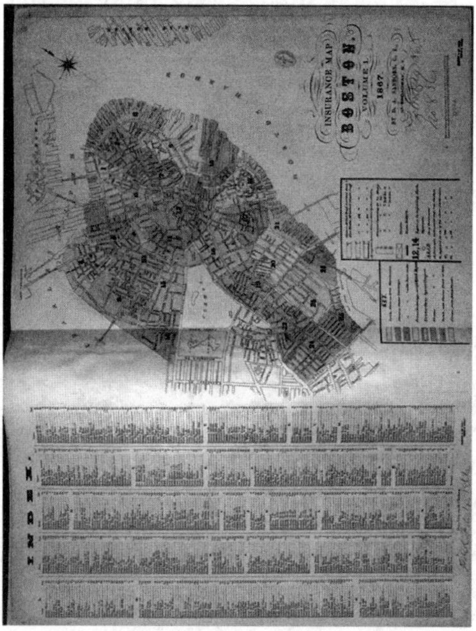

res, los materiales de construcción de los edificios y las líneas de producción de las instalaciones industriales. El producto que Sanborn vendía a sus clientes solía consistir en una colección de mapas de gran tamaño que pesaba aproximadamente unos veinticinco kilos y cubría al detalle el trazado de una ciudad específica. Además del coste inicial por el volumen de los mapas, para mantener los mapas actualizados Sanborn cobraba a sus clientes una tarifa en concepto de suscripción anual, que ascendía a unos 100 dólares para una ciudad de tamaño medio como Omaha. Aunque los usos de estos mapas tan detallados se habían ampliado y ahora incluían servicios públicos, compañías de préstamos hipotecarios y administraciones tributarias, se sabía que hasta 1950, el 95 por ciento de los ingresos de Sanborn aún provenían de un núcleo de alrededor de treinta compañías de seguros.[8]

En líneas generales, Sanborn fue un buen negocio hasta la década de 1950. Prestaba un servicio esencial a sus clientes y, a cambio, obtenía ingresos recurrentes estables y jugosos. Por desgracia, en la década de 1950 surgió una nueva tecnología que amenazaba con reemplazar los mapas tradicionales. En lugar de depender de los mapas para evaluar los riesgos basándose en los edificios y el entorno, las compañías de seguros comenzaron a confiar en algoritmos basados en datos económicos, como los costes de construcción. Esta metodología se denominó *carding*, y Sanborn se encontró con que cada vez más compañías de seguros recurrían a este sistema. En 1958, cuando Buffett empezó a invertir en Sanborn, los márgenes de beneficio habían ido disminuyendo drásticamente durante varios años y el precio de la acción había experimentado una caída notable, a alrededor de 45 dólares desde los 110 dólares que cotizaba en 1938 (representaba una caída de casi el 60 por ciento).[9] Según queda reflejado en la carta anual de Buffett a los accionistas de BPL, esta tendencia negativa coincidió con un período en el que el índice industrial Dow Jones experimentó un aumento consi-

---

8. Robert L. Wrigley, *op. cit.*
9. Warren Buffett a Buffett Partnership Limited, 30 de enero de 1961, 10.

derable, pasando de alrededor de 120 a unos 550 puntos, lo que equivale a un aumento del 360 por ciento.

Si alguien se hubiera planteado invertir en Sanborn Map en el momento en que lo hizo Buffett, es probable que su evaluación hubiera sido la siguiente: Sanborn fue un negocio casi perfecto durante mucho tiempo, proveedor exclusivo de un servicio crucial con altos rendimientos de capital. Sin embargo, en los años anteriores a 1958, se vio desafiado por una tecnología más moderna, y esto erosionó claramente su principal fuente de ingresos en el sector de los seguros contra incendios. A pesar de su sólida historia, a un analista que estudiara el negocio en ese momento le habría parecido que estaba pasando por un declive estructural evidente. Al examinar los datos económicos detallados (véase el documento 1.1) de la Sanborn Map Company (rebautizada en 1959 First Pelham Corporation) que figuran en el *Manual industrial* original de Moody's de 1960, se observa que en el período de 1950 a 1958 tanto el beneficio bruto como los ingresos netos habían disminuido aproximadamente un 10 por ciento al año.

No obstante, un análisis más meticuloso habría llevado a una conclusión diferente, como sin duda hizo Buffett. Y es que si bien en declive, Sanborn Map distaba de ser un negocio moribundo.

Documento 1.1.

Datos económicos de Sanborn Map Co. seleccionados del *Manual* de Moody's de 1960.
First Pelham Corp.

Historia: Constituida en Nueva York el 8 de febrero de 1876 como Sanborn Map and Publishing Co. En 1899 cambió su nombre a Sanborn-Perris Map Co. y en diciembre de 1901 a Sanborn Map Co.; el nombre actual fue adoptado el 31 de diciembre de 1959, véase «Reorganización» a continuación.

Reorganización: El cambio de nombre fue aprobado por los accionistas el 15 de diciembre de 1959 y entró en vigor el 31 de diciembre, lo que proporcionó la transferencia del negocio de mapas a una nueva empresa de Nueva York conocida como Sanborn Map Co., Inc.; el cambio de razón social a First Pelham Corp. y la modificación de los estatutos para ampliar los poderes y propósitos de la empresa a fin de incluir el comercio de acciones, bonos y valores de otras compañías. Como resultado, la empresa pasó a dedicarse únicamente a la gestión de sus activos de inversión, incluidas 315.000 acciones ordinarias de la nueva Sanborn Map recibidas por los activos operativos.

Actividad: Desde el 31 de diciembre de 1959 invierte en todo tipo de valores. Posee la totalidad de las acciones de Sanborn Map Co., Inc., que explota el antiguo negocio de mapas y propiedades.

Filial: Sanborn Map Co., Inc., de propiedad absoluta, realiza levantamientos topográficos y publica mapas de seguros contra incendios y bienes inmuebles de ciudades y pueblos de todo Estados Unidos y algunos de sus territorios. Vende principalmente a compañías de seguros contra incendios e intereses afines. También ofrece servicios cartográficos para planificación comunitaria, registro de servicios públicos y análisis de mercado. La planta editorial y la oficina principal se encuentran en Pelham (Nueva York). Tiene sucursales en Chicago y San Francisco y oficinas de ventas en Nueva York y Atlanta.

Cargos: C. P. Herbell, presidente; H. E. Oviatt, vicepresidente y secretario; R. E. Kellner y C. F. Doane, vicepresidentes; C. H. Carr, vicepresidente adjunto; F. H. Kleist, tesorero; D. G. Dobbins, secretario adjunto.

Directores: D. R. Ackerman, Esmond Ewing, H. H. Flagg, C. P. Herbell, H. W. Miller, H. E. Oviatt, W. B. Rearden, J. S. Taber, W. C. Ridgway Jr., W. L. Nolen, J. A. North, L. A. Vincent, P. S. Brown, W. E. Buffett.

Accionistas: A 31 de diciembre de 1959, 1.475.

Empleados: A 31 de diciembre de 1959, 350.

Auditores: Child, Lawson & Leonard.

Sede: 629 Quinta Avenida, Pelham (Nueva York).

Capital social: 1. Acciones comunes de First Pelham Corp.: pagaderas 25 $.

ACCIONES EN CIRCULACIÓN: 105.000; valor nominal 25 $ (cambiado de 100 $ de valor nominal, en octubre de 1934, se emitieron cinco acciones de 25 $ por cada acción de 100 $).

Tabla 1.1. Cuenta de resultados, ejercicios cerrados a 31 de diciembre

	1959	1958
Beneficio bruto	665.693 $	706.168 $
Gastos operativos	533.573	542.765
Beneficio de explotación	132.120	163.403
Otros ingresos, netos	228.013	242.862
Total ingresos	360.133	406.265
Impuesto federal renta	77.608	103.400
Ingresos netos	282.526	302.866
Ganancias retenida 1-1	1.664.749	1.659.351
Dividendos	267.750	283.500
Impuestos a/c ejerc., netos	1.752	*Crédito* 1.465
Otras deducciones	—	5.735
Ganancias de valores vendidos	8	*Débito* 9.698
Ganancias retenidas, 12-31	1.681.281	1.664.749

Tabla 1.2. Beneficios, años hasta el 31 de diciembre

	BENEFICIO BRUTO ($)	INGRESOS NETOS ($)	ACCIONES	BENEFICIOS EN ACCIONES COMUNES
1959	665.693	282.526	105.000	2,69
1958	706.168	302.866	105.000	2,88
1957	774.785	372.185	105.000	3,54

.../...

.../...

	BENEFICIO BRUTO ($)	INGRESOS NETOS ($)	ACCIONES	BENEFICIOS EN ACCIONES COMUNES
1956	800.890	418.980	105.000	3,99
1955	1.151.648	537.078	105.000	5,12
1954	1.196.199	550.998	105.000	5,25
1953	1.170.047	513.223	105.000	4,89
1952	1.152.705	511.873	105.000	4,87
1951	1.216.617	537.742	105.000	5,12
1950	1.344.170	679.935	105.000	6,48

DIVIDENDOS (siguen los pagos desde 1934):

En el momento de la escisión de 4 por 1 en 1934, se pagó una acción extra, en títulos.

AGENTE DE TRANSFERENCIAS Y REGISTRADOR: Marine Midland Trust Co., Nueva York.

Fuente: *Moody's Manual of Industrial and Miscellaneous Securities* (1960), 915.

Tabla 1.3. Balance a 31 de diciembre

	1959	1958
Activo:		
Efectivo	425.831 $	227.852 $
Ctas. por cobrar	444.430	414.860
Inventarios	830.331	1.068.785
Gastos anticipados	4.726	6.404
Corriente total	1.705.319 $	1.717.902 $
Inmovilizado, neto	154.356	155.540
Inversiones, coste*	2.601.873	2.592.706
Gastos diferidos	6.000	—

.../...

.../...

	1959	1958
Total	4.467.547 $	4.466.148 $
Pasivo:		
Salarios por pagar	8.494 $	6.908 $
Cuentas por pagar	29.610	19.814
Impuesto federal renta	77.608	100.987
Otros impuestos acumulados	45.555	43.140
Corriente total	161.267 $	170.850 $
Ingresos diferidos	—	5.550
Capital social ($25)	2.625.000	2.625.000
Ganancias retenidas	1.681.281	1.664.749
Total	4.467.547 $	4.466.148 $
Activo corriente neto	1.544.052 $	1.547.052 $
Valor neto tangible por acción	41.01 $	40.85 $

* Valor de mercado: 1959, 7.349.323 $; 1958, 6.972.884 $.

Tabla 1.4

1935-36	5,00 $	1937-39	6,00 $	1940	7,00 $
1941	5,00	1942-43	4,00	1944	4,25
1945	4,00	1946-47	4,50	1948-51	5,00
1952-55	4,50	1956	4,00	1957	3,50
1958	2,70	1959	2,55	1960*	0,60

* A 16 de abril.

Tabla 1.5

INTERVALO DE PRECIOS	1959	1958	1957	1956	1955
Alto	65	54 ¼	54	70	75
Bajo	52	37 ½	36	57	64

Si revisamos los datos financieros y los servicios prestados a los clientes que están disponibles en los recuadros siguientes, notaremos que si bien más a mediados de la década de 1960 que en 1958 el negocio se vio afectado de manera negativa por la aparición de la nueva tecnología (*carding*), no es menos cierto que:

a. Incluso en ese momento, una parte del negocio continuaba dedicándose a los servicios cartográficos tradicionales dirigidos a las compañías de seguros; la cartografía convencional no desapareció de la noche a la mañana. De hecho, seguían solicitándose revisiones y actualizaciones de los mapas.
b. La topografía elaborada por Sanborn Map siempre tuvo numerosos usos alternativos que no se vieron afectados por el fenómeno del *carding*.

Servicios a los clientes
Sanborn

Con el fin de familiarizar a nuestros accionistas con el tipo de servicios que presta la empresa, en los párrafos siguientes se mencionan algunos ejemplos típicos de encargos:

Diseño y producción para el Comando de Ingeniería de Instalaciones Navales de Filadelfia (Pensilvania) de un atlas de refugios comunitarios del condado de Lancaster (Pensilvania). Se trata de un inventario gráfico de las ubicaciones de las edificaciones identificadas en la actualidad en el Programa de Defensa Civil.

El inventario de uso del suelo y los mapas de uso del suelo correspondientes a las 149 millas cuadradas que comprenden el condado de Floyd (Indiana).

Mapas de los distritos electorales de la ciudad de Nueva York como resultado de una redistribución.

Las prospecciones de riesgo de incendio forestal en las colinas de San Rafael y en las montañas Verdugo, en el área de Los Ángeles, han requerido la inspección y catalogación de 16.000

edificios; y en otra zona de más de 125 millas cuadradas que se extiende desde San Bernardino hasta Santa Bárbara (California). Hasta la fecha, se han inspeccionado y catalogado más de 30.000 edificios.

Mapas originales de las nuevas instalaciones de la Bethlehem Steel Company en la planta de acero Burns Harbor y en Pinole Fabricating Works en Richmond (California), así como revisión de los mapas existentes de Bethlehem Steel Company en Bethlehem, Johnstown y Lebanon (Pensilvania).

Recuento de bloques que conforman más de cuatro millones de hogares en las áreas metropolitanas de Nueva York, Chicago, Dallas, Fort Worth, Houston y San Antonio. Estos recuentos se registran en mapas específicos que se utilizarán para determinar los territorios de los concesionarios de Avon Products, Inc.

El servicio anual de revisión del uso del suelo y de recuento de hogares para la Comisión de Planificación de la ciudad de Nueva York.

El servicio de revisión del uso del suelo y los cálculos de superficie de los cambios de uso del suelo en Filadelfia para la Comisión de Planificación de la ciudad de Filadelfia.

Bocetos de unas 50 localidades para un servicio de televisión.

Mapas de sistemas de distribución compilados y elaborados para American Water Works, Inc., y otras compañías de agua que desarrollan su actividad en los estados de Nueva York, Nueva Jersey, Pensilvania y Kentucky.

Conversión de los doce volúmenes de la serie Portland (Oregón) de mapas de seguros a formato blanco y negro; incorporación de descripciones de bienes inmuebles a las hojas de los mapas existentes y levantamiento topográfico de 120 hojas adicionales.

Medición por encargo y publicación de 30 hojas de los mapas de Sanborn en Sioux City (Iowa); 25 hojas en Detroit (Míchigan) y otras hojas en Richmond y Coronado (California).

Nuestro servicio de diagramación continuó expandiéndose durante el año. En el ámbito educativo, estamos diagramando los nuevos planes de las universidades de Princeton y Yale. También hemos aumentado el número de clientes que utilizan nuestros servicios de diagramación para seguros y otros fines relacionados.

Fuente: Sanborn Map, *Informe anual del año fiscal 1966*, p. 3.

Por el momento, las fusiones entre las compañías de seguros y las innovaciones implantadas en los procedimientos de suscripción han reducido, el uso de los mapas en el sector de los seguros. Esto nos ha obligado a ser cada vez más selectivos con respecto a los servicios de actualización de mapas de seguros contra incendios para que cumplan con los requisitos actuales. Como consecuencia, nuestros ingresos procedentes de este sector han disminuido, pero, por otro lado, la demanda de servicios de inspección y servicios cartográficos personalizados en categorías no relacionadas con el sector de los seguros ha ido en aumento y continuará haciéndolo en el futuro. Según nuestros estudios, parece inconcebible que las compañías de seguros no sigan necesitando nuestros servicios de una forma u otra en los años venideros. Investigaremos de manera activa todas las posibilidades en este sentido.

Fuente: Sanborn Map, *Informe anual del año fiscal 1966*, p. 4.

En su carta general a los accionistas al cierre del ejercicio de 1960, el propio Buffett señaló que las empresas que utilizaban mapas de seguros contra incendios seguían contratando primas por un valor de 500 millones de dólares y que a pesar de que su margen de ingresos netos hubiera disminuido considerablemente con los años, Sanborn aún era rentable. Si hacemos referencia de nuevo al documento de Moody's (véase documento 1.1), podemos apreciar que en 1959 los ingresos por explotación del negocio histórico de Sanborn habían caído a un poco más de 100.000 dólares, pero esta cifra parecía estar estabilizándose. En concreto, un posible inversor habría visto que se trataba de un negocio central estabilizado que generaba alrededor de 100.000 dólares al año y alguna fuente de ingresos por inversiones de alrededor de 200.000 dólares anuales. La clave parece ser que en el momento de la inversión de Buffett, la Sanborn Map Company seguía siendo claramente rentable.

La segunda parte del análisis se centra en la valoración. Con un precio de mercado de 45 dólares por acción y 105.000 acciones en circulación, la capitalización bursátil de Sanborn Map Co. era en total de 4,73 millones de dólares. Incluso teniendo en cuenta la considerable inflación registrada desde 1960, estábamos con toda claridad ante una empresa de pequeña capitalización o *small cap*. Sobre la base de las cifras facilitadas en la carta a los socios y las mencionadas anteriormente (100.000 dólares de ingresos de la empresa en activo y unos beneficios de aproximadamente 2 millones de dólares),[10] las acciones de Sanborn se valoraron en 2,4 veces los beneficios sin ajustar y en cuarenta y siete veces los ingresos anuales de todo el año 1959. Para una empresa en declive terminal, esto no habría parecido barato basándose sólo en su capacidad de generar beneficios. De hecho, tendríamos que suponer que los ingresos netos tendrían que volver casi a su nivel de 500.000 dólares de 1938 para que la acción cotizara a un múltiplo de beneficios de diez veces (a un precio de 45 dólares por acción), que yo consideraría más razonable para una acción con semejante riesgo estructural. Incluso con esa valoración, sin tener en cuenta ninguna otra consideración, un inversor promedio no optaría por invertir en una empresa cuya estructura está en declive. Esto indica que Buffett pudo haber identificado algún aspecto en los fundamentos del negocio que lo hizo parecer bastante más atractivo.

10. Supongo unos ingresos netos de 100.000 dólares partiendo de la base de aplicar el tipo impositivo del 27 por ciento, pagado por Sanborn Map Company en 1959, a sus ingresos de explotación de 132.120 dólares de su negocio operativo y redondeando. Con el fin de mostrar la capacidad de generar ingresos sólo del negocio operativo, he excluido los ingresos procedentes de las inversiones. En su carta de 1960 a los socios, Buffett hablaba de «beneficios después de impuestos del negocio de los mapas... por debajo de 100.000 dólares en 1958 y 1959».

En su carta anual de 1961 a los socios, Buffett alude a la posibilidad de mejorar la gestión de la empresa, ya que percibe que la dirección había descuidado su actividad principal, la cartografía. A él le parece factible revitalizar y reutilizar la vasta cantidad de información que ha recopilado Sanborn Map para ofrecer a los clientes un producto actualizado y más útil que representaría una oportunidad nueva para el negocio. Sin duda, la percepción de Buffett difiere considerablemente de la que tendría un analista que hubiera evaluado de forma superficial a Sanborn. Él había descartado la idea de que fuese un negocio moribundo por culpa de la tecnología del *carding*.

Pero en el caso de la inversión en Sanborn Map, lo más destacado no residía en su actividad operativa. Lo que Buffett vio con claridad y los demás no tuvieron en cuenta se encontraba en el balance de Sanborn Map de 1959.[11] Dicho balance revelaba que Sanborn había acumulado una cartera de valores, compuesta por bonos y acciones, por un valor de 7 millones de dólares, cifra que superaba el valor de toda la empresa. En su carta a los socios, Buffett menciona un negocio con potencial para ser reestructurado y que cotizaba a un valor negativo si se tomaba en cuenta el valor de la cartera de inversiones. Destaca que se trataba de la misma empresa que veinte años antes cotizaba a un PER de aproximadamente dieciocho veces o 90 dólares por acción, excluyendo su cartera de inversiones en ese momento.

Al final, Buffett decidió que merecía la pena darle la oportunidad. En un momento determinado, había invertido alrededor del 35 por ciento del valor neto de los activos de BPL en Sanborn. Lo que me pareció en particular interesante del análisis de Buffett fue que comprendió de manera detallada la fal-

11. Si examinamos de nuevo el cuadro de datos económicos de Sanborn Map, el documento de Moody's, alguien de la época con interés en invertir en la empresa habría podido confirmar la presencia de esa cartera de inversiones, pero sólo si esa persona era de las que se fijan hasta en el último detalle. De hecho, las cifras del balance se limitan a mostrar unos activos de inversión de 2,6 millones de dólares al coste. Es necesario leer la nota al pie, que hace referencia al valor de mercado de estos activos de 7,3 millones de dólares.

ta de objetivos por parte del consejo de administración y que
éste estaba desalineado con la dirección operativa. En este
caso, creo que Buffett conocía mucho mejor a las principales
partes interesadas de la empresa que la mayoría de los analistas de inversiones. En concreto, parecía identificar ciertas pa-
lancas operativas con las que impulsar el negocio fundamental
de la cartografía que la dirección no había investigado simplemente porque el consejo de administración se resistía al cambio. Esto se evidencia en el siguiente comentario:

> Antes de mi ingreso en el consejo, de los catorce consejeros, nue-
> ve eran figuras destacadas del sector de los seguros que poseían,
> entre todos, 46 acciones de la empresa de un total de 105.000
> acciones en circulación... El décimo consejero era el abogado de
> la compañía, que tenía 10 acciones. El undécimo era un banque-
> ro con 10 acciones que reconocía los problemas de la empresa,
> los señalaba y luego aumentaba sus participaciones... Los direc-
> tivos eran personas competentes y conscientes de los problemas
> del negocio, pero el consejo de administración los relegaba a un
> papel servil.

Para alcanzar este objetivo y desbloquear el valor de la cartera
de inversiones, Buffett pasó a una posición mayoritaria al adquirir su participación en Sanborn entre 1958 y 1961. En 1961 concluyó su inversión al lograr separar con éxito Sanborn Map Co.
en dos entidades distintas. En primer lugar, puso en funcionamiento medidas concretas para separar el restrictivo consejo de
administración de la empresa de la cartografía, su actividad principal, lo que permitió que esta última buscara mejoras operativas
por su cuenta. Además, esta entidad recibió un fondo de reserva
de 1,25 millones de dólares en acciones y bonos como capital adicional para respaldar el proceso de reestructuración. En segundo
lugar, el valor restante de la cartera de inversiones se obtuvo mediante un canje de valores de la cartera de acciones de Sanborn
Map, eso supuso aproximadamente el 72 por ciento de las accio-

nes en circulación de Sanborn Map. Como último incentivo, la operación también incluyó una hábil estructuración fiscal que permitió a los accionistas ahorrar un millón de dólares en concepto de impuestos sobre las ganancias de capital.

Al resumir esta inversión, parece que los factores clave que la propiciaron fueron dos. El factor evidente fue el claro valor del activo presente en la cartera de valores, que sólo requería una forma de materializarse. Además, no se puede obviar que aunque se encontrara en un estado de declive estructural, la actividad principal no estaba muerta ni perdía liquidez de manera constante, como suele suceder en las empresas que cotizan por debajo de su valor en efectivo. De hecho, es probable que Buffett se diera cuenta de que se trataba de un negocio con potencial para mejorar de inmediato y puede que para recuperarse por completo. En este caso, para poder rentabilizar la inversión, Buffett tuvo que asumir una posición mayoritaria, y esto requería también, como es natural, de su capacidad para negociar acuerdos.

La historia de Sanborn Map no concluyó en los años sesenta. De hecho, durante las décadas siguientes, la empresa consiguió expandir sus servicios históricos de cartografía de seguros contra incendios para crear varias líneas de negocio diferentes y sobrevivir como entidad operativa. Sin que la mayoría de los inversores lo supieran, Sanborn Map todavía existía en 2015 y funcionó hasta 2011 como filial del conglomerado de medios británico DMGT, año en que fue vendida a su equipo directivo en una operación de *management buyout*. En la actualidad, algunos de los principales servicios de Sanborn incluyen la visualización de datos geoespaciales, cartografía en 3D, fotografía aérea, recogida de datos de campo, servicios informáticos relacionados con las aguas pluviales, gestión de inventarios forestales y evaluación de riesgos aseguradores como incendios forestales.[12] De hecho, muchos de estos servicios están directamente relacionados con el negocio tradicional de Sanborn: la cartografía y la recopilación y análisis de datos.

12. <http://www.sanborn.com>.

2

1961: Dempster Mill Manufacturing Company

La Dempster Mill Manufacturing Company fue fundada en 1878 por Charles B. Dempster en Beatrice (Nebraska). Después de la Guerra Civil, muchas personas se trasladaron al Oeste en busca de una nueva oportunidad. El señor Dempster creía que a medida que estas personas se establecieran necesitarían molinos de viento, bombas de agua y otra maquinaria relacionada, y él quería ser la persona encargada de satisfacer esas necesidades.

Al principio, Dempster Mill se estableció como una tienda minorista que se abastecía gracias a un distribuidor de Omaha (Nebraska). A partir de 1885, Dempster comenzó a desarrollar su propio departamento de producción, después de que el señor Dempster decidiera que los ingresos serían aún mayores si su empresa tuviera su propia marca y control de calidad de la producción. Entre finales de la década de 1880 y la de 1930, Dempster Mill fue una de las empresas pioneras en el desarrollo de molinos de viento y sistemas de riego agrícola en las Grandes Llanuras (imagen 2.1). Sus molinos de viento (véase la imagen 2.2) se convirtieron en una estampa familiar del paisaje agrícola.[13]

13. Baker, T. Lindsay, *A field guide to American windmills*, Norman, University of Oklahoma Press, Estados Unidos, 1985.

En aquella época, los molinos de viento eran la principal fuente de energía que hacía funcionar las bombas que extraían el agua del subsuelo para regadío, alimentar al ganado y cubrir otras necesidades esenciales en una granja. En este sentido, los molinos de viento y la maquinaria de sistemas de agua que los acompañaban eran parte integral del desarrollo de la tierra en ese momento, y suponían una inversión importante para cualquier colono. Aunque Dempster Mill no era la única empresa del sector, sí era una de las pocas que tenía éxito y buena reputación. Además de los molinos de viento, Dempster construía sistemas hidráulicos afines, como bombas y maquinaria de riego.

Imagen 2.1. Botón de Dempster Mill Manufacturing Co. de principios del siglo xx

Fotografía de Ralph Bull.

En la década de 1960, el mercado de los molinos de viento y sus accesorios entró en declive. Durante la Gran Depresión y en el período posterior, el gobierno federal había ayudado a extender la red eléctrica a muchas áreas del Medio Oeste rural, lo que a su vez llevó a que las bombas eléctricas sustituyeran varias funciones de las bombas de agua impulsadas por molinos de viento. A diferencia de las bombas impulsadas por molinos de viento, que sólo podían abastecer agua almacenada en un depósito a un ritmo impredecible, la principal ventaja de las bombas eléctricas era su capacidad para funcionar siempre que se necesitara agua. Por lo tanto, las bombas eléctricas se hicieron más prácticas.

Imagen 2.2. Molino de viento de Dempster Mill

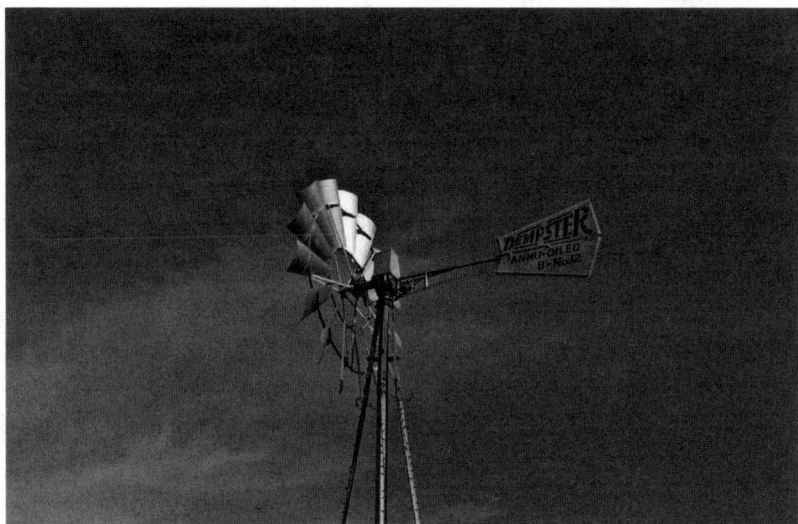

Fotografía utilizada con permiso de Daniel Teston, © 2013.

En 1961, la empresa Dempster Mill Manufacturing facturaba un total de 9 millones de dólares. Justo ese año, Buffett la mencionó por primera vez en su carta anual a BPL. En esta carta indicaba que durante los cinco años anteriores, la sociedad había estado construyendo una participación en la empresa. Si bien originalmente Dempster Mill había sido adquirida como una inversión en valor general, había evolucionado hacia una operación de dominio. Para finales de 1961, BPL poseía el 70 por ciento de la empresa de manera directa y otro 10 por ciento de manera indirecta, a través de socios.

Antes de analizar los datos financieros, conviene resumir con rapidez, basándonos en los datos disponibles, qué entendemos por la calidad empresarial intrínseca de Dempster Mill

Manufacturing. Pese a que Dempster Mill operaba en una industria que no crecía, tampoco era un sector que estuviera en riesgo inminente de desaparecer. En primer lugar, igual que sucede con todas las empresas de molinos de viento, Dempster Mill vendía equipos nuevos, pero también ofrecía piezas de repuesto y servicio técnico posventa. Cualquier empresa que tenga servicios posventa representa un modelo de negocio a largo plazo; es decir, tiene un flujo de ingresos recurrente durante un período prolongado después de haber vendido el equipo original. Este flujo de ingresos protege a la empresa de un declive rápido. En los años sesenta, Dempster Mill también se había diversificado hacia otros sectores. Además de su actividad principal, la venta de molinos de viento, ofrecía una amplia variedad de maquinaria agrícola que incluía sembradoras (máquinas utilizadas para sembrar granos) y fertilizadoras (máquinas empleadas para inyectar fertilizantes líquidos en el suelo). Aunque este negocio debe de haber sido relativamente pequeño, en los años sesenta se estaba expandiendo.[14]

En 1961, Dempster Mill podría considerarse mediocre, pero no terrible desde una perspectiva de calidad empresarial. Si bien su actividad principal con los molinos de viento, que había sido un negocio excelente, estaba cayendo, esta disminución era gradual debido a los ingresos continuos que generaban los servicios y las piezas de repuesto, que se prolongaban durante años después de que se instalara el equipo original.[15] Además, los nuevos productos, algunos de los cuales pertenecían a segmentos de

14. T. Lindsay Baker (profesor y catedrático de Historia Industrial de Texas en la Tarleton State University) en conversación con el autor.

15. Basándonos en un comentario de Buffett en su carta anual, podríamos hacer una estimación aproximada del porcentaje de los ingresos de Dempster Mill provenientes de los servicios posventa. En dicha carta afirmaba que cuando Harry Bottle, el gerente que contrató, subió los precios de los repuestos, se generaron 200.000 dólares más de beneficios al año. Si suponemos que subió los precios alrededor de un 20 por ciento, lo que opino que es posible cuando una empresa pasa de no tener una estrategia posventa a tenerla, podemos inferir que las ventas de repuestos serían de aproximadamente 1 millón de dólares. Si suponemos que la cantidad de ingresos por servicios era equivalente, pode-

mercado en crecimiento, también habrían proporcionado a la empresa una forma adicional de contrarrestar el debilitamiento de su actividad principal. A este respecto hay que señalar que a pesar de que Dempster Mill tenía una marca sólida en el negocio de los molinos de viento y apenas competencia, no disfrutaba de tales ventajas en sus nuevas categorías de productos. Había numerosos competidores y algunos de ellos eran más reconocidos en el sector de la maquinaria agrícola. No obstante, los indicios parecían dar a entender que Dempster Mill era una empresa que con una buena gestión empresarial podría generar un rendimiento superior a su coste de capital.

Dempster Mill Manufacturing es uno de los pocos casos de inversión en que las cartas de Buffett a los socios ofrecen un relato pormenorizado de la situación financiera de la empresa. La tabla 2.1 muestra el resumen del balance de Dempster Mill Manufacturing al cierre del año 1961.

Tabla 2.1. Balance consolidado (1961)

ACTIVOS	VALOR CONTABLE	VALORADO EN	VALORACIÓN AJUSTADA	PASIVOS	
Efectivo	166.000 $	100 %	166.000 $	Cuentas por pagar	1.230.000 $
Por cobrar. (neto)	1.040.000	85 %	884.000	Otros pasivos	1.088.000
Inventario	4.203.000	60 %	2.522.000		
Gastos prepagados	82.000	25 %	21.000		
Activo corriente	5.491.000		3.593.000	Total pasivo	2.318.000
Seguros de vida con valor en efectivo	45.000	100 valor estimado neto subasta.	45.000	Valor neto contable	4.601.000

.../...

_____

mos llegar a la conclusión de que entre el 20 y el 25 por ciento de los ingresos totales procedían de la posventa. Sin duda, una cantidad significativa.

.../...

ACTIVOS	VALOR CONTABLE	VALORADO EN	VALORACIÓN AJUSTADA	PASIVOS	
Planta y equipo neto	1.383.000		800.000	Valor neto ajustado a valores rápidamente realizables	2.120.000
Total activo	6.919.000		4.438.000	Acciones en circulación 60.146; valor ajustado por acción	35,25 $

Fuente: Warren Buffett a Buffett Partnership Limited, 18 de enero de 1963, p. 6.

Buffet enumera las principales partidas del balance. Como muestra la tabla 2.1, los activos, incluidos el efectivo, las cuentas por cobrar, el inventario, los gastos pagados por adelantado, los bienes de planta y equipo y otras partidas, ascendían a un total de 6,92 millones de dólares. Por otro lado, en el pasivo, que incluye la deuda, las cuentas por pagar y otros pasivos, el valor contable era inferior a 2,32 millones de dólares. Si nos atenemos sólo al balance, el valor total de la empresa era de 4,6 millones de dólares, lo que representaba 76,48 dólares por acción.

El enfoque que adoptó Buffett recuerda al que es posible que adoptara Benjamin Graham ante muchas inversiones: basarse en el valor de los activos y no en los beneficios. En vez de guiarse sólo por el valor contable, Buffett estimó el valor razonable de la empresa aplicando descuentos importantes en todos los activos en los que consideró que el valor contable (en los libros) podía no ser suficientemente prudente: aplicó un descuento del 15 por ciento a las cuentas por cobrar y otro del 40 por ciento al inventario. Sin embargo, en aras de ser conservador, para el pasivo supuso el cien por cien del valor contable. Con este planteamiento estimó que el valor razonable del negocio sería de unos 35 dólares por acción.

Buffett no proporciona cifras concretas del nivel de ingresos y beneficios de la empresa, pero sí nos da algunas pistas cuando afirma: «Las operaciones de la última década se han caracterizado por ventas estáticas, baja rotación de inventario y beneficios prácticamente nulos en relación con el capital invertido».

Este sutil comentario sobre el negocio como una empresa con «ventas estáticas» y «beneficios prácticamente nulos» es más significativo de lo que parece en un principio. Lo que quiere decir es que Dempster Mill no era un negocio que se deteriorara con rapidez ni que sufriera una pérdida importante de efectivo. De hecho, seguía generando beneficios. Como se muestra en el recuadro al final de este capítulo, esto coincide con la información financiera del *Manual industrial* de Moody's de 1960, que también señalaba que la empresa había obtenido beneficios en 1958 y 1959. En los próximos párrafos explicaré por qué considero que esto es relevante.

Buffett nos proporciona el precio exacto que pagó por Dempster Mill Manufacturing. En la carta anual de 1962 cuenta que empezó a comprar acciones de la empresa varios años antes a un precio modesto, 16 dólares por acción, y que en 1961 había adquirido la mayor parte de su participación haciendo una transacción fuera del mercado por 30,25 dólares. De media, pagó la suma de 28 dólares por acción. Con esta valoración, Buffett había comprado las acciones con un descuento del 63 por ciento respecto al valor contable por acción y del 20 por ciento respecto a su propio valor razonable calculado de forma cautelosa. Sin duda, se trata de un margen de seguridad importante.

Aunque no es frecuente, no es imposible encontrar empresas que cotizan muy por debajo de su valor contable incluso en la actualidad. El problema radica en que tales empresas no garantizan una buena inversión. Muchas veces, las compañías que cotizan por debajo de su valor en libros son las que, por una razón u otra, tienen activos netos que valen mucho menos de lo que indican sus valores contables.

En el caso de esta inversión en particular, es probable que Buffett viera claros dos aspectos. En primer lugar, Dempster Mill, que a primera vista podría considerarse un negocio en declive, en realidad no estaba sufriendo un colapso rápido. Es cierto que el negocio se había estancado y no generaba muchos beneficios, pero su declive era más bien gradual y no había una pérdida preocupante de efectivo. De hecho, Dempster Mill tenía un gran potencial para introducir mejoras operativas.

Además, la mayor parte de los activos del negocio podían venderse y convertirse en efectivo. En concreto, el valor asignado por Buffett a los activos no se refería en esencia al inmovilizado material, sino más bien al inventario y a las cuentas por cobrar. Es muy probable que él supiera que la empresa podría materializar ese valor en un plazo de doce a veinticuatro meses.

En este sentido, Dempster Mill Manufacturing era, de hecho, una clásica *net-net*. Si se suman sólo sus activos corrientes netos y se restan todos los pasivos y luego se toman sólo dos tercios de esta cantidad, el valor resultante seguiría superando el precio de las acciones.[16] La importancia de esto radica en que las empresas que se venden muy por debajo de su valor contable suelen ser aquellas cuyo valor contable no tiene forma de materializarse. Un ejemplo ilustrativo es el de un fabricante de paneles solares que a pesar de registrar una alta capacidad de producción en sus libros y un valor de reposición considerable, se enfrenta a una situación en la que la demanda de estos activos es escasa porque, sencillamente, casi nadie los compra.

Además de adquirir una empresa a un precio excelente y con la seguridad de que sus cimientos no se estaban deteriorando con rapidez, Buffett empleó una estrategia sencilla. Identificó la oportunidad de mejorar las operaciones de una empresa cuyo valor en activos podía materializarse al convertir el inventario en efectivo; un efectivo que, a su vez, podía utilizarse para invertir. A tal fin, Buffett no dudó en tomar el control de la situación. Con unos activos totales bajo gestión de unos 7,2 millones de dólares a finales del año 1961, Dempster Mill representaba algo más del 20 por ciento de los activos totales de las sociedades de

16. Hay muchas formas de definir una *net-net*; la que yo he utilizado consiste en tomar sólo los activos corrientes (efectivo, cuentas por cobrar, inventario y otros activos corrientes), restar todos los pasivos y tomar dos tercios de este valor. Según esta definición, el cálculo para Dempster sería el siguiente: valor neto-neto = ([5,491 millones, 2,318 millones]/60.146) × ⅔ = 52,75 $ por acción × ⅔ = 35,17 $ por acción. Esto supone un 20 por ciento por encima del precio de 28 $ por acción que pagó Buffett.

Buffett, según su valoración del negocio a 35 dólares por acción. De nuevo se demuestra que se trataba de una gran inversión.

También es importante mencionar algo más sobre la gestión de Dempster Mill. Cuando Buffett invirtió por primera vez en la empresa, el equipo directivo era, a decir verdad, poco competente. Había indicios claros de que la dirección no había buscado oportunidades de mejora operativa, ni siquiera las más básicas. Un ejemplo es que los gestores originales no distinguían entre el precio de las piezas de repuesto y del equipo original. Un enfoque estándar en los negocios que venden repuestos implica vender esas piezas a un precio más alto, ya que se dirigen a un público cautivo que tiene que elegir componentes compatibles y, por lo tanto, se preocupa menos por los precios; esta estrategia habría permitido obtener márgenes más amplios. Por eso, cuando el nuevo equipo directivo introdujo un modelo de precios diferenciados, los beneficios aumentaron de inmediato sin que se registrara una disminución en el volumen de ventas.

Si bien Buffett reconocía las limitaciones del equipo directivo original, intentó colaborar con ellos para llegar a un uso más eficaz del capital y hacer operaciones más eficientes. Sin embargo, tras varios intentos fallidos, Buffett incorporó a su propio director, un hombre llamado Harry Bottle. Durante los años siguientes, lo elogiaría en sus cartas anuales. Al hablar de Bottle, Buffett parece reflejar que evalúa la dirección basándose en tres criterios principales:

a. Indicadores claves de desempeño (KPI, por sus siglas en inglés): A Harry Bottle se le incentivó con KPI claros y gestionó el negocio basándose en métricas financieras clave que incluían la conversión de un alto porcentaje del inventario en efectivo, la reducción de los gastos de venta, generales y administrativos en un 50 por ciento y el cierre de las sucursales que no eran rentables.

b. Abordaba las situaciones de frente: Harry era un hombre que no se amilanaba si había que tomar alguna decisión difícil, como la mencionada eliminación de las instalaciones no rentables. Tampoco esperaba para deshacerse del inventario obsoleto o amortizarlo.

c. Era diligente: Buffett describió a Harry Bottle como alguien capaz de concentrarse en las tareas que tenía entre manos y dijo: «Me gusta tratar con alguien que no está intentando averiguar cómo chapar en oro los accesorios de los lavabos de los jefes».

Las cartas a los socios de 1962 y 1963 revelan que el valor de Dempster, calculado según el método clásico de descuento de Buffett, pasó de 35 a 50 dólares y después a 65 dólares. La tabla 2.2 muestra el balance general tal como se presentó en la carta anual de 1962.

Para conseguir este crecimiento en valor fue fundamental la capacidad de Bottle para obtener valor de los activos casi al cien por cien de su valor contable. De manera similar a una configuración moderna de capital privado, Bottle generó efectivo a partir del capital circulante y lo utilizó para pagar la mayor parte de la deuda. Además, posteriormente el efectivo generado se empleó para construir una cartera de valores en la que Buffett invirtió con el resto de su cartera de inversiones. Parece que para evaluar la capacidad de usar el efectivo para invertir se basó en su experiencia con Sanborn Map. Cuando, a finales de 1963, Buffett tuvo la oportunidad de salir de esta posición mediante una transacción privada, el valor total que pudo obtener de la inversión equivalía a unos 80 dólares por acción, lo que representaba un beneficio considerable.

Como dato curioso, en su biografía de Buffett, Alice Schroeder relata que con esta experiencia Buffett aprendió que no le gustaba en absoluto desempeñar el papel de inversor activista. A pesar de las magníficas ganancias obtenidas con esta inversión, no quería volver a verse en el futuro en la situación de tener que despedir al personal o vender los activos.[17] Se ha dicho que tras esta experiencia, Buffett empezó a preferir no intervenir ni como gestor ni como inversor.

---

17. Schroeder, Alice, *La bola de nieve. Warren Buffett y el negocio de la vida*, Valor Editions de España, Madrid, 2018, p. 246 del original en inglés publicado por Bantam.

Tabla 2.2. Balance consolidado (1962)

ACTIVOS	VALOR CONTABLE	VALORADO EN	VALORACIÓN AJUSTADA	PASIVOS	
Efectivo	60 $	100 %	60 $	Cuentas por pagar	0 $
Valores negociables	758 $	Mercado 12/31/62	834 $	Otros pasivos	346 $
Por cobrar (neto)	796 $	85 %	676 $	Total pasivo	346 $
Inventario	1.634 $	60 %	981 $		
Seguros de vida con valor en efectivo	41 $	100 %	41 $	Valor neto contable	4.077 $
Impuesto sobre la renta recuperable	170 $	100 %	170 $		
Gastos prepagados	14 $	25 %	4 $	Ajustado a valores rápidam. realizables se añaden: ingresos potenciales por el ejercicio de la opción para Harry Bottle.	3.125 $ 60 $
Activos corrientes	3.473 $		2.766 $	Acc. en circulación 60.146	
Inversiones varias	5 $	100 %	5 $	Se añaden: acc. potencialm. pdtes. bajo opción 2000; total acciones 62.146	
Planta y equipo neto	945 $	Valor estimado neto subasta	700 $	Valor ajustado por acción	51,26 $
Total activo	4.423 $		3.471 $		

Fuente: Warren Buffett a Buffett Partnership Limited, 18 de enero de 1963, 7.
Nota: Se han omitido los 000.

Documento 2.1

Dempster Mill Manufacturing Co.

Historia: Constituida en Nebraska el 15 de junio de 1886. Fundada en 1878. Florence Table & Mgf. Co. (Memphis, Tennessee), antigua filial, fue liquidada en 1935.
En mayo de 1959 adquirió Habco Mfg. Co.

Actividad: La empresa fabrica molinos de viento, bombas, cilindros, sistemas de agua, bombas centrífugas, depósitos de acero, equipos de suministro de agua, equipos de fertilización, aperos agrícolas, etc.

Propiedad: La fábrica ocupa 8 acres de terreno en Beatrice (Nebraska). Sucursales en Omaha (Nebraska), Kansas City (Misuri), Sioux Falls (Dakota del Sur), Denver (Colorado), Oklahoma City (Oklahoma), Des Moines (Iowa) y Amarillo y San Antonio (Texas).

Filiales: Dempster Products Co., Habco Mfg. Co.

Cargos: C. B. Dempster, presidente; J. H. Thomsen, vicepresidente ejecutivo y director general; E. R. Gaffney, R. E. Heikes, vicepresidentes; C. A. Olson, vicepresidente y tesorero; A. M. Wells, secretario.

Directores: C. B. Dempster, J. H. Thomsen, E. R., Gaffney, R. E. Heikes, Hale McCown, G. S. Kilpatrick, C. R. Macy, R. C. Dempster en Beatrice (Nebraska); C. A. Olson, R. M. Green en Lincoln (Nebraska); W. E. Buffett.

Reunión anual: Primer lunes de febrero.

Accionistas: A 30 de noviembre de 1959, 297.

Empleados: A 30 de noviembre de 1959, 451.

Sede: Beatrice (Nebraska).

Cuenta de resultados, cierre de ejercicios a 30 de noviembre:

Cuenta de resultados, cierre ejercicios a 30 de noviembre

	1959	1958
Ventas netas	7.157.738 $	6.108.556 $
Coste de ventas*	5.453.331	4.776.200

.../...

.../...

	1959	1958
Gastos de venta, etc.	1.312.631	1.188.003
Beneficios explotación	391.776	144.347
Otros ingresos	60.316	49.864
Ingresos totales	452.092	194.211
Otras deducciones	124.604	115.088
Impuestos sobre beneficios	176.400	36.600
Gastos especiales	5.063	16.724
Beneficio neto	146.025	25.799
Ganancias retenidas prev.	3.108.013	2.600.258
Transf. desde reservas	—	500.000
Dividendos	72.175	18.044
Gananc. reten. 11-30**	3.181.863	3.108.013
Ganancias por acc. ord.	2,43 $	0,43 $
Acciones ordinarias	60.146	60.146

* Incluye 95.068 $ (1958, 93.135 $) de depreciación.
** 73.850 $ no restringidos.

Préstamo garantizado: Pendiente, 30 de noviembre de 1959, 350.000 dólares, pagarés al 6 por ciento con vencimiento anual hasta el 30 de noviembre de 1963; garantizado por la primera hipoteca sobre la planta de Beatrice (Nebraska) y por la pignoración de la totalidad de las acciones de Dempster Products Co. y pagarés por anticipos a la filial. La empresa no puede pagar dividendos excepto con cargo a los beneficios después del 30 de noviembre de 1958 ni adquirir acciones, lo que reduciría los beneficios retenidos por debajo de 3.108.013 dólares.

Balance a 30 de noviembre

	1959	1958
Activos:		
Efectivo	613.690 $	399.809 $
Valores del Estado EE. UU.	197.958	—
Cuentas por cobrar, neto	562.421	657.639
Inventarios*	2.595.181	2.336.960
Gastos anticipados	69.447	70.809
Total corriente	4.038.747 $	3.465.217 $
Terrenos, edificio, etc.	2.643.494	2.607.944
Deprec. y amort.	1.551.897	1.458.226
Inmuebles netos	1.091.597	1.149.718
Inversiones	243.075	35.076
Honorarios diferidos	27.293	40.939
Fondo de comercio, etc.	1	1
Total	5.400.713 $	4.690.951 $
Pasivo:		
Pagarés por pagar	50.000	—
Cuentas por pagar	187.062	153.281
Devengos	248.414	201.758
Impuestos sobre beneficios	174.283	18.808
Total corriente	659.759 $	373.847 $
Pagarés por pagar	350.000	—
Acciones ordinarias	1.202.920	1.202.920
Excedente de capital	6.171	6.171
Excedente devengado	3.181.863	3.108.013
Total	5.400.713 $	4.690.951 $
Activo circulante neto	3.378.988 $	3.091.370 $
Patrim. neto por acc. ordinaria	73,00 $	71,78 $

* Al menor entre el coste estimado y el valor de mercado de reposición.

El capital circulante no debe ser inferior a 2.750.000 dólares. A 30 de noviembre de 1959, 73.850 dólares de las ganancias retenidas no estaban restringidas de esa manera.

Capital social: 1, Acciones comunes de Dempster Mill Mfg. Co.; valor nominal 20 dólares.

1920	14,00 $	1921-1925	6,00 $	1926-1930*	7,00 $
1931	3,50	1932-1936	Nil	1937	6,25
1938-1942	5,00	1943	6,25	1944-1947*	6,00
1948-1949	7,50	1950	12,50	1951	11,00
1952-1955	6,00	1956	1,50		

* También dividendos en acciones: 1929, 5 %; 1944, 20 %.

AUTORIZADO: 100.000 acciones; en circulación, 60.146 acciones; valor nominal, 20 $ (cambiado de 100 a 20 $ en febrero de 1956, cinco acciones de 20 $ emitidas por cada acción de 100 $).

DERECHOS DE VOTO: Tiene un voto por acción.

DIVIDENDOS: (siguen los pagos desde 1919):

1956	0,90	1957	1,20
1958	0,30	1959	1,20

En acciones con un valor nominal de 100 $:

	1959	1958	1957	1956*	1955
Alto	25 ½	18 ½	18 ½	23	115
Bajo	18 ½	14 ½	17	17	106

* 20 $ valor nominal acciones; antiguo 100 $ valor nominal, 110-110.

En acciones con un valor nominal de 20 $:

Intervalo de precios: –

Agente de transferencias: Acciones transferidas y registradas en las oficinas de la empresa.

Fuente: Moody's Manual of Industrial and Miscellaneous Securities (1960), p. 217.

3

1964: Texas National Petroleum Company

He creído que es conveniente tener en cuenta la inversión en la
Texas National Petroleum Company porque es uno de los pocos
casos de reestructuración que Warren Buffett describe de manera explícita en sus cartas anuales a los accionistas. En efecto, se
trataba de una situación de arbitraje de fusiones, que sigue siendo un área de interés para muchos fondos de inversión que se
aventuran a invertir en situaciones especiales.

En 1964 la Texas National Petroleum Company era una empresa productora de petróleo relativamente pequeña que estaba
en proceso de ser adquirida por Union Oil of California. Para ser
más precisos, Union Oil of California ya había anunciado una
oferta formal y proporcionado detalles específicos de las condiciones, pero Texas National Petroleum aún no la había aceptado.
Por lo tanto, el acuerdo se había anunciado, pero aún no se había
completado.

Como en cualquier operación de arbitraje de fusiones, hay
tres factores que en su momento los inversores que tuvieran que
examinar la empresa habrían tenido en cuenta. En primer lugar,
querrían conocer las condiciones concretas de la oferta, como el
precio, la forma de pago, etc. En segundo lugar, querrían conocer los correspondientes plazos, como en qué etapa se encontraba la fusión y cuántos meses se esperaba que durara la operación

hasta que concluyera. En tercer lugar, los inversores querrían entender cuáles eran los riesgos de que la operación fracasara. Este colapso podría deberse a las aprobaciones regulatorias necesarias, a las aprobaciones de los accionistas tanto del adquirente como del adquirido o a otras estipulaciones específicas recogidas en los términos de la oferta.

En cierto sentido, los casos de inversión en arbitraje de fusiones son muy matemáticos. Si los inversores disponen de toda la información mencionada de forma precisa, entonces no tienen más que calcular el rendimiento anualizado esperado para la inversión y valorar si es suficiente para justificarla.

Para situarnos en el contexto histórico, durante la década de 1960, época en que la producción nacional de petróleo estaba aún en pleno apogeo, las fusiones y adquisiciones (M&A, por sus siglas en inglés) en la industria del petróleo y el gas en el Sur y el Medio Oeste de Estados Unidos fueron bastante comunes. Por lo tanto, en su contexto esta operación no habría sido insólita en absoluto.[18] Sin duda, habría habido otros acuerdos similares de los que se habrían podido extraer precedentes y ganado confianza en este tipo de transacciones. De hecho, Union Oil of California no era ajena a la adquisición de empresas, ya que en 1959 había adquirido Wooley Petroleum y en 1965 se fusionó con Pure Oil Company, constituyendo una de las mayores fusiones de la industria petrolera de la época.[19]

Volviendo al caso de Texas National Petroleum, en el momento en que se anunció la adquisición había tres categorías de valores en circulación. Hubo que investigar las declaraciones de la empresa, pero esa información habría sido relativamente fácil de encontrar para un inversor. Buffett también incluyó estos detalles en su análisis de la inversión en su carta anual a los clientes.

En primer lugar, había bonos en circulación que tenían un

18. Johnson, David; y Johnson, Daniel, *Introduction to oil company financial analysis*, Tulsa, pp. 238-239, Estados Unidos, 2005.
19. Registros de Union Oil Company of California 1884-2005, Departamento de Colecciones Especiales de la UCLA.

pago de cupón a un tipo anualizado del 6,5 por ciento del valor nominal del bono. La empresa tenía la opción de amortizar estos bonos por un valor de 104,25 dólares, según lo previsto al cierre de esta adquisición. Además, en abril de 1963, cuando se anunció el acuerdo, se trataba de una fecha anterior al cupón, por lo que es probable que un inversor esperara recibir un pago de cupón durante el proceso de reestructuración. En total, había en circulación 6,5 millones de dólares de estos bonos. En segundo lugar, estaban las acciones ordinarias; había 3,7 millones de acciones en circulación y el precio estimado que iban a alcanzar en la operación era de 7,42 dólares por acción. El 40 por ciento estaba en manos de inversores internos y el resto en manos de inversores externos. En tercer lugar, había 650.000 *warrants* en circulación, que otorgaban a los titulares la opción de comprar las acciones ordinarias a 3,50 dólares por acción. Esto significa que al precio estimado del acuerdo de 7,42 dólares por acción ordinaria, los *warrants* tenían un valor estimado de 3,92 dólares.

A diferencia de lo que ocurre hoy en día con la mayoría de los acuerdos de fusión, no se anunció formalmente ninguna fecha exacta para el cierre de la fusión, al menos según pude averiguar, por lo que no se sabe cuándo iba a completarse la adquisición. Sin embargo, para obtener una estimación aproximada de la fecha de finalización, parece sensato consultar dos fuentes de información. La primera de ellas son las declaraciones de las partes implicadas; es decir, la información facilitada por Texas National Petroleum o Union Oil of California. La otra fuente consiste en inferirlo a partir de otros acuerdos similares de la época. En cuanto a lo primero, la dirección de la Texas National Petroleum sí proporcionó cierta información. En su carta a los accionistas, Buffett menciona una conversación con la dirección de Texas Petroleum en la que Buffett Partnership Limited presionó para que la operación se completara en agosto o septiembre de 1963. Si la fecha prevista para el cierre del acuerdo fuera a finales de septiembre, eso significaría que Buffett habría considerado realizar la inversión cinco meses después del anuncio de abril.

Aunque normalmente los inversores buscarían comprender la calidad intrínseca de un negocio, en este caso esto sólo sería relevante si la operación fracasara y los inversores se convirtieran en titulares de la empresa de forma independiente. Una evaluación fundamental del negocio habría implicado comprender la calidad de los activos petrolíferos o minerales. Como es evidente que éste no era el objetivo principal de la inversión, tiene sentido pasar directamente a la valoración de la operación. Después del anuncio, el precio de las tres categorías de valores habría sido aproximadamente el siguiente:[20]

a. El precio de los bonos al 6,5 por ciento fue de 98,78 dólares, ligeramente inferior al valor nominal de 100 dólares.

b. El precio de las acciones ordinarias fue de 6,69 dólares (0,74 dólares o aproximadamente un 11 por ciento inferior al precio de oferta).[21]

c. El precio de los *warrants* fue de 3,19 dólares, con un descuento similar al de las acciones ordinarias.

Si suponemos un período de cinco meses hasta que se cierra el acuerdo y quizás otro mes hasta que se efectúa el pago, es decir, un total de seis meses para el período de inversión, los rendimientos esperados basados en las estimaciones del precio de oferta serían:

20. Utilicé los detalles que figuran en la carta anual de Buffett para calcular los rendimientos previstos basándome en sus precios de adquisición. Dado que Buffett había comprado los títulos en un lapso de unos pocos meses, todas las cifras son estimaciones basadas en ganancias que reflejan la tasa media de rentabilidad que se nos da o los precios de compra específicos. También supuse que los *warrants* y las acciones ordinarias cotizaban con descuentos similares al precio estimado del acuerdo.

21. Específicamente sobre el precio de las acciones ordinarias, el precio promedio de compra de Buffett puede calcularse en unos 6,92 dólares por acción. Sin embargo, asumo que debido a que realizó compras durante el período comprendido entre abril y octubre de 1962, el precio de las acciones ordinarias en abril fue inferior, y en una cantidad coherente con la tasa de rendimiento global.

a. En el caso de los bonos, un inversor recibiría pagos de cupones que se ajustarían a una rentabilidad anualizada del 6,5 por ciento. Si suponemos que la operación tarda seis meses en completarse, el pago del cupón ascendería a 3,25 dólares en total. Además, un inversor esperaría una ganancia de 5,47 dólares (104,25-98,78 dólares). Por lo tanto, la rentabilidad absoluta total sería una ganancia de 8,72 dólares. Como porcentaje del precio de compra, sería aproximadamente un 9 o un 18 por ciento anualizado. Esto parece bastante atractivo, por lo que si un inversor está bastante seguro de que el acuerdo se concretará, es probable que compre los bonos.

b y c. Para las acciones ordinarias y los *warrants* que se convierten en capital, el cálculo es sencillo. Si esperamos obtener alrededor de un 11 por ciento, que es el diferencial entre el precio de la oferta y el precio vigente, en seis meses podríamos esperar una rentabilidad del 22 por ciento anualizada. Sería un rendimiento muy atractivo. Si la operación se cierra antes de lo previsto, se obtendría una tasa de rendimiento aún mayor. Lo mismo ocurriría si se aumentara el precio de la oferta. Por el contrario, si el acuerdo tardara mucho más tiempo en completarse, el rendimiento anualizado sería menor.

En general, la diferencia entre el precio de la oferta y el precio actual habría parecido ciertamente atractiva. El único asunto que quedaba pendiente de considerar era el riesgo de que la operación no se materializara. Para evaluar este riesgo, primero había que considerar la posibilidad de que los accionistas, que aún tenían que aprobar la adquisición, no aprobaran el acuerdo. Dado que la dirección de Texas National Petroleum lideró este esfuerzo de negociación y poseía el 40 por ciento de las acciones en circulación, se podría concluir con rapidez que era bastante factible que los accionistas lo aprobaran. De hecho, mientras el precio del acuerdo pareciera incluso remotamente justo, un inversor podría estar bastante seguro de que sería aprobado, ya que sólo se necesitaba otro 10 por ciento de los votos restantes.

Buffett llegó a una conclusión similar ante el riesgo de que lo aprobaran o no los accionistas.

Además, hay que tener en cuenta las autorizaciones legales y cualquier problema antimonopolio que pueda presentarse. En lo que respecta a estas cuestiones, no está claro cuál es el riesgo, pero el hecho de que en la década anterior se llevaran a cabo muchas fusiones y adquisiciones similares —hubo pequeñas empresas de prospección petrolífera que fueron absorbidas por las más grandes— parecía dar a entender que este caso era bastante sencillo. Por consiguiente, si bien en su momento los inversores consultaron a abogados expertos, no parecía que se tratara de un problema relevante.

En cuanto a estas preocupaciones, Buffett llevó a cabo una investigación exhaustiva; nos suministra un informe completo sobre cualquier riesgo legal potencial, así como el progreso de los desarrollos legales clave.[22] En concreto, Buffett detalla que las búsquedas de títulos y las opiniones legales sobre la operación habían transcurrido con pocos problemas y que el único obstáculo importante era que se necesitaba un fallo fiscal relacionado con la Universidad del Sur de California, que en aquel entonces tenía estatus de organización sin ánimo de lucro y era la titular de algunos pagos de producción. Aunque se trataba de un obstáculo adicional que podría haber retrasado algunos procesos, Buffett consideró que no constituía una amenaza para el acuerdo en general, ya que la Universidad del Sur de California había sugerido que estaba dispuesta incluso a renunciar a su estatus como organización benéfica con tal de ayudar a completar el acuerdo.

En este caso, las posibles recompensas estaban claras. Habría sido difícil para un inversor individual evaluar con precisión el riesgo de la operación de la forma en que lo hizo Buffett. Sin ir más lejos, yo habría recurrido a abogados especializados en este campo y realizado una investigación preliminar. Para un fondo de inversión pequeño, esto es factible, ya que estos fondos suelen tener acceso a una red de especialistas. El inversor particular, sin

22. Warren Buffett a Buffett Partnership Limited, 18 de enero de 1964.

embargo, tendría que hacer un esfuerzo adicional. En cualquier caso, si alguien hubiera podido estar seguro de los riesgos, como parecía ser el caso de Buffett, podría haber esperado obtener considerables beneficios de esta inversión en una situación especial.

En el caso de Buffett, terminó invirtiendo en las tres clases de valores, acumulando obligaciones con un valor nominal total de 260.000 dólares, 60.035 acciones ordinarias y 83.200 *warrants* para comprar acciones comunes. No obstante, tardó en completarse un poco más de lo esperado (el pago de los bonos se efectuó a mediados de noviembre, mientras que el de las acciones y los *warrants* ocurrió en diciembre y a principios del año siguiente), el pago total fue ligeramente superior al calculado en un principio (unos 7,59 dólares por acción en lugar de 7,42 dólares). En vista de ello, Buffett comentó:

> Esto ilustra el patrón habitual: 1) los acuerdos tardan más de lo proyectado en principio; y 2) los pagos tienden a ser un poco mejores de lo estimado. Con TNP tardamos un par de meses más y recibimos un par de puntos porcentuales adicionales.

La rentabilidad global anualizada de Buffett fue aproximadamente del 20 por ciento para los bonos y del 22 por ciento para las acciones y los *warrants*.

En resumen, se trató de una inversión en una situación especial, concretamente una oportunidad de arbitraje de fusiones. El diferencial habría sugerido una rentabilidad absoluta de un dígito alto para los bonos y de aproximadamente el 10 por ciento para las acciones. En términos anualizados, un inversor habría esperado aproximadamente un retorno del 20 por ciento en la inversión. Sin embargo, el enfoque se centra en evaluar el riesgo del acuerdo. Si bien las ventajas mencionadas deberían ser necesarias para justificar la inversión, es la constatación de que los riesgos sean bajos lo que permite a un inversor depositar su confianza en esa inversión. Para minimizar el riesgo, un inversor debe tener un buen sentido intrínseco del valor de los activos y del negocio subyacente a la operación o bien confiar en una investigación preliminar exhaustiva que debería realizarse en todos los casos de arbitraje de fusiones. En este caso, la investigación preliminar podría consistir en hablar con abogados sobre los aspectos legales en los que puede basarse este acuerdo y también podría implicar analizar en detalle casos anteriores de fusiones que fueran similares. Si se está dispuesto a profundizar tanto como Buffett en un caso así, la recompensa debería estar a la vuelta de la esquina.

4

1964: American Express

De alguna manera, American Express parece ser una empresa tan adelantada tecnológicamente como Warren Buffett. A principios de los años sesenta, American Express representaba lo innovador. A medida que la población estadounidense descubría el transporte aéreo, el uso de los cheques de viajero se convertía en una tendencia cada vez más común. En esa época, American Express también fue pionera en la introducción de la primera tarjeta de crédito de plástico. La principal ventaja de ambas formas de pago sin papel era su autenticidad y que eliminaban la necesidad de realizar transacciones en efectivo. El dinero en efectivo carecía de sentido cuando se manejaban grandes sumas de dinero o cuando se viajaba al extranjero. Cuando los comerciantes o los proveedores recibían un cheque de viaje de American Express tenían la certeza de que el documento era fiable. En aquella época, la alternativa para manejar grandes cantidades de dinero o hacer pagos internacionales era la carta de crédito, un método mucho más engorroso, ya que implicaba gestionar papeleo con un banco. De este modo, American Express fue la primera en ofrecer un producto superior, pero ahondaremos en ello más adelante (imagen 4.1).

Imagen 4.1

En 1963, American Express se enfrentó a una catástrofe que se conoció como «el escándalo del aceite de ensalada». En noviembre de ese año se descubrió que una de sus filiales, un almacén de Bayonne (Nueva Jersey), había emitido recibos a partir de los cuales se otorgaban préstamos a una empresa llamada Allied Crude Vegetable Oil Refining. Como se supo más tarde, esta empresa estaba cometiendo fraude. Allied se declaró en quiebra y al cobrar la fianza, el almacén descubrió que los tanques que se suponía que contenían aceite de calidad para aderezar ensaladas estaban, en realidad, llenos de agua de mar. Con una responsabilidad estimada de hasta 150 millones de dólares, Allied y la filial de American Express se declararon en bancarrota. Si bien es cierto que American Express, la empresa matriz, no era la responsable, su CEO y presidente, Howard Clark, ante el temor de dañar la reputación de la compañía, emitió un comunicado en el que afirmaba que American Express sentía que estaba moralmente obligada a hacerse cargo de cumplir dichas responsabilidades.[23]

A pie de calle se rumoreaba que American Express podía declararse insolvente. Sus acciones, que antes de la noticia cotizaban a 60 dólares cada una, cayeron a 35 dólares a principios de 1964 en medio de una publicidad muy negativa.[24] Un comenta-

---

23. Lowenstein, Roger, *Buffett: The making of an American capitalist*, Random House, p. 80, Estados Unidos, 2008.

24. Obsérvese que John F. Kennedy también fue asesinado en este período, hecho que tuvo un impacto negativo en los mercados bursátiles.

rio frecuente sobre American Express era que se enfrentaba a «responsabilidades desconocidas y posiblemente enormes». Además de la mala publicidad, cuando Howard Clark ofreció a los acreedores 60 millones de dólares para liquidar las reclamaciones, los accionistas de American Express lo demandaron porque dicha oferta les parecía un cumplimiento innecesario de una obligación moral. Si se compara con el valor contable de American Express en ese momento, que era de 78 millones de dólares, parecía una suma muy elevada.

Según relata Lowenstein, intuyendo que tras el escándalo se presentaría una oportunidad, Buffett comenzó a investigar meticulosamente. Habló con clientes y proveedores en Omaha, con restaurantes y usuarios, para averiguar si habían variado sus hábitos de consumo. También visitó bancos y agencias de viajes e incluso conversó con la competencia. En todos los lugares a los que acudió, la conclusión a la que llegó fue la misma: que a pesar del escándalo, los cheques de viajero y las tarjetas de crédito de American Express seguían utilizándose. Para él, la empresa continuaría operando como de costumbre y no veía probable que el daño a su reputación fuera permanente, ya que consideraba que la marca era muy fuerte y estaba estrechamente asociada con el producto. Además, veía poco probable que la empresa se declarara insolvente.[25]

Es importante tener en cuenta cómo podría haber visto en aquel momento un inversor a American Express. En las tablas 4.1, 4.2 y 4.3 se reproducen varias páginas clave del informe anual de 1963 de American Express, incluidos los estados financieros consolidados.[26] Como podemos observar, en la sección titulada «Resumen financiero de diez años», en las páginas cuatro y cinco del informe, American Express presenta un historial completo de diez años de sus resultados financieros. De inmediato nos damos cuenta de la solidez que mostró la compañía en la década anterior a 1963.

25. Roger Lowenstein, *op. cit.*, p. 81.
26. American Express, *Informes anuales de 1963 y 1964*. Informes anuales originales de American Express 1963, 1964 (copias impresas facilitadas por la biblioteca Guildhall, Londres).

De 1954 a 1963, los ingresos de American Express pasaron de 37 a 100 millones de dólares. Lo verdaderamente impresionante es que durante ese período los ingresos nunca disminuyeron con respecto al año anterior. El panorama de los ingresos por acción y el valor contable total de la empresa reflejan la evolución de los beneficios: los ingresos por acción pasaron de 1,05 dólares a 2,52, y el valor contable subió de 42 millones de dólares a 79 millones. Por lo tanto, sobre una base anual compuesta, los ingresos aumentaron un 12 por ciento al año y los beneficios netos, un 10 por ciento anual en los nueve años anteriores.

Durante el ejercicio que finalizó el 31 de diciembre de 1963, American Express obtuvo unos beneficios netos de exactamente 11,2 millones de dólares (2,52 dólares por acción por cada una de los 4,46 millones de acciones en circulación) sobre unos ingresos de 100,4 millones de dólares. El beneficio antes de impuestos (reflejado como «ingresos antes de impuestos sobre la renta en Estados Unidos y el extranjero») fue de 16 millones de dólares. Haciendo un cálculo sencillo, esto se traduce en un margen de explotación de alrededor del 16 por ciento y un margen de beneficio neto de alrededor del 11 por ciento: ambos parámetros reflejan una buena rentabilidad.

A primera vista, basándonos únicamente en los datos económicos, parecía que American Express funcionaba bien en todos los aspectos, y que había estado haciéndolo durante bastante tiempo. Sin embargo, para entender realmente una empresa y averiguar si es un negocio de calidad, es necesario examinar algo más que los aspectos financieros. Para comprender el negocio de American Express y cómo lograba tan buenos resultados económicos año tras año, es importante analizar los segmentos operativos de la empresa y el entorno competitivo en el que operaban estos subnegocios.

En su informe anual de 1963, American Express analiza sus segmentos operativos con bastante detalle. En total, el informe describe diez actividades separadas. Por desgracia, la compañía no desglosaba en ese momento el tamaño y los márgenes de cada área de negocio. Aun así, por el orden y la profundidad del análisis, se puede inferir con claridad cuáles son las principales y cuáles las secundarias. De mayor a menor escala, los negocios incluyen cheques de viajero, giros postales, facturas de servicios públicos, viajes, tarjetas de crédito, banca comercial, remesas internacionales, transporte de mercancías, Wells Fargo, Hertz y almacenamiento.

Antes de analizar el funcionamiento de los principales negocios, es importante señalar que con diez segmentos operativos separados, American Express no era una empresa simple en el sentido tradicional; es decir, no era un solo negocio dedicado a una actividad clara. No obstante, al analizar cada actividad por separado, podemos estar seguros de que un inversor inquisitivo debería entender ambos negocios, porque se basan en modelos de negocio y en personas y no en tecnología compleja.

El negocio más importante, del que también se habla en primer lugar en el informe, era el de los cheques de viajero. American Express vendía cheques en papel que los clientes que planeaban viajar al extranjero podían adquirir en numerosos puntos de venta antes de su partida. Posteriormente, estos cheques eran aceptados tanto en establecimientos como en bancos en el extranjero, que los cambiaban por moneda extranjera. American Express cobraba una pequeña comisión a los clientes al tiempo que proporcionaba una red de bancos y establecimientos internacionales en los que sus cheques se aceptaban sin inconvenientes. Para incentivar a más establecimientos internacionales a trabajar con este producto, American Express pagaba una pequeña comisión a los comerciantes por aceptar sus cheques de viajero.

En aquel entonces, la principal alternativa a los cheques de viajero de American Express era una carta de crédito emitida por un banco. Un cliente, como un viajero internacional, se dirigía a un banco, y utilizando una combinación de depósitos, garantías o relaciones previas solicitaba a dicho banco que emitiera una carta de crédito. A continuación, esa persona presentaba esa carta de crédito en un banco de otro país, que le proporcionaba divisas o le facilitaba los pagos mientras se encontrara en el extranjero.

El cheque de viaje ofrecía varias ventajas fundamentales respecto a la carta de crédito. En primer lugar, mientras que los cheques de viajero eran muy fáciles de adquirir en cualquier filial de American Express, el proceso de obtención de una carta de crédito dependía del banco emisor concreto y solía implicar una cantidad considerable de papeleo que llevaba varios días. Al ser menos compleja, la solución de American Express también solía conllevar menos costes de transacción. En comparación con el dinero en efectivo, los cheques de viajero se podían reemplazar con facilidad en caso de robo, por lo que suponían una protección adicional para los viajeros.

Además, no sólo quienes utilizaban los cheques de viajero se beneficiaban de sus ventajas. Según American Express, los bancos que los emitían veían en la venta de estos cheques una oportunidad para atraer nuevos clientes y ofrecerles otros productos. Así, los bancos cobraban una pequeña comisión y reducían la carga de trabajo asociada con la emisión de cartas de crédito para sumas más pequeñas, actividad que es probable que consideraran secundaria. Para los bancos receptores, es decir, los que aceptaban cartas de crédito o cobraban cheques de viajero, la estandarización también suponía una ventaja importante. Como las cartas de crédito estaban respaldadas por el banco emisor, el banco receptor debía evaluar la solvencia crediticia de cada entidad emisora. En cambio, los cheques de viajero de American Express siempre estaban respaldados por la empresa, institución que por aquel entonces ya gozaba de reconocimiento internacional. En consecuencia, cobrar un cheque de viaje era mucho más sencillo que recibir un pago en los términos de una carta de crédito.

Aunque las ventajas de los cheques de viajero eran evidentes, ¿existían pruebas cuantitativas que lo corroboraran? Si examinamos el resumen financiero de diez años de American Express que se muestra en la tabla 4.1, podremos observar que la cantidad de cheques de viajero en circulación había aumentado de 260 millones de dólares en 1954 a 470 millones de dólares en 1963. Si hacemos el cálculo sobre una tasa anual, durante los últimos diez años el número de cheques de viajero en circulación creció a un ritmo del 7 por ciento anual.

Esta información, junto con los detalles cualitativos positivos proporcionados por el CEO y presidente de American Express, Howard Clark, en su informe anual,[27] debería haber convencido a los inversores de que el negocio de los cheques de viajero estaba experimentando una tendencia ascendente que se había desarrollado durante varios años, e incluso décadas, según la cual los cheques de viajero estaban reemplazando en gran medida a las cartas de crédito en una parte significativa del mercado. Como líder del mercado, American Express se vería como el principal beneficiario de esta transformación. En resumen, el negocio de los cheques de viajero de American Express parecía una actividad extraordinaria, estaba creciendo y tenía ventajas notables sobre sus competidores.

El segundo negocio que se aborda en el informe anual de American Express es el de los giros postales y las facturas por servicios públicos. Esta actividad se remonta a la década de 1880, cuando, para contrarrestar la introducción de los giros postales por parte del Servicio Postal de Estados Unidos, American Express desarrolló su propio producto para hacerle la competencia. La idea era muy simple: ofrecer una forma segura de enviar dinero a través de un servicio de mensajería o correo. En 1963, el giro postal de American Express era el instrumento comercial de este tipo más vendido en Estados Unidos, el único disponible en los cincuenta estados.[28] Pese a que en ese momento el negocio estaba estancado, se encontraba en una posición sólida, ofrecía un servicio valioso a los clientes y funcionaba como complemento de los cheques de viajero.

El tercer negocio de American Express era el sector de viajes. Vendiendo pasajes para cruceros y organizando viajes internacionales, este segmento de la compañía competía con numerosos rivales, de diferentes tamaños, tanto locales como internacionales. Como tal, sin muchas barreras de entrada, parecía ser un negocio que sólo requería ser ejecutado. Los resultados de esta actividad variaban de un año a otro y tener éxito significaba

27. American Express, *Informe anual de 1963*, pp. 2-3.
28. Ibídem, p. 10.

Tabla 4.1. Resumen financiero de diez años (1954-1963) (en millones de dólares, salvo datos por acción)

RESUMEN DE OPERACIONES	1963	1962	1961	1960	1959	1958	1957	1956	1955	1954
Ventas										
Ingresos de explotación	100,4	86,8	77,4	74,7	67,1	59,0	53,8	47,9	42,2	37,1
Beneficios por venta de valores	1,4	2,0	2,9	2,7	2,5	2,4	0,9	1,4	1,3	1,2
Gastos de explotación	85,9	76,8	69,1	65,9	60,0	52,9	46,6	42,0	37,3	33,1
Provisión impuesto sobre la renta en EE. UU. y el extranjero	4,7	1,8	2,0	2,5	1,2	0,9	1,2	1,0	0,8	0,5
Ingresos netos	11,3	10,1	9,2	9,0	8,4	7,6	6,9	6,3	5,4	4,7
Ingresos netos por acción	2,52	2,27	2,06	2,02	1,89	1,70	1,54	1,42	1,22	1,05
Dividendos declarados por acción	1,40	1,25	1,20	1,20	1,05	1,00	0,95	0,83	0,64	0,60
Accionistas al cierre del ejercicio*	24.055	23.366	23.814	24.665	24.335	25.341	25.111	25.302	25.366	25.642
Efectivo y fondos debidos de bancos	266,6	187,3	169,2	155,6	124,6	124,7	141,1	149,0	131,2	125,6
Inversiones en valores	443,8	463,5	473,5	461,9	453,6	443,2	445,8	453,2	423,9	390,2
Préstamos y descuentos	172,4	141,5	85,1	58,4	39,3	29,0	24,5	15,7	11,5	8,0
Total de activos	1.020,2	915,2	876,5	787,8	732,7	680,1	667,6	700,1	629,3	621,0
Cheques de viajero y cartas de crédito pdtes.	470,1	421,1	386,4	365,5	358,7	337,5	320,3	304,4	282,8	259,6

Depósitos de clientes y saldos acreedores	366,5	337,2	303,5	286,1	223,8	215,6	243,0	266,8	243,1	222,8
Patrimonio neto	78,7	68,4	63,8	60,1	56,4	53,0	49,9	47,2	44,3	41,7
Empleados al cierre del ejercicio:										
Nacionales	5.530	4.944	5.138	5.326	5.213	4.839	4.114	4.054	3.847	3.638
Extranjeros	5.424	5.333	5.107	4.927	4.770	4.609	4.698	4.657	4.580	4.397
Total	10.954**	10.277	10.245	10.253	9.983	9.448	8.812	8.711	8.427	8.035
Oficinas al cierre del ejercicio:										
Nacionales	115	105	108	99	96	96	96	91	85	77
Oficinas comerciales en el extranjero	110	105	98	99	102	94	90	87	84	75
Oficinas en bases militares extranjeras	177	179	173	181	186	183	213	208	203	197
Total	402	389	379	379	384	373	399	386	372	349
Corresponsales American Express	5.921	5.902	4.631	4.551	4.541	4.465	4.478	4.399	4.351	4.267
Otros puntos de venta A. E.	75.738	70.471	69.338	67.614	67.736	66.280	64.271	66.436	64.457	63.294
Centros de servicio de tarjetas de crédito de American Express	85.580	81.989	50.676	46.982	41.455	32.183	—	—	—	—

* Todas las cifras se basan en 4.461.058 acciones de 5 dólares de valor nominal. / **Incluye 601 empleados de Wells Fargo.

Fuente: American Express, *Informe anual de 1963*, pp. 4-5.

poco más que superar a la competencia con un rendimiento moderado. El informe anual pone de manifiesto que 1963 supuso otro año de reestructuración de este negocio: el establecimiento de un modelo empresarial más descentralizado y un enfoque más dedicado a mejorar el servicio al cliente se traducirían en una mayor eficacia.

La cuarta actividad analizada, la de las tarjetas de crédito, supuso en 1963 un importante motor de crecimiento, a pesar de que en ese momento todavía no era un negocio de envergadura. Aunque Western Union inició esta práctica en la década de 1910 y Diners Club la popularizó en la de 1950, American Express se convirtió con rapidez en líder de este segmento gracias a su sólida red y a su reconocida marca. La primera tarjeta de crédito de American Express fue lanzada en 1958 en colaboración con Bank of America y BankAmericard. A pesar de que la adopción por parte de los clientes fue aumentando de manera notable, los problemas operativos dificultaron la rentabilidad inicial de esta división. Sin embargo, en 1963 ya llevaba dos años siendo rentable.[29]

En su informe anual de 1963, American Express señala que, por primera vez, el número total de titulares de tarjetas superó el millón.

Como puede observarse en los gráficos 4.1 y 4.2, la facturación anual a crédito crecía aún más rápido.

Basándose en un modelo de negocio que cobraba tanto a los comerciantes (un porcentaje de comisión) como a los titulares de las tarjetas (una cuota anual), la división de las tarjetas de crédito de American Express generaba ingresos de manera inteligente. Además, dado que este modelo se apoyaba en una red de titulares de tarjetas y comerciantes que las aceptaban, American Express contaba con una ventaja añadida gracias a la sólida reputación de la marca, sobre todo en el ámbito de los viajes y el comercio internacional. La BankAmericard, concebida en su origen como una tarjeta de viajes y ocio dirigida a hombres de negocios y personas adineradas, se convirtió con rapidez en un fenómeno. Ade-

29. American Express, *Estudio de caso*, 1996.

Gráfico 4.1. Facturación anual de las tarjetas de crédito

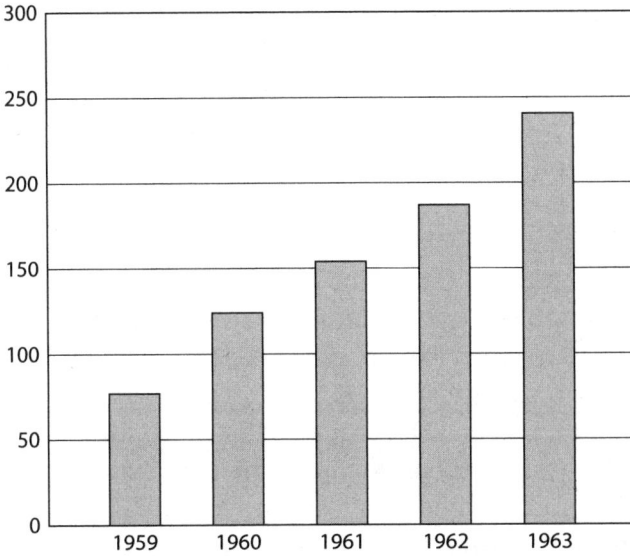

Fuente: American Express, *Informe anual 1963*, p. 13.

Gráfico 4.2. Titulares de tarjeta al final del ejercicio

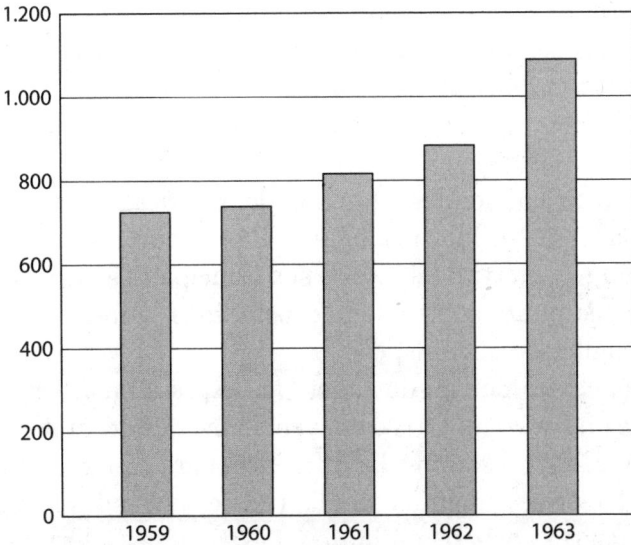

Fuente: American Express, *Informe anual 1963*, p. 13.

más de ofrecer a sus clientes el atractivo de poseer una tarjeta de crédito con una buena reputación, la BankAmericard facilitaba los pagos a los viajeros y confería numerosas ventajas adicionales, como seguros de viaje, que pronto se convirtieron en servicios exclusivos de las tarjetas American Express. Los comerciantes estaban dispuestos a pagar una comisión para tener la oportunidad de atraer a clientes acomodados que utilizaban la tarjeta de crédito de American Express. Por lo tanto, había un claro valor para el cliente en ambas partes de la transacción.

Si consideramos este valor y la ausencia de competidores fuertes, es probable que el valor fuera significativamente superior a lo que American Express cobraba en ese momento, al menos respecto a los comerciantes. Esto sugeriría cierto poder oculto de fijación de precios. Dado que cualquier competidor tendría que construir una red tan extensa como la de American Express para que fuera igualmente valiosa para los titulares de tarjetas y los comerciantes, American Express tenía una clara ventaja. En conjunto, en 1963, los inversores habrían visto perspectivas muy atractivas en este negocio.

Es cierto que habría sido difícil prever el desarrollo varias décadas más tarde de MasterCard y Visa. Un observador perspicaz podría haber especulado que a diferencia de algunos productos más seguros impulsados por la economía de red, en el caso de las tarjetas de crédito, el coste para los usuarios era lo suficientemente bajo como para no impedir que una persona poseyera varias tarjetas.

Las cinco actividades siguientes de American Express eran la banca, las remesas internacionales, el transporte de mercancías, Wells Fargo y Hertz. Hablaré de sus principales aspectos económicos en conjunto porque son negocios más pequeños que comparten algunas características.

La banca comercial de American Express no difería demasiado de un banco minorista convencional, que aceptaba depósitos y concedía préstamos. La diferencia para American Express radicaba en que tenía una amplia red de sucursales internacionales, incluso en bases militares. Las remesas internacionales proporcionaban a las empresas comerciales y a los individuos una forma segura y conveniente de transferir fondos entre países. En cuanto al transporte de mercancías y aduanas, era similar a las empresas de este tipo que hay en Estados Unidos en la actualidad. Por su parte, Wells Fargo se dedicaba al transporte de dinero en efectivo y objetos de valor, muy similar a las empresas actuales de transporte blindado. Hertz era una empresa conjunta con Hertz Corporation y una compañía de alquiler de automóviles y camiones que desarrollaba su actividad fuera de Estados Unidos. American Express poseía una participación del 49 por ciento en Hertz. Curiosamente, hoy en día ambos nombres son familiares. De hecho, Wells Fargo, el renombrado banco, fue fundado por los creadores de American Express, Henry Wells y William Fargo. Por supuesto, Hertz sigue siendo una de las principales compañías de alquiler de automóviles del mundo.

No obstante, al observar estas cinco empresas, debemos concluir que aunque es evidente que son complementarias a las actividades principales de American Express, no parecen ser negocios en los que la compañía hubiera tenido una ventaja competitiva particular sobre otros agentes establecidos de la época.

El último negocio de American Express fue su unidad de almacenamiento de campo (la afectada por el escándalo del aceite de ensalada). La actividad principal de esta unidad consistía en proporcionar recibos de autenticidad para inventarios y otros activos de los clientes, de modo que éstos pudieran utilizarlos como garantía para obtener préstamos bancarios y de otras instituciones financieras. El modelo de negocio tradicional con los recibos de almacén supone utilizar almacenes públicos: un cliente entrega su inventario y alguien se encarga de custodiarlo y supervisarlo. En el caso de productos que necesitan envejecer, como el tabaco y los licores, no es raro que se financien y guarden en este tipo de almacenes. Sin embargo, en algunos casos no es práctico trasladar el inventario de un lugar a otro, ya sea por ser voluminoso o bien por ser difícil de transportar. Ante esta situación, puede establecerse un almacén de campo en los terrenos del cliente o del prestatario. En el negocio de almacenamiento de campo en el que participaba American Express, la empresa habría contado con inspectores que establecían un control y supervisaban el inventario en el almacén propiedad del cliente o prestatario.

En el caso de la compañía Allied Crude Vegetable Oil, American Express contaba con un inspector itinerante que supervisaba el inventario en los tanques de almacenamiento de Bayonne (Nueva Jersey). American Express había contratado como custodios a algunos de los trabajadores de la propia Allied. Sin embargo, en este caso el inspector itinerante de American Express no llevó a cabo un inventario físico completo.

Más adelante hablaré del escándalo específico y la naturaleza y el alcance de estos problemas, pero en términos del negocio en general, la actividad del almacenamiento de campo parecía bastante simple y requería poco capital, y es probable que una empresa con la gran reputación de American Express tuviese ventaja sobre sus competidores. En este caso, los riesgos estarían relacionados sobre todo con los detalles legales de cualquier compromiso contractual que asumiera American Express; en concreto, si garantizaría todo el colateral para el que había emitido recibos.

En líneas generales, American Express parecía ser una empresa sólida que disfrutaba de importantes ventajas estructurales en sus actividades principales. Mientras que algunas de las divisiones de negocio más pequeñas, como los viajes, Wells Fargo o el transporte de mercancías, parecían tener pocas ventajas fundamentales sobre sus homólogas, los negocios más relevantes, como los cheques de viajero y las tarjetas de crédito, eran excelentes y contaban con una calidad de franquicia que sugería un crecimiento sostenible a largo plazo.

Para respaldar esta conclusión, echaremos otro vistazo a la cuenta de resultados y al balance reportados por American Express que se muestran en las tablas 4.2 y 4.3. Los datos que aparecen en ambas tablas apuntan a dos conclusiones adicionales que corroboran esta evaluación.

Tabla 4.2. Estado consolidado de ingresos (1963)

	1963	1962
Ingresos:		
Ingresos de operaciones	100.418.244 $	86.771.484 $
Beneficios por ventas de valores	1.435.903 $	2.028.125 $
Total	101.854.147 $	88.799.609 $
Gastos e impuestos:		
Salarios y jornales	41.308.088 $	36.289.997 $
Coste de papel financiero y otros gastos de impresión y papelería	4.854.346 $	4.168.274 $
Correos, teléfono, telégrafo y cable	3.605.062 $	3.333.282 $
Viajes, gastos mensajería y otros costes de transporte	2.995.345 $	2.492.998 $
Gastos de propiedad y equipo	7.602.788 $	6.939.640 $
Publicidad y folletos	5.700.052 $	4.595.985 $
Otros gastos	14.920.469 $	14.828.141 $
Impuestos distintos de los impuestos sobre la renta de Estados Unidos y extranjeros	4.889.298 $	4.200.086 $
Total	85.875.448 $	76.848.403 $
Ingresos antes de impuestos sobre la renta de EE. UU. y extr.	15.978.699 $	11.951.206 $
Provisión impuestos sobre la renta de EE. UU. y extranjeros	4.714.858 $	1.820.263 $
Ingreso neto	11.263.841 $	10.130.943 $
Excedente al comienzo del año	46.051.152 $	41.499.546 $
Créditos de excedente:		
Beneficios de ventas especiales de valores: neto de impuestos aplicables	4.376.996 $	—
Exceso de activos netos sobre la inversión relacionada al 1 de enero de 1963 derivados de la consolidación de Wells Fargo & Company	892.784 $	—
Total	62.584.773 $	51.630.489 $

.../...

.../...

	1963	1962
Cargos de excedente:		
Dividendos	6.194.506 $	5.537.114 $
Otros cargos: neto	—	42.223 $
Total	6.194.506 $	5.579.337 $
Excedente al final del año	56.390.267 $	46.051.152 $

Fuente: American Express, *Informe anual 1963*, p. 26.

Tabla 4.3. Balance consolidado (1963)

	1963	1962
Activos		
Efectivo y depósitos en bancos	266.637.122 $	187.306.540 $
Inversiones en valores: al costo		
Obligaciones del gobierno de EE. UU.	141.208.249 $	102.201.433 $
Obligaciones estatales y municipales	229.784.429 $	225.241.401 $
Otros bonos y obligaciones	39.614.783 $	92.676.747 $
Acciones preferentes	18.968.863 $	19.451.610 $
Acciones comunes	14.198.704 $	23.908.432 $
Total de inversiones en valores (valoración de mercado actual: 1963, 450.500.000 $; 1962, 479.010.000 $)	443.775.028 $	463.479.623 $
Bonos depositarios del gobierno de EE. UU.	35.000.000 $	35.000.000 $
Préstamos y descuentos	172.410.264 $	141.505.217 $
Cuentas por cobrar e intereses acumulados (menos reservas: 1963, 2.741.819 $; 1962, 1.714.232 $)	51.660.293 $	42.832.134 $
Acciones recompradas de Am. Express Company: al costo (1963, 33.340 acciones; 1962, 37.700 acciones)	1.436.565 $	1.627.535 $
Inversiones en subsidiarias y compañías afiliadas no consolidadas: al costo (participación en activos netos: 1963, 4.096.000 $; 1962, 5.654.000 $)	3.580.002 $	4.791.987 $

.../...

.../...

	1963	1962
Terrenos, edificios y equipos: al costo (menos reservas: 1963, 11.927.151 $; 1962, 10.461.370 $)	14.347.038 $	12.669.124 $
Pasivo por aceptaciones de clientes	18.873.203 $	15.225.152 $
Otros activos	12.486.135 $	10.741.415 $
Total	1.020.205.650 $	915.178.727 $
Pasivos		
Cheques de viajero y cartas de crédito para viajeros	470.126.789 $	421.063.300 $
Depósitos de clientes y saldos de crédito con la American Express Company Incorporated	366.490.835 $	337.237.710 $
Pasivo de depósito relativo a bonos depositarios gobierno de EE. UU:	35.000.000 $	35.000.000 $
Aceptaciones pendientes	18.903.238 $	15.690.404 $
Otros pasivos	50.989.231 $	37.830.871 $
Total	941.510.093 $	846.822.285 $
Fondos propios:		
Capital social: autorizado, 5.000.000 de acciones de 5 $ valor nominal; emitidas 4.461.058 acciones.	22.305.290 $	22.305.290 $
Fondos propios:		
Excedente	56.390.267 $	46.051.152 $
Total fondos propios	78.695.557 $	68.356.442 $
Total	1.020.205.650	915.178.727

Fuente: American Express, *Informe anual 1963*, pp. 28-29.

En resumen, al acabar el año 1963, en el balance de American Express se observan varios datos significativos. En el activo, encontramos 267 millones de dólares en efectivo y 444 millones de dólares en valores de inversión, la gran mayoría de los cuales estaban en bonos del gobierno de Estados Unidos y bonos estatales y municipales. Además, hay 35 millones de dólares en bonos del gobierno estadounidense (presumiblemente mantenidos en custodia para clientes, ya que hay una cuenta de contraparti-da correspondiente en el pasivo), 172 millones de dólares en préstamos, 52 millones de dólares en cuentas por cobrar y 14 millones de dólares en inmovilizado material (declarado como «Terrenos, edificios y equipos: al costo»). En conjunto, los activos ascendieron a 1.020 millones de dólares. En el pasivo, se registran cheques de viajero pendientes por un valor de 470 millones de dólares, depósitos de clientes por un valor de 366 millones de dólares, la contrapartida de bonos del gobierno de Estados Unidos por un valor de 35 millones de dólares, que coincide con la del activo, además de varios otros pasivos de menor cuantía. El pasivo total ascendía a 942 millones de dólares. El total de fondos propios resultante era de 78 millones.

En primer lugar, una idea que puede concluirse del balance es que, en cierto modo, American Express era muy similar a un banco o a una compañía de seguros. Con un negocio que por sí mismo generaba activos en efectivo y en valores invertibles, así como pasivos en forma de cheques de viajero en circulación, American Express estaba creando una situación similar al flujo de efectivo de las compañías de seguros (incluso sin tener en cuenta las operaciones bancarias que poseía). Esto se refleja en que en 1963 el balance total de American Express era diez veces superior a su patrimonio propio. De hecho, si se contabilizan los depósitos de los clientes y los cheques de viaje pendientes, American Express posee, efectivamente, 837 millones de dólares en valor que pertenecen a sus clientes. Como ocurre con los bancos y las compañías de seguros, obtiene ingresos invirtiendo estos activos en bonos, acciones y préstamos.

En segundo lugar, si observamos el rendimiento del capital empleado por la empresa, vemos que en conjunto American Express tiene muy poco capital físico. Si utilizamos la ratio habitual preferida de rendimiento del capital empleado, que consiste en establecer la relación entre las ganancias del propietario[30] y el

---

30. Para las ganancias del propietario, mi ratio preferida son las ganancias en efectivo netas del gasto de mantenimiento en activos de capital (CAPEX).

capital empleado,[31] podemos hacer un cálculo aproximado. Con sólo 14 millones de dólares en inmovilizado material y una base de capital circulante neto que es efectivamente negativa si consideramos las características del flujo de efectivo, al tener depósitos de clientes y cheques de viajero pendientes, el rendimiento del capital empleado (ROCE, por sus siglas en inglés) sería de alrededor del 78 por ciento si suponemos un capital circulante neto de cero. Si tenemos plenamente en cuenta el capital circulante negativo, el capital total empleado sería negativo y el ROCE, infinito. El beneficio neto del ejercicio fue de 11,2 millones de dólares. Conviene destacar que debido a la falta de estados de flujos de caja en ese momento, lo cual impide calcular de forma relevante las ganancias del propietario, en el cálculo se utilizan las ganancias netas en lugar de la ratio preferida de los beneficios del propietario. En cualquier caso, un ROCE del 78 por ciento (o incluso superior) para un negocio normal daría a entender un valor de franquicia muy elevado que permite a la empresa generar rendimientos muy por encima de su coste de capital. Esto también significa que la empresa necesita reinvertir muy poco capital adicional para hacer crecer el negocio, lo cual es beneficioso porque ese efectivo puede utilizarse para pagar a los accionistas o para hacer adquisiciones.

La carta de Howard Clark a los accionistas parece corroborar esta opinión cuando explica lo siguiente:

En los cuatro ejercicios con cierre al 31 de diciembre de 1963, sin que prácticamente creciera en absoluto el número de empleados, los ingresos operativos consolidados han aumentado casi un 50 por ciento, los ingresos antes de impuestos de las operaciones más del cien por cien y los beneficios de explotación después de impuestos, alrededor del 60 por ciento.

Con toda la razón, dado el alto apalancamiento financiero intrínseco, un inversor perspicaz podría cuestionar que se use el

---

31. Para el capital empleado, mi ratio preferida es el capital tangible total y el capital intangible, excluido el fondo de comercio, más el capital circulante neto.

ROCE normal como parámetro para medir el rendimiento de la empresa. Si nos fijamos en el rendimiento económico basado en el retorno sobre el patrimonio (ROE), la métrica más típica para las empresas financieras, llegamos a un ROE de más del 14 por ciento, que si bien es menos impresionante, sigue siendo muy superior al coste del capital y también sería indicativo de un negocio de mayor calidad.

Antes de adentrarnos en la valoración de American Express, es crucial abordar otro aspecto fundamental en cualquier proceso de inversión: la gestión. En este caso, lo que se sabía de Howard Clark, CEO y presidente de American Express, era que se había incorporado a la compañía en 1960, tres años antes del período que nos ocupa. Desde el punto de vista operativo, los dos principales esfuerzos de Clark en American Express se centraron en solucionar el negocio de las tarjetas de crédito y en potenciar las iniciativas de marketing.

Cuando Clark se incorporó a American Express, la división de tarjetas de crédito perdía dinero, sobre todo debido a la abrumadora carga administrativa que generaba el crecimiento exponencial del número de transacciones que se hacían con las tarjetas. Clark adoptó medidas inmediatas para aliviar esta carga, como introducir el requisito de que los titulares de las tarjetas pagaran toda su deuda en un plazo de treinta días, establecer directrices más estrictas para aprobar un crédito y aumentar las comisiones para los comerciantes y los titulares de las tarjetas. En términos de marketing, incrementó el presupuesto anual de publicidad y contrató a la agencia Ogilvy, Benson & Mather para desarrollar la primera campaña publicitaria moderna de American Express. En general, Clark demostró ser una figura competente y decisiva cuando se trataba de solucionar los problemas operativos de la empresa.[32]

Además de abordar las cuestiones operativas, Clark también se comprometió a hacerse cargo del escándalo del aceite para ensalada, aunque no se había establecido la responsabilidad de la empresa matriz de American Express. En este sentido, Clark

---

32. American Express, *Estudio de caso*, 1996.

parece haber sido una persona con una integridad personal extraordinaria, conducta que Buffett, sin duda, respetaría.

Ahora que ya nos hemos formado una idea clara del negocio de American Express y de sus líderes, procederemos a evaluar la compra que hizo Buffett. Pese a que en su carta de finales de 1964 a los socios no proporciona detalles explícitos de la adquisición, durante el período en que realizó la compra el precio de las acciones de American Express descendió a alrededor de unos 35 dólares cada una. Por lo tanto, suponiendo que pagó un promedio de 40 dólares por acción, ya que la compra fue grande y es poco probable que se hiciera a un precio irrisorio, el precio al que adquirió las acciones habría sido el siguiente, al menos en primera instancia: con 4,46 millones de acciones en circulación, habría valorado American Express a un múltiplo precio-beneficio de dieciséis veces sobre la base de unos beneficios netos de 11 millones de dólares en el ejercicio fiscal de 1963. Basándonos en la ratio EBIT-EV del año anterior, Buffett habría pagado un múltiplo de ocho veces si tenemos en cuenta el efectivo y las inversiones financieras de American Express, así como su pasivo financiero en el cálculo de su deuda financiera neta. Si bien el verdadero valor de los activos de inversión podría cuestionarse, creo que el cálculo mencionado es una estimación cautelosa, ya que los activos de inversión se registraron al coste. Si adoptamos una postura aún más prudente y consideramos que el valor neto en efectivo de la empresa es cero, el múltiplo EBIT-EV resultante sería de once veces.

Según los estándares de Buffett, este precio no es barato en absoluto, a pesar de que antes de las turbulencias la empresa se había vendido por lo que habría sido una relación precio-beneficio (PER) de veinticuatro veces. Esto resulta desconcertante. Aunque se reconozca la enorme calidad de American Express, sigue siendo una valoración que parece demasiado alta según los criterios habituales de Buffett, y más aún teniendo en cuenta que se desconocía la responsabilidad a la que se enfrentaba la empresa por el escándalo del aceite de ensalada. La valoración sigue siendo clave para entender la compra. O bien Buffett estuvo dispuesto a pagar un precio elevado por un negocio excepcional o la valoración no fue tan alta como parece.

En primer lugar, debemos comprender la responsabilidad legal del escándalo. El relato más detallado al respecto lo ofrece la dirección de American Express, que dedica dos páginas del informe anual de 1963 a tratar este asunto. Suponiendo que podamos creer al equipo directivo (que parece estar realmente abierto a los problemas y ser digno de confianza), la responsabilidad legal parece un poco tenue y limitada a algo menos de 100 millones de dólares, cifra sensiblemente inferior a los 150 millones estimados por el mercado. En el informe, la empresa afirma que la cantidad de aceite de soja para la cual American Express había emitido recibos de verificación ascendía a 82 millones de dólares (esto sin tener en cuenta el valor del agua de mar de alta calidad de los contenedores, que, de hecho, también tenía cierto valor de mercado). Además, se disputaban otros 15 millones de dólares en concepto de órdenes de entrega. Se descubrió que un tercio de los 39 millones de dólares en recibos por aceite de girasol adicional eran falsos, por lo que parecía probable que American Express no tuviera ninguna responsabilidad por esa cantidad. Si bien es imposible determinar el alcance exacto de las responsabilidades finales, según la información disponible parece haber oscilado entre los 20 y los 80 millones de dólares. La cantidad máxima refleja que la dirección optó por asumir la responsabilidad moral y se ofreció a pagar casi todo el pasivo que pudiera interpretarse como error de American Express (éste era el plan de la dirección, tal como se expresaba en el informe anual). Para dar una cifra aproximada, la deuda real prevista sería de 60 millones de dólares menos un posible ahorro fiscal de 20 millones (basado en la simple reducción de beneficios a un tipo del impuesto de sociedades del 34 por ciento); es decir, un pasivo neto en efectivo de 40 millones de dólares.

Si observamos el balance, el negocio intrínseco de American Express generaba tanto efectivo bruto que la empresa habría tenido, sin duda, fondos suficientes para cubrir la responsabilidad legal (en aquel momento, American Express había aumentado su efectivo a más de 250 millones de dólares). Parece que la única forma de que no hubieran podido pagarla habría sido que sus clientes hubieran dejado de utilizar sus servicios. En este sentido, el interés de Howard Clark por mantener la integridad de la reputación de la empresa, aunque ello supusiera pagar algunas deudas innecesarias, parece estar justificado. Sin embargo, en términos de impacto en la valoración, un coste de 40 millones de dólares significaría que a un precio de 40 dólares por acción, los inversores estarían comprando la empresa por un múltiplo aún mayor, aproximadamente veinte veces el PER y once veces el EBIT-EV.

Son precios que Buffett, casi con toda seguridad, no pagaría. Entonces, ¿dónde está el quid de la cuestión? Tras un análisis más detallado, parece que los beneficios de explotación de American Express sólo explican una parte de la historia. Una de las similitudes clave que American Express parecía compartir con las compañías de seguros era que las ganancias de las inversiones derivadas del capital flotante no se reflejaban en los beneficios de explotación. De hecho, parece ser que American Express no tuvo que pagar expresamente intereses por los cheques de viajero. En cualquier caso, si examinamos con detenimiento el resultado global de 1963,[33] veremos que además de los 11 millones de beneficios netos por explotación, la compañía también obtuvo otros 4,4 millones de dólares después de impuestos en concepto de ganancias por inversiones realizadas, que se acreditan directamente al patrimonio de los accionistas. En efecto, a pesar de que los dividendos abonados ese año habían ascendido a 6,4 millones, los fondos propios aumentaron alrededor de 10 millones de dólares. A esta suma hay que añadir aproximadamente un millón de dólares de retorno de las inversiones, que se contabilizan en el total de 11 millones de dólares de ingresos netos operativos.

Aunque 4,4 millones de dólares pueden suponer una ganancia extraordinaria poco representativa en 1963, en términos generales debería haber más de este tipo de rendimientos de inver-

33. American Express, *Informe anual 1963*, p. 27.

sión derivados del capital flotante. Suponiendo que, en promedio, los cheques de viajero están en circulación durante dos meses y tomamos la suma de los que había pendientes a finales de 1963, que asciende a 470 millones de dólares, cabría esperar un flujo continuo procedente de los cheques de viajero de alrededor de 80 millones de dólares. Si partimos de una rentabilidad de los activos del 5 por ciento, es de esperar que se generen unos 4 millones de dólares anuales a partir de este capital flotante. Si bien se trata de un ejemplo hipotético y no se puede determinar con exactitud qué parte del flujo procede del negocio de los cheques de viajero, cuál del de las tarjetas de crédito (flujo negativo) y cuál del banco, sospecho que, en general, la verdadera rentabilidad intrínseca del flujo procedente de los cheques de viajero era significativo y adicional a las ganancias operativas.

Si tomamos como ejemplo los 4,4 millones de dólares de ingresos adicionales después de impuestos en 1963, un beneficio ajustado, que incluya tanto las ganancias de inversión como las operativas, valoraría las acciones de American Express en 40 dólares por acción con un múltiplo P/E de 11,5 veces y un EBIT-EV de 6,5 veces. Si se ajusta para tener en cuenta la responsabilidad del escándalo de 40 millones de dólares, se obtiene un PER ajustado de 14,2 veces y un EBIT-EV de 8,5 veces. En términos de valoración, esto parece mucho más razonable y tiene sentido porque se trata de un negocio de muy buena calidad.

Además del capital flotante, otro argumento que podría esgrimirse era que el negocio de las tarjetas de crédito de American Express, que fundamentalmente era muy bueno, estaba recuperándose de problemas operativos. Como ya hemos mencionado, 1963 fue sólo su segundo año de rentabilidad. Por lo tanto, dado el potencial oculto de los beneficios del negocio de las tarjetas de crédito, que sin duda apenas comenzaba a materializarse, se podría afirmar que las ganancias de ese año aún estaban infravaloradas.

Al final, la compra de American Express no fue muy barata que digamos. Parece que Buffett se empeñó en encontrar un negocio excelente de verdad con una ventaja competitiva estructural e invertir a un precio que pudiera considerarse razonable teniendo en cuenta el panorama general. Para llegar a este punto, Buffett parecía haberse valido de su forma de entender el capital flotante, así como de su manera de comprender que las ventajas estructurales que tenía American Express en sus negocios principales le permitirían crecer con altos rendimientos con un capital adicional limitado. Además, Buffett llevó a cabo una investigación preliminar que le ayudó a evaluar si el escándalo afectaba al núcleo del negocio. No debemos olvidar señalar que el escándalo implicaba una responsabilidad extraordinaria en una pequeña filial de American Express que no afectaba de manera directa las operaciones centrales del negocio.

A diferencia de otras de las compras tempranas de Buffett, ésta no fue una inversión del tipo *cigar-butt*.[34] Quizás el éxito ulterior de esta inversión contribuyó a inculcar en Buffett su preferencia posterior por pagar un valor razonable por un negocio bueno de verdad en lugar de pagar un precio bajo por una empresa mediocre.

34. En lo que respecta a las inversiones, el término *cigar-butt* ('colilla de puro') se refiere en general a la estrategia de comprar empresas de baja calidad que cotizan a valoraciones extremadamente bajas. Esta estrategia de inversión, también conocida como *deep value*, se asocia a menudo con Benjamin Graham.

5

1965: Berkshire Hathaway

A estas alturas, a casi todo el mundo le suena el nombre de Berkshire Hathaway, pero no tanta gente conoce los comienzos de esta empresa ni el estado en que se encontraba cuando Warren Buffett inició el proceso de compra en 1962.

Los orígenes de Berkshire Hathaway se remontan a dos fábricas textiles de Nueva Inglaterra que datan del siglo xix. Berkshire, antes conocida como Berkshire Cotton Manufacturing Company, llegó a hilar hasta una cuarta parte del algodón fino del país. Por su parte, Hathaway Manufacturing, que debe su nombre a su fundador, Horatio Hathaway, también se dedicó a diversos productos textiles antes de especializarse en la fabricación de material para paracaídas durante la Segunda Guerra Mundial. Posteriormente, Hathaway se convirtió en el principal fabricante de trajes de rayón. En 1955 las dos empresas se fusionaron y crearon la entidad combinada Berkshire Hathaway.[35]

Imagen 5.1

BERKSHIRE HATHAWAY INC.

---

35. Kilpatrick, Andrew, *Of permanent value: The story of Warren Buffett*, AKPE, Estados Unidos, 2006, p. 153.

Aunque Berkshire Hathaway fue rentable durante la posguerra, en los años sesenta ya no era ni la sombra de lo que había sido. Como menciona Buffett en su carta anual a los accionistas fechada el 20 de enero de 1966 (la carta anual de cierre del ejercicio de 1965), partiendo de una cifra de beneficios antes de impuestos de 29,5 millones de dólares en 1948, doce fábricas y 11.000 empleados, el negocio se había reducido hasta obtener ganancias marginales, dos fábricas y 2.300 empleados en 1965. Buffett atribuyó esta situación tanto al entorno cambiante del sector en sí como a una gestión poco competente, incapaz de adaptarse a este cambio. Dadas estas cifras, un inversor podría suponer que este negocio estaba en declive estructural. La razón aparente era que llegaban importaciones de tejidos más baratos del extranjero.

Sin embargo, en cuanto a la calidad intrínseca del negocio, debo decir que este caso no es tan obvio como la mayoría de la gente piensa en la actualidad. En retrospectiva, es muy fácil descartar la incapacidad de Buffett para reconocer o explicar adecuadamente el declive estructural de Berkshire Hathaway, a lo que se añade el hecho de que él mismo admitió en alguna que otra entrevista que esta compra fue un error; pero, en aquel momento, el panorama no estaría tan claro. En primer lugar, los tejidos de Berkshire Hathaway se vendían a otros fabricantes de ropa, así como directamente en los canales minoristas en forma de cortinas y otros artículos para el hogar. Estos últimos, por supuesto, eran productos de marca.

En este sentido, se esgrimía el argumento de que Berkshire Hathaway era un producto de gama alta en comparación con los productos importados y que si bien este segmento estaba decayendo, todavía había sitio para él. Además, como ocurre con cualquier negocio relacionado con el comercio minorista, está claro que Berkshire Hathaway podía verse influenciado tanto positiva como negativamente por las decisiones del equipo directivo. De la carta de Buffett se desprende que aunque este negocio había sido gestionado de manera deficiente durante muchos años antes de 1965, recientemente había puesto en marcha una nueva gestión, encabezada por Ken Chace, a quien Buffett

Tabla 5.1. Resumen financiero quinquenal (1961-1965)

EJERCICIOS FISCALES →	1965	1964	1963	1962	1961
Ventas	49.300.685 $	49.982.830 $	40.590.679 $	53.259.302 $	47.722.281 $
Ganancias (pérdidas) netas antes del cargo (crédito) equivalente a impuestos federales sobre la renta	4.319.206 $	175.586 $	(684.811 $)	(2.151.256 $)	(393.054 $)
Cargo (abono) equivalente a impuestos federales sobre la renta	2.040.000 $	50.000 $	(280.000 $)	(1.140.000 $)	(240.000 $)
Ganancias (pérdidas) netas	2.279.206 $	125.586 $	(404.811 $)	(1.011.256 $)	(153.054 $)
Beneficio (pérdida) neto por acción ordinaria en circulación	2,24 $	0,11 $	(0,25 $)	(0,63 $)	(0,09 $)
Dividendos en efectivo pagados	—	—	—	160.738 $	1.205.535 $
Dividendos en efectivo pagados por acción	—	—	—	0,10 $	0,75 $
Adiciones a inmovilizado material	811.812 $	288.608 $	665.813 $	3.454.069 $	4.020.542 $
Capital circulante	17.869.526 $	14.502.068 $	17.410.503 $	16.473.783 $	19.844.122 $
Capital circulante por acción	17,56 $	12,75 $	10,83 $	10,25 $	12,35 $
Fondos propios	24.520.114 $	22.138.753 $	30.278.890 $	32.463.701 $	36.175.695 $
Fondos propios por acción	24,10 $	19,46 $	18,84 $	20,20 $	22,51 $
Acciones ordinarias en circulación	1.017.547	1.137.778	1.607.380	1.607.380	1.607.380

Nota: Las ganancias (pérdidas) netas y las ganancias (pérdidas) por acción ordinaria correspondientes a los ejercicios fiscales de 1961 a 1964 se han reformulado para dar efecto a un cargo (crédito) equivalente a los impuestos federales sobre la renta. «Acciones ordinarias en circulación» representa el total de acciones en circulación al cierre de cada ejercicio fiscal.

Fuente: Berkshire Hathaway, *Informe anual 1965*, p. 11.

consideraba un excelente gestor. No es difícil imaginar que varios factores señalaban un repunte en el negocio de Berkshire Hathaway.

En efecto, como podemos ver en la tabla 5.1, el resumen financiero quinquenal publicado por Berkshire Hathaway[36] entre 1962 y 1965, cuando Buffett hizo la mayor parte de su compra en la empresa, la línea superior del negocio habría parecido bastante estable, subiendo un año y bajando otro, en lugar de caer directamente. Hay que tener en cuenta que en 1965, Buffett ya había influido en un cambio de gestión y había colocado a Ken Chace en el puesto ejecutivo y que Chace ya había empezado a liberar valor de una forma que recordaba a Harry Boyle en Dempster Mill.

En cualquier caso, para resumir la calidad del negocio de Berkshire Hathaway desde el punto de vista de un inversor en 1965, se trataba claramente de una empresa que yo calificaría como «un negocio en ejecución»; es decir, una empresa en la que la ejecución es fundamental y que no tiene ninguna ventaja estructural intrínseca sobre sus competidores.

Aun así, parecía ser el típico caso en el que una gestión sobresaliente podría haber resuelto algo. Para un inversor muy perspicaz, habría sido un caso muy difícil y es probable que mucho más positivo que si sólo se hubiera examinado de manera superficial el negocio de Berkshire en 1963 o 1964. Sin embargo, el riesgo a largo plazo estaba presente: antes de 1960, los ingresos estaban en declive. Una cuestión clave habría sido hasta qué punto los descensos habían sido impulsados estructuralmente y no motivados por una gestión deficiente.

Sin duda, el segundo pilar en el que se apoyó Buffett para invertir fue la valoración de la empresa. Entre 1962 y 1965 había comprado acciones de Berkshire Hathaway a un precio de entre 7,60 y 15 dólares por acción (el precio promedio fue de 14,86 dólares).[37] En cuanto a la valoración, debemos considerar cómo podría haber tasado el negocio un inversor en ese momento. En las

---

36. Berkshire Hathaway, *Informe anual 1965*, p. 11.
37. Warren Buffett a Buffett Partnership Limited, 20 de enero de 1966.

tablas 5.2 y 5.3[38] se presentan la cuenta de resultados y el balance del informe anual de Berkshire Hathaway del cierre del ejercicio a 2 de octubre de 1965. El informe anual de Berkshire Hathaway de 2014 incluía una reproducción del informe anual de 1964; el lector que esté interesado puede consultar este documento.

Tabla 5.2. Estado consolidado de resultados y ganancias retenidas (1964-1965)

ESTADO CONSOLIDADO DE RESULTADOS	1965	1964
Ventas netas	49.300.685 $	49.982.830 $
Coste de ventas	42.478.984 $	47.382.337 $
Beneficio bruto	6.821.701 $	2.600.493 $
Gastos de venta, generales y administrativos	2.135.038 $	2.072.822 $
Ingresos de explotación	4.686.663 $	527.671 $
Otras deducciones netas	127.348 $	126.060 $
Gastos por inactividad	240.109 $ 367.457 $	226.025 $ 352.085 $
Beneficios antes de la carga equivalente a los impuestos federales sobre la renta	4.319.206 $	175.586 $
Cargo equivalente a impuestos federales sobre la renta	2.040.000 $	50.000 $
Beneficio neto	2.279.206 $	125.586 $
Depreciación y amortización	862.424 $	1.101.147 $
Estado consolidado de ganancias retenidas		
Saldo al inicio del ejercicio	19.417.576 $	22.241.990 $
Ganancias netas del ejercicio	2.279.206 $	125.586 $
Crédito resultante del cargo equivalente al impuesto sobre la renta	2.040.000 $	50.000 $

.../...

38. Mi agradecimiento a las colecciones históricas de la Biblioteca Baker de la Harvard Business School, que amablemente me brindaron acceso a sus documentos originales.

.../...

ESTADO CONSOLIDADO DE RESULTADOS	1965	1964
Retirada de acciones propias	(2.967.714 $)	—
Pérdida estimada en propiedades por vender	(300.000 $)	(3.000.000)
Saldo al final del ejercicio	(20.469.068 $)	(19.417.576 $)

Fuente: Berkshire Hathaway, *Reporte anual 1965*, p. 8.

Tabla 5.3. Balance consolidado (1964-1965)

ACTIVOS	1965	1964
Activo circulante:		
Efectivo	775.504 $	920.089 $
Valores negociables (incluidos 2.600.000 $ de certificados de depósito a corto plazo), al coste aproximado de mercado	2.900.000 $	—
Cuentas por cobrar (menos provisión para cuentas de cobro dudoso: 1965, 280.302 $)	7.422.726 $	7.450.564 $
Existencias	10.277.178 $	11.689.145 $
Seguros, impuestos y otros gastos pagados por adelantado	196.391 $	190.563 $
Total activo circulante	21.571.799 $	20.250.361 $
Inmovilizado material:		
Las propiedades comprenden terrenos, edificios, maquinaria y equipos equipamiento	28.019.742 $	33.635.553 $
Menos depreciación y amortización acumuladas	19.593.163 $ 8.426.579 $	21.853.689 $ 11.781.864 $
Menos pérdidas estimadas en propiedades por vender	1.809.132 $ 6.617.447 $	4.210.621 $ 7.571.243 $
Documentos hipotecarios por cobrar y otros activos	33.141 $	65.412 $
Total activos	28.222.387 $	27.887.046 $

.../...

.../...

ACTIVOS	1965	1964
Pasivo y fondos propios	**1965**	**1964**
Pasivo corriente:		
Acreedores bancarios	—	2.500.000 $
Cuentas por pagar	2.581.585 $	2.096.726 $
Sueldos y salarios acumulados	296.256 $	294.764 $
Impuestos estatales y locales acumulados	441.951 $	365.112 $
Seguridad social e impuestos retenidos	382.481 $	491.691 $
Total pasivo corriente	3.702.273 $	5.748.293 $
Fondos propios:		
Acciones ordinarias (valor nominal, 5 $) . autorizadas 1.843.214 acciones; emitidas 1.137.778 acciones	5.688.890 $	8.036.900 $
Ganancias acumuladas	20.469.068 $ 26.157.958 $	19.417.576 $ 27.454.476 $
Menos acciones ordinarias en tesorería a precio de coste: 120.231 acciones	1.637.844 $ 24.520.114 $	5.315.723 $ 22.138.753 $
Total pasivo y fondos propios	28.222.387 $	27.887.046 $

Fuente: Berkshire Hathaway, *Informe anual 1965*, pp. 6-7.

Valoración de los resultados

Si suponemos un precio de 14,06 dólares por acción, el precio medio al que Buffett acumuló su participación, los múltiplos retrospectivos EBIT-EV y la relación precio/beneficio (P/E) aparecerían como se muestra en las tablas 5.4 y 5.5.[39]

39. Calculo el valor empresarial (VE) multiplicando las acciones en circulación (1.017.547) a un precio por acción de 14,69 dólares y sumando el efectivo neto al final del año 1965 de 3,68 millones de dólares del balance del informe anual. El VE que utilizo es de 11,3 millones de dólares (capitalización bursátil de 14,9 millones de dólares). Nótese que durante el año, Berkshire recompró 120.231 de sus propias acciones en el mercado abierto a partir de un número de acciones en circulación al inicio del año de 1.137.778. Los benefi-

Tabla 5.4. Múltiplos EBIT/EV

EBIT/EV	1964 REAL	1965 REAL
Ingresos	50,0 m $	49,3 m $
EBIT	0,53 m $	4,68 m $
Margen EBIT	*1,1 %*	*9,5 %*
EBIT-EV	21,3×	2,4×

Podemos observar que Berkshire Hathaway es uno de esos casos en los que está claro que la inestabilidad de las ganancias operativas dificulta hacer una evaluación justa de los múltiplos. De hecho, en los años inmediatamente anteriores a 1964, Berkshire había tenido un EBIT negativo. Aun así, un inversor que hubiera leído atentamente el informe anual de 1965, como seguramente hizo Buffett, habría comprendido que se estaban produciendo cambios estructurales beneficiosos. Como explica Ken Chace en la sección titulada «Revisión de operaciones» del informe anual, en 1965 el Congreso de Estados Unidos aprobó una ley que

> establece la prórroga del algodón a un precio único hasta el 31 de julio de 1970, lo que permite a las fábricas textiles estadounidenses seguir comprando algodón estadounidense al mismo precio establecido por el gobierno al que se vende a países extranjeros.

Se trataba de una ampliación de la legislación aprobada por primera vez en 1964, que permitía a las fábricas estadounidenses disfrutar de un precio más bajo del algodón, a un coste establecido por el gobierno, y ayudaba a reducir el coste de las mercancías vendidas (el índice COGS, por sus siglas en inglés). Si sumamos el efecto de la drástica reducción del COGS, que aparece en la cuenta de resultados de 1965, a que la prórroga garantizaría algún tipo

---

cios por acción de 1965 se calculan sobre la base de 1.017.547 acciones en circulación.

de precio razonable para el algodón durante los cinco años siguientes, podemos entender que en realidad esto es muy positivo para Berkshire. A la luz de esto, si suponemos un margen más cercano al de 1965 y menos que el de 1964 y años anteriores, el múltiplo EBIT-EV de 2,4 veces basado en el EBIT de 1965 parece muy bajo. Incluso si los márgenes sostenibles fueran sólo del 7,5 por ciento, en lugar del 9,5 por ciento logrado en 1965, habría un múltiplo EBIT-EV de 3,0 veces basado en el estancamiento de la línea superior.

Tabla 5.5. Múltiplos PER

PER	1964 REAL	1965 REAL
BPA* (declarado)	0.11 $	2.24 $
PER (declarado)	134×	6.6×
BPA (ajustado)	0.15 $	4.24 $
PER (ajustado)	98×	3.5×

* Beneficios por acción. (N. de la t.)

En 1965, Ken Chace declaró unos ingresos netos y unos beneficios por acción (BPA) contabilizando un tipo impositivo del 47 por ciento. Hizo esto para «evitar cualquier interpretación engañosa de los beneficios futuros cuando no se disponga de pérdidas acumuladas». Estos impuestos no fueron los costes reales durante 1965 y 1964 y, de hecho, dado que Berkshire todavía tenía pérdidas acumuladas de unos 5 millones de dólares a finales de 1965, no lo serían durante al menos uno o dos años. Por ello, en la tabla 5.5 he incluido las cifras del PER declaradas y las ajustadas; el PER ajustado es el basado en los ingresos netos reales de Berkshire durante el año.

El otro aspecto importante es que basándonos en los beneficios reales, que trataremos en la siguiente sección sobre la valoración de los activos, la generación de efectivo de la empresa es bastante mejor de lo que indican los beneficios netos declarados.

Valoración de los activos

Las partidas de deuda financiera neta/efectivo y de capital circulante neto se resumen en las tablas 5.6 y 5.7.

Tabla 5.6. Deuda financiera neta/efectivo

	1964 REAL	1965 REAL	VARIACIÓN EN $
Efectivo	0,92 m $	0,78 m $	−0,14 m $
Valores negociables	0 $	2,90 m $	+2,90 m $
Total deuda financiera	2,50 m $	0 $	−2,50 m $
Posición neta de efectivo	**−1,58 m $**	**3,68 m $**	**+5,26 m $**
Por acción	−1,39 $	3,62 $	+5,01 $

Tabla 5.7. Partidas netas del capital circulante

	1964 REAL	1965 REAL	VARIACIÓN EN $
Cuentas por cobrar	7,45 m $	7,42 m $	−0,03 m $
Inventario	11,69 m $	10,28 m $	−1,41 m $
Cuentas por pagar	−2,10 m $	−2,58 m $	−0,48 m $
Total	**17,04 m $**	**15,12 m $**	**−1,92 m $**

Como podemos observar, incluso antes de comparar el precio de la acción con el valor contable por acción, en 1965, Berkshire Hathaway registró un flujo de efectivo positivo de más de 5 millones de dólares. Con este efectivo, pagó 2,5 millones de dólares de deuda y construyó una cartera de valores negociables por un valor de 2,9 millones de dólares. Una parte de esta generación de efectivo procedía del capital circulante neto, que Ken Chance mejoró notablemente, pero una gran parte procedía de los beneficios en efectivo, que, como hemos mencionado, eran mucho mayores que las ganancias declaradas porque el coste «fiscal» no era el coste real (tablas 5.8 y 5.9).

Sin embargo, lo que resulta asombroso aquí es que una empresa cuya capitalización bursátil total era de aproximadamente 11,3 millones de dólares generara una cantidad de efectivo positiva de 5,3 millones de dólares en un año. Esto significa que si Berkshire tuviera dos años más como éste, incluso sin tener en cuenta por completo el efectivo neto ya presente, un inversor obtendría todo el negocio de forma gratuita. Comprender esto permite que esta oportunidad parezca mucho más atractiva que si sólo se examinan los fundamentos del negocio o los beneficios.

Tomando el precio de la acción a 14,60 dólares, se puede ver que según el balance fechado el 2 de octubre de 1965, Berkshire Hathaway también cotizaba con un descuento significativo respecto a su valor contable. De hecho, cotizaba con un descuento de más del 20 por ciento sobre el valor de su capital circulante neto más el efectivo neto que tenía en forma de efectivo y valores negociables.

Tabla 5.8. Partidas de valor contable

	1964 REAL	1965 REAL	VARIACIÓN EN $
Deuda financiera neta/ Activo neto en efectivo	−1,58 m $	3,68 m $	+5,26 m $
Capital circulante neto	17,04 m $	15,12 m $	−1,92 m $
Inmovilizado material incl. cédulas hipotecarias	7,64 m $	6,65 m $	−0,99 m $
Otros activos corrientes	0,19 m $	0,20 m $	+0,01 m $
Otros pasivos	−1,15 m $	−1,12 m $	+0,03 m $
Total fondos propios	**22,14 m $**	**24,53 m $**	**+2,39 m $**
Por acción	**19,46 $**	**24,11 $**	**4,45 $**

Tabla 5.9. Precio respecto al valor contable y precio respecto al capital circulante neto + efectivo neto

	1964 REAL	1965 REAL
Precio acción (supuesto)	14,69 $	14,69 $
Valor contable por acción	19,46 $	24,11 $
Precio respecto al valor contable	**0,75×**	**0,60×**
Capital circulante por acción + efectivo neto	13,59 $	18,48 $
Precio respecto al capital circulante neto más el efectivo neto	**1,08×**	**0,79×**

Por último, no se ha tenido en cuenta el inmovilizado material, que consistía en terrenos, edificios y maquinaria de la división de Berkshire. Esto se debe a que si leemos con detenimiento el informe anual de 1965, observamos que en la página cinco Ken Chace comenta que se ha vendido una gran parte de la maquinaria de la división King Philip E. y que el resto de las instalaciones se enajenarán durante el año siguiente. Si bien es probable que las ventas hayan sido inferiores a su valor contable, aún habrían sido positivas en términos de efectivo, lo que indica que aquí también había cierto valor.

Si juntamos toda la información, parece bastante claro qué vio Buffett en Berkshire Hathaway. La combinación del valor realizable fuera del valor contable con la altísima generación de efectivo del negocio haría que Berkshire Hathaway pareciera muy atractiva para un analista que examinara el negocio hasta con lupa.

En sus cartas a los accionistas con fecha del 1 de noviembre de 1965 y del 20 de enero de 1966, Buffett analiza con cierto detalle el descuento sobre el valor contable de Berkshire Hathaway. Comenta que el capital circulante neto (incluido el efectivo neto en mi definición) valía por sí solo unos 19 dólares por acción el 31 de diciembre de 1965. También comenta que al calcular el valor razonable de la participación de BPL en Berkshire Hathaway, había valorado la empresa a «un precio a medio camino entre el

activo circulante neto y el valor contable... [con] los activos corrientes a 100 centavos por dólar y nuestros activos fijos a 50 centavos por dólar». Basándose en las cifras del balance, esto impli-
caría que el valor razonable que Buffett vio fue de alrededor de
½ × (24,11 $) + ½ × (18,48 $) = 21,30 $ por acción. Un precio
de acción de 14,69 dólares habría implicado un descuento del
31 por ciento respecto al valor razonable.

Es evidente que esto implica un margen de seguridad para
los valores de los activos y, en cierto modo, este caso recuerda a
Dempster Mill y al tipo de inversión *net-net* de Benjamin Graham. Sin embargo, cabe señalar que en este caso hay indicios
claros de que, en especial en términos de las ganancias en efectivo mostradas en 1965, el negocio de Berkshire Hathaway, además del valor de los activos existentes, tenía una enorme capacidad de generar valor.

En resumen, Berkshire Hathaway parece haber sido una
combinación de una inversión basada en el valor de los activos y
en la capacidad de generación de efectivo del negocio. En 1965,
cuando Buffett realizó la mayor parte de su compra, la empresa
había experimentado varios cambios para bien. En primer lugar,
en ese momento los cambios normativos se habrían percibido
como positivos para todas las fábricas de tejidos. En segundo lugar, y más importante, acababa de tomar el control un equipo
directivo nuevo y competente. Aunque estaba claro que la empresa se enfrentaba a un mercado difícil y con riesgos, sin la ventaja de la retrospectiva habría parecido un mercado en el que
una buena gestión podría conseguir algo. De hecho, en 1965,
Buffett comentó que «si bien es muy difícil que una Berkshire
sea tan rentable como una Xerox, una Fairchild Camera o una
National Video en un mercado muy tensionado, es una inversión
muy cómoda de poseer».[40] Teniendo todo esto en cuenta, me parece una inversión muy sensata como tipo de inversión *net-net*
en aquel momento. Sólo que al final no funcionó.

Por supuesto, en retrospectiva, los riesgos derivados de las
fuerzas del mercado en contra de la fabricación textil estadouni-

40. Warren Buffett a Buffett Partnership Limited, 20 de enero de 1966.

dense se harían demasiado grandes para que Berkshire pudiera afrontarlos en la década de 1980. Más tarde, Buffett bromearía diciendo que al seguir la perspectiva de Graham de invertir en *cigar butts*, 'las colillas de los puros', uno trata de encontrar gratis una colilla a la que le quede alguna calada, y Berkshire en realidad era un puro que se había fumado por completo.[41] No obstante, hay que señalar que si bien esta inversión suele considerarse un «error» de Buffett, es probable que en realidad en términos absolutos no le hiciera perder dinero. Dada la rentabilidad de Berkshire Hathaway en 1965 y, sin duda, durante bastantes años más en las décadas de 1960 y 1970, hay que recordar que el declive del negocio sirvió en realidad para proporcionar el capital que Buffett invirtió en muchas otras empresas, empezando por la compra de National Indemnity en 1967.

Las lecciones que se pueden extraer de la inversión en Berkshire Hathaway parecen claras al observar los números a largo plazo. Una de ellas es que hay que ser muy cauteloso con una empresa cuyos ingresos o márgenes brutos hayan disminuido durante diez años, aunque los dos o tres últimos hayan sido positivos. Esos últimos años pueden ser, sin más, el resultado del trabajo de un equipo directivo excepcional, pero los problemas estructurales que ni siquiera el mejor equipo directivo puede afrontar hacen que invertir en el negocio sea muy difícil a largo plazo. Otra lección parece ser que en el caso de las inversiones *net-net*, las empresas no están pensadas para mantenerse a largo plazo. Por lo tanto, quizás el gran error no fuera comprar la empresa, sino no venderla o dedicarse a querer controlarla en lugar de buscar una estrategia de salida. En las anteriores inversiones *net-net* comentadas (Sanborn Map y Dempster Mill), Buffett tenía claras opciones de salida a los pocos años de invertir en los negocios. Ése no fue el caso de Berkshire Hathaway.

La célebre historia de Berkshire tuvo sus comienzos aquí, y Buffett se encariñaría con esta empresa hasta tal punto que unos años más tarde llegaría incluso a revisar sus objetivos de inver-

---

41. Schroeder, Alice, *op. cit.*, p. 277 del original en inglés publicado por Bantam.

sión para que incluyera la tenencia de empresas que no siempre devolvían los mejores rendimientos, pero demostraban que cuidaban de manera altruista a sus empleados.

Para hacer un breve inciso, al observar el entorno empresarial actual, en la última década se ha producido un ataque estructural similar en el sector minorista, pero en lugar de las importaciones extranjeras, esta vez el culpable es internet. Como fue el caso con Borders y, en menor medida, con Barnes & Noble, la eficiencia estructural del modelo de internet, patente en empresas como Amazon, ha causado estragos en el modelo de negocio tradicional de las librerías físicas. Para Borders, esto ha supuesto la quiebra. Sin embargo, internet no ha afectado por igual a todas las empresas minoristas. A pesar de que su éxito a largo plazo aún está por determinarse, el esfuerzo que ha hecho Barnes & Noble para incluir cafeterías en sus librerías está ayudando a la empresa a diferenciar su modelo de negocio como destino para el estilo de vida de la lectura. Y lo que es más impresionante, WHSmith, su equivalente en el Reino Unido, ha transformado su negocio en la última década pasando de ser un minorista de libros a ser un minorista de artículos de primera necesidad gracias a una estrategia de reorientación de sus tiendas en lugares de tránsito de viajeros, como aeropuertos y estaciones de tren, y a la incorporación de categorías de productos de primera necesidad, como almuerzos para llevar, bebidas y aperitivos. Si bien los libros y las revistas ocupan más del 50 por ciento del espacio de los estantes (y una parte importante de las ventas), es esclarecedor saber que la compra promedio en WHSmith es ahora inferior a 5 libras (5,92 euros), lo que sugiere que la mayoría de las compras son impulsivas. Aunque el negocio sigue enfrentándose a un riesgo considerable, porque aproximadamente la mitad de sus tiendas están en lugares que nada tienen que ver con los viajes, al menos el grupo WHSmith no sólo ha ralentizado, sino que, de hecho, gracias a esta estrategia ha aumentado sus márgenes operativos en los últimos años.

Aunque desconozco cómo se desarrollará esta historia, sirve para demostrar que a veces se pueden tomar medidas para sortear un declive estructural, pero otras veces no puede hacerse nada. Un analista meticuloso debe ser capaz de entender si un caso concreto o una situación de inversión es predecible o no.

Reflexiones sobre los años de sociedad de Buffett

Si bien en un principio pensé que en sus primeros años como socio Buffett se centraba principalmente en inversiones baratas (en las colillas de los puros), es evidente que, en realidad, participaba en muchos tipos de inversiones. Ni se limitaba de forma exclusiva a las oportunidades baratas al estilo de Benjamin Graham ni se centraba sólo en empresas de alta calidad. Mientras que Sanborn Map y Dempster Mill se inclinaban más bien hacia el primer tipo, American Express se categorizaba en el segundo. Además, Buffett también invertía en situaciones especiales como el arbitraje de fusiones —el caso de Texas National Oil—, y estaba dispuesto a asumir el control y provocar cambios cuando lo consideraba oportuno, como ocurrió con Dempster Mill. De hecho, existe incluso un indicio sólido de que Buffett incursionó en operaciones en largo y corto. En su carta anual a los clientes con fecha del 18 de enero de 1965, señala: «Recientemente hemos empezado a aplicar una técnica que promete reducir de forma sustancial el riesgo de un cambio general en los estándares de valoración... [esto se refería a empresas relativamente infravaloradas]». A pesar de que las empresas en las que Buffett invirtió durante sus años como socio eran de diversos tipos, todas compartían algunas características fundamentales. En primer lugar, Warren parecía evitar negocios cuyos cimientos estuvieran deteriorados o rotos por completo. Incluso en el caso de Sanborn Map, Dempster Mill y Berkshire, inversiones basadas sobre todo en el valor de sus activos y no en su capacidad de generar beneficios (a excepción de Berkshire Hathaway, que combinaba ambas cualidades), Buffett optaba por invertir cuando el negocio mostraba un impulso positivo. Con frecuencia, como ocurrió en el caso de Berkshire y Dempster Mill, se produjo un cambio de gestión: un director nuevo y competente sustituía a un equipo directivo anterior deficiente en un negocio en el que la ejecución era crucial. En estos tres casos (Sanborn Map, Dempster Mill y Berkshire), Buffett también identificó oportunidades claras de mejora operativa que prometían ser un catalizador positivo. Lo más importante es que en todos los casos analizados Buffett parecía invertir sólo en empresas que continuaban siendo rentables. En el caso de Dempster Mill, aunque sus beneficios eran escasos, lograba generarlos. Buffett evitaba las empresas que consumían efectivo con rapidez. Considero que se trata de una lección importante, ya que las empresas que cotizan por debajo del valor de sus activos, si bien no son frecuentes, tampoco son excepcionales. No obstante, muchas están consumiendo efectivo y puede ser peligroso dejarse convencer por estas historias de cambio de tendencia, pues si no se produce una recuperación, se corre el riesgo de perder toda la inversión. Ese riesgo es mucho menor en el caso de las empresas que siguen siendo rentables y muestran cierto impulso positivo.

En segundo lugar, Buffett llevaba a cabo una exhaustiva investigación preliminar de cada empresa en la que invertía. Esto incluía comprender con precisión el funcionamiento esencial del negocio, algo que yo ya había supuesto antes de examinar estos casos con más detenimiento, pero también recopilaba información tanto de las estructuras de gestión como de las de propiedad a un nivel de detalle que me pareció asombroso. En el caso de Sanborn Map, Buffett estaba familiarizado con la composición exacta del consejo de administración e incluso comprendía su mentalidad en relación con Sanborn. En cuanto a Berkshire, conocía en persona tanto al equipo directivo como a los propietarios a los que compraba acciones.

En tercer lugar, en el caso de las empresas que tenían más de una actividad principal, sobre todo en el ejemplo de American Express, en lugar de considerar el negocio basándose en los datos financieros del conjunto, Buffett se esforzó por comprender la economía individual de cada división. Gracias a esto, es probable que en el caso de American Express identificara un negocio de tarjetas de crédito que crecía rápido y sólo estaba obstaculizado de manera temporal por problemas operativos y que en 1963 ya mostraba signos claros de recuperación y crecimiento. También es probable que observara que Dempster Mill no era simplemente un negocio en declive de molinos de viento. Esto da a entender la importancia de que los inversores no se centren exclusivamente en las métricas financieras. Esas métricas se comunican para el conjunto del grupo y a menudo no son tan útiles para un inversor como comprender las funciones básicas de un negocio y cómo podrían afectar a la evolución financiera de la empresa.

Me gustaría establecer una analogía entre el enfoque de investigación de Buffett en sus inversiones y el panorama actual de inversión en Europa. Hace poco tuve la oportunidad de visitar una empresa de medios de comunicación en el Reino Unido llamada Daily Mail General Trust (DMGT). Aunque empezó como un negocio de periódicos, concretamente el grupo de periódicos Daily Mail, de propiedad familiar, desde finales de la década de 1990, DMGT ha diversificado su cartera hacia negocios basados en suscripciones de empresa a empresa (B2B, *business-to-business*). A partir del año fiscal 2012, este conjunto de empresas B2B representa aproximadamente el 50 por ciento de los ingresos y más del 70 por ciento de los beneficios antes de intereses e impuestos (EBIT) de DMGT. El 50 por ciento restante de los ingresos y alrededor del 30 por ciento de EBIT siguen procediendo del negocio original de periódicos, que para simplificar llamaré negocio B2C (minorista, *business-to-client*).[42]

Sin adentrarse demasiado en la economía empresarial fundamental de los negocios B2C y B2B, lo que un inversor observaría en los últimos diez años, basándose en los estados financieros del grupo, sería un estancamiento de los ingresos y del margen de beneficios. Según los estados financieros del grupo DMGT, en el ejercicio fiscal 2001 registró unos ingresos de 1.960 millones de libras esterlinas y un EBIT de 192 millones (margen EBIT del 9,8 por ciento). En el ejercicio 2011A, los ingresos alcanzaron los 1.990 millones de libras esterlinas con un EBIT de 213,4 millones (un margen EBIT del 10,7 por ciento).

---

42. En honor a la verdad, debo señalar que esta segmentación de negocios difiere ligeramente de la segmentación B2C de la propia DMGT, que incluye algo más que los negocios de periódicos.

Basándose sólo en los datos financieros, un inversor podría llegar con facilidad a la conclusión de que la empresa no ha experimentado muchos cambios y que, en general, se encuentra estancada. Sin embargo, esta percepción dista mucho de ser verdad. Si un inversor profundizara en la economía empresarial fundamental de las dos divisiones, descubriría que el negocio B2B, por ejemplo, tiene una intensidad de capital mucho más ligera que la actividad de los periódicos y unos márgenes operativos mucho más altos. Esto implica que el tamaño del negocio de los periódicos está disminuyendo, mientras que el B2B está creciendo. La necesidad de gastos de capital de reposición es mucho menor que la depreciación que DMGT registra como grupo, lo que resulta en una generación de efectivo mucho mayor de lo que sugiere de manera habitual el estancamiento de los beneficios. En las cifras totales del grupo, los números pueden no ser fáciles de interpretar debido a los costes excepcionales y de reestructuración relacionados con la liquidación de algunos de los negocios periodísticos, pero si nos centramos en comprender los negocios por separado y sus características intrínsecas, creo que la situación se vuelve mucho más clara. Y, en última instancia, es fundamental la mayor generación de efectivo, que sigue en aumento, ya que, a fin de cuentas, eso es lo que valora un inversor.

En general, en lo que respecta a la evaluación de Buffett del caso DMGT, considero que si un inversor no profundiza en las divisiones como seguramente hizo Buffett, podría pasar por alto muchos aspectos clave de un caso de inversión que podrían ser fundamentales para desarrollar una estrategia inversora eficaz.

Segunda parte

La etapa intermedia (1968-1990)

Entre 1968 y 1990, Warren Buffett se aparta de su sociedad de inversiones y se centra en dirigir Berkshire Hathaway como su nuevo vehículo de inversión. Durante este período aumenta sus inversiones en empresas no cotizadas y expande su cartera hacia sectores como seguros, bancos regionales y otros activos mayoritarios como Nebraska Furniture Mart y See's Candies. También observamos que, fundamentalmente, al seleccionar sus inversiones, Buffett pasa de manera gradual de invertir en acciones que parecían baratas en comparación con sus valores de activos a incorporar más factores cualitativos. En los años comprendidos entre 1968 y 1990, el contexto económico fue complejo. El final de la década de 1960 se caracterizó por unos mercados bursátiles en auge y pocas oportunidades de valor. De hecho, a causa de este entorno económico, Buffett cerró su sociedad en 1968. En 1969, finalmente el mercado sufrió el primero de una serie de desplomes que se prolongaron durante varios años.

Los años setenta fueron difíciles para el mercado bursátil, que concluyó la década con el S&P 500 aproximadamente al mismo nivel que al comienzo. Mientras tanto, se produjeron dos importantes recesiones económicas: una en 1974, que supuso uno de los mayores desplomes del mercado de valores de los últimos tiempos, y otra en 1979. Además, a finales de los setenta, la inflación se disparó y hacia el final de la década los tipos de interés alcanzaron el 15 por ciento.

En la década de 1980, la inflación pudo ser controlada gracias a las políticas impulsadas por Paul Volcker. Sin embargo, pronto siguieron la proliferación de deuda empresarial y el auge de los bonos basura y las adquisiciones corporativas. Las grandes empresas *blue chip*[43] no estaban seguras con empresarios como Ivan Boesky interviniendo en los mercados financieros. A pesar de que en 1982 hubo una breve recesión, comenzó un largo período de prosperidad económica y estabilidad en los mercados financieros que se extendió hasta el año 2000.

43. Una *blue chip* hace referencia a una empresa madura, que lleva años siendo líder en su mercado, con un balance muy sólido y una alta capitalización bursátil, lo que se traduce en mucha liquidez y estabilidad en los precios. *Fuente*: <estrategiasdeinversion.com>. *(N. de la t.)*

6

1967: National Indemnity Company

La historia de National Indemnity nos vuelve a traer a un persona-
je familiar de los días en que comenzaba la carrera de Warren Buffett. El propietario de la empresa, Jack Ringwalt, era el mismo em-
presario de Omaha que había rechazado la oportunidad de invertir
50.000 dólares cuando Buffett estableció su primera sociedad de
inversión. El negocio de Ringwalt se especializaba en cubrir riesgos
difíciles de valorar, y su filosofía corporativa se alineaba con el
mantra «No hay riesgos malos, sólo malas tasas». Según sus conocidos, Ringwalt había tenido mucho éxito en su empresa y sólo estaba dispuesto a vender el negocio más o menos una vez al año, cuando se sentía en especial frustrado por algo. A través de un conocido
mutuo, a principios de 1967, Buffett se enteró de que Ringwalt estaba en uno de esos estados de ánimo. Según relata Alice Schroeder, la historia era que Buffett buscaba un negocio que pudiera
contrarrestar los bajos rendimientos de Berkshire Hathaway y
quería invertir parte del flujo de efectivo de Berkshire en una empresa más estable. National Indemnity encajaba a la perfección en
este plan. Tras una breve reunión y un firme apretón de manos,
Buffett, a pesar de valorar la empresa en 35 dólares por acción, le
ofreció a Ringwalt 50 dólares por cada acción del negocio.[44]

44. Schroeder, Alice, *op. cit.*, p. 302 del original en inglés publicado por
Bantam.

Es evidente que Buffett vio algo prometedor en este negocio fundamental. Establecida en 1941, en sus inicios National Indemnity ofrecía seguros de responsabilidad civil para taxis. Con el tiempo, la empresa se centró en suscribir seguros especializados. Antes de 1967, el negocio había ampliado su alcance y se acercaba más a un operador general de seguros contra incendios y accidentes. No obstante, lo que en realidad diferenciaba a National Indemnity era la filosofía empresarial de Ringwalt. El principio fundacional de la compañía se basaba en que existía una tarifa adecuada para cada riesgo legítimo y que el objetivo de la aseguradora era realizar siempre una evaluación precisa y obtener un beneficio de la suscripción. A diferencia de las aseguradoras de automóviles típicas de esa época, la compañía estaba dispuesta a asegurar riesgos como la responsabilidad civil para camiones de largo recorrido, taxis y vehículos de alquiler. Además, a diferencia de la competencia, no buscaba ingresos cuando las suscripciones no eran rentables. Esta disciplina de capital era otro elemento clave de la buena gestión de National Indemnity.

Gráfico 6.1

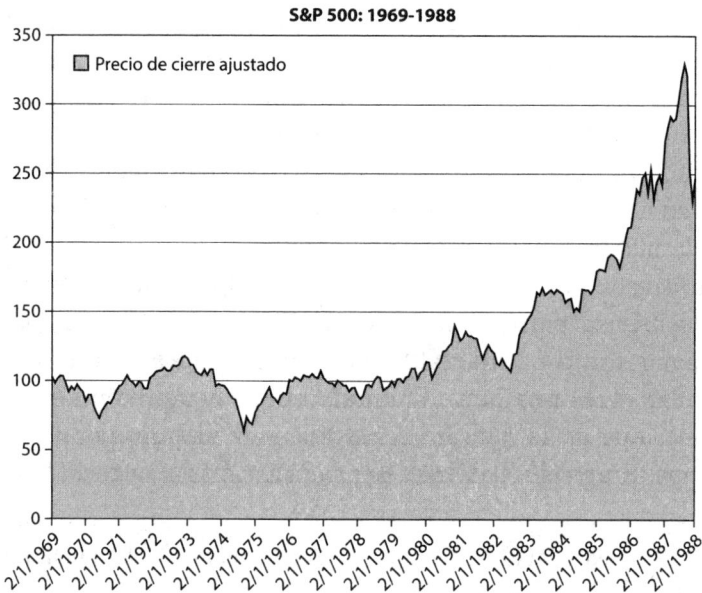

S&P 500: 1969-1988

Al hablar de la compra de la empresa en su carta anual de 1968 a los accionistas, Buffett se deshace en elogios a la gestión de Ringwalt: «Todo era como se anunciaba o mejor». Mientras algunas compañías de seguros eran gestionadas con el objetivo de crecer tanto como fuera posible, National Indemnity lo hacía de forma cautelosa, centrándose en obtener beneficios.

Por tratarse de una empresa no cotizada, los pequeños inversores individuales no tendrían acceso a las finanzas detalladas de National Indemnity. No obstante, podrían vislumbrar el panorama general: la empresa había pasado de estar gestionada por cuatro personas a convertirse en un negocio considerablemente más grande que rentabilizaba las suscripciones a los seguros. Sin embargo, es bastante probable que un inversor como Buffett, que tenía la capacidad de adquirir toda la compañía, tuviera acceso a la información financiera del negocio. Podemos obtener parte de esa información a través de diversas fuentes, incluidas las cartas de Buffett a los accionistas.

En 1967, National Indemnity registró unos ingresos netos de 1,6 millones de dólares sobre unas primas devengadas de 16,8 millones de dólares. En 1968, su primer año como subsidiaria de Berkshire, sus ingresos netos subieron a 2,2 millones de dólares sobre unas primas de 20 millones de dólares.[45] Para cualquier individuo interesado en invertir, la compañía habría parecido, como mínimo, una empresa en crecimiento con unos sólidos márgenes de beneficio.

Buffett valoró la calidad intrínseca del negocio, y en marzo de 1967 pagó 8,6 millones de dólares por National Indemnity (junto con National Fire & Marine, una empresa afiliada). Sobre la base de los beneficios netos de la empresa de 1,6 millones de dólares, el precio de compra de 8,6 millones de dólares refleja un múltiplo de la relación precio-ganancias de 5,4 veces. A simple vista, y aun suponiendo que los beneficios de las suscripciones sean desiguales, esta cifra parece bastante barata para una empresa bien gestionada. En una carta de 1969 a los socios de su sociedad de inversión, Buffett comentó que el negocio generaba un retorno sobre el

45. Hagstrom, Robert G., *El método Warren Buffett. Los secretos del mayor inversor del mundo*. Hoepli ediciones, Madrid, 2022.

capital empleado de aproximadamente el 20 por ciento, lo que significa que es probable que tuviera algunas ventajas estructurales, lo que hace que el precio parezca aún más atractivo.[46]

No obstante, quizás sea aún más importante lo que revela una revisión de los activos del negocio: que Buffett estaba obteniendo también algo significativo que las ganancias de la empresa no mostraban. En ese momento, National Indemnity y National Fire & Marine poseían una cartera de obligaciones valorada en más de 24,7 millones de dólares y una cartera de acciones valorada en 7,2 millones de dólares, lo que suma una cartera de gestión superior a los 30 millones de dólares.[47] Eso representaba el triple de lo que Buffett se había gastado (8,6 millones de dólares). Aunque la empresa tenía también pasivos como aseguradora, y esto significa que esa cantidad no podía devolverse sin más a los accionistas, parece que Buffett había reconocido esta cualidad clave en el negocio: la capacidad de recaudar capital y utilizarlo para invertir en acciones. Trataremos con más detalle en el capítulo 17 este aspecto del capital flotante, pero para explicarlo en términos muy sencillos: la empresa de seguros recibe primas tan pronto como los clientes compran una póliza y tiene que hacer frente a pasivos en el futuro, cuando los asegurados presentan una reclamación. Si bien las compañías de seguros reservan cada año una parte de las primas recibidas para cubrir siniestros, el efectivo restante estará disponible para ser invertido. Este dinero que la compañía de seguros retiene, pero no es de su propiedad, se denomina «capital flotante», y Buffett pudo invertir y obtener beneficios de esta cantidad.

Poco después de adquirir sus participaciones en National Insurance, Buffett empezó a invertir con éxito el capital flotante. Tras dos años invirtiendo en la cartera de National Indemnity (incluida National Fire & Marine Insurance Company), el valor de la cartera aumentó de 32 a 42 millones de dólares. Éste fue el comienzo de una fascinación por el negocio de los seguros que ha perdurado a lo largo de toda su carrera y que Buffett continúa aprovechando para el capital flotante y las inversiones.

46. Warren Buffett a Buffett Partnership Limited, 22 de enero de 1969.
47. Robert G. Hagstrom, *op. cit.*

7

1972: See's Candies

En 1972 el presidente de Blue Chip Stamp, una subsidiaria de Berkshire Hathaway, se puso en contacto con Warren Buffett para comunicarle que See's Candies estaba en venta. La empresa californiana, fundada en Pasadena en 1921 por Charles See y su madre, Mary See, siempre había sido dirigida por la familia See, pero al último propietario, Harry See, le interesaba vender el negocio para centrarse en su viñedo del valle de Napa. Robert Flaherty, asesor de inversiones de Blue Chip Stamp, presentó la operación al presidente de Blue Chip, Bill Ramsey, que a su vez contactó con Buffett.

Buffett se interesó de inmediato y no sólo porque su mujer, Susie, fuera una fanática de los caramelos. See's era muy conocida en todo el estado y gozaba de una sólida reputación por su calidad. Durante el período de racionamiento de azúcar en la Segunda Guerra Mundial, cuando muchas otras tiendas de caramelos modificaron sus recetas, See's mantuvo la suya intacta y se limitó a vender sus caramelos hasta agotar existencias. Con su capacidad para seguir operando con solidez, See's se distinguía bastante de algunas de las empresas en las que Buffett había invertido antes. Ésta no era una inversión de tipo *cigar butt*, sino más bien un negocio de alta calidad que prometía un éxito sostenido a largo plazo. Aunque Buffett ya había invertido en negocios en expansión de alta calidad, en particular American Express, la adquisición de See's Candies reflejaba su predilección por este tipo de negocios y su preferencia por efectuar estas transacciones como un acuerdo privado.

Dado que See's Candies era una empresa no cotizada, sus datos financieros no estaban al alcance de un posible inversor particular. De haber podido acceder a ellos, habrían observado las siguientes cifras: en 1972, el negocio tuvo unos ingresos de 31,3 millones de dólares y unos beneficios después de impuestos de 2,1 millones de dólares (lo cual, basado en el tipo impositivo normal del 48 por ciento del impuesto de sociedades de la época, habría significado un beneficio antes de impuestos de aproximadamente 4 millones de dólares). Sus activos materiales netos ascendían a 8 millones de dólares. Desde el punto de vista operativo, a finales de ese año, la empresa contaba con 167 tiendas abiertas y durante el año había vendido 17 millones de libras de caramelos.[48]

Estas cifras arrojaron un rendimiento del capital tangible (ROTCE, por sus siglas en inglés)[49] del 26 por ciento. Para una empresa que efectivamente produce bienes y no tiene un modelo de negocio intrínsecamente ligero en activos, este ROTCE indica un negocio de muy alta calidad, capaz de generar rendimientos a una tasa significativamente superior a su coste de capital. Para los posibles inversores en aquel momento, la pregunta habría sido: ¿Es sostenible esta impresionante rentabilidad después de impuestos de más del 25 por ciento? En otras palabras, ¿se trata de un negocio capaz de generar sistemáticamente mejores rendimientos que un negocio comparable con los mismos activos? Como curiosidad, según la carta de Berkshire a los accionistas, See's Candies poseía una marca muy sólida, sobre todo en el oeste de Estados Unidos, donde disfrutaba de una cuota de mercado dominante. También, en lugar de depender de franquicias, dispo-

---

48. Warren Buffett a los accionistas de Berkshire Hathaway, 14 de marzo de 1984, para el cierre del ejercicio 1983.

49. Defino aquí el ROTCE como NOPAT (*net operating profit after tax*, beneficio neto de explotación después de impuestos)/capital tangible.

nía de una red de tiendas propias en las que el personal estaba altamente capacitado.[50] Desarrollaba su actividad en un sector con escaso riesgo tecnológico y parecía tener un historial de resultados financieros constantes. En conjunto, a un inversor potencial la empresa le habría parecido capaz de mantener su ventaja competitiva y seguir generando una tasa de rendimiento del capital tangible del 25 por ciento (o incluso superior).

Como persona interesada en invertir, la segunda característica que yo habría buscado habría sido la capacidad de crecimiento de la empresa. Normalmente, los inversores en valor no están dispuestos a pagar por este crecimiento, pero, en este caso, una parte esencial de la valoración era la capacidad del negocio para aumentar su valor. Por lo tanto, era necesario comprender el potencial de crecimiento. Esto se debe a que, aunque un negocio tenga un ROTCE muy alto, si no crece, no se beneficiará de invertir en expansión menos que sus competidores. Al evaluar el crecimiento de una empresa orientada al producto, lo habitual habría sido que me fijara en su historial de crecimiento del volumen o los precios. Dado que See's Candies opera con tiendas de propiedad directa (DOS, por sus siglas en inglés) como su principal canal de distribución, también sería importante analizar los datos comparables por tienda y el crecimiento del número de tiendas. Si bien los números anteriores a 1972 no están disponibles, dado el historial constante del negocio, puede suponerse que los años posteriores a 1972 sirven como un buen indicador de cómo eran esas cifras antes de ese año. Los resultados se resumen en la tabla 7.1.

Como se presenta en la tabla 7.1, See's Candies experimenta un crecimiento constante en todos los indicadores, desde los ingresos hasta los beneficios operativos, pasando por las ventas en tienda (con la excepción de un año en que no se registró crecimiento). En el período 1972-1976, el beneficio neto de explotación después de impuestos (NOPAT) alcanzó una media del 16 por ciento anual.

---

50. Warren Buffett a los accionistas de Berkshire Hathaway, 14 de marzo de 1984.

Tabla 7.1. Estadísticas operativas de See's Candies (1972-1976)

		1976	1975	1974	1973	1972
Ingresos	$	56.333.000	50.492.000	41.248.000	35.050.000	31.337.000
NOPAT	$	5.569.000	5.132.000	3.021.000	1.940.000	2.083.000
Caramelos vendidos	Libras*	20.553.000	19.134.000	17.883.000	17.813.000	16.954.000
Tiendas de propiedad directa (DOS)	#	173	172	170	169	167
Ingresos por DOS	$	325.624	293.558	242.635	205.396	187.647

Fuente: La tabla 7.1 se ha reconstruido a partir de los datos presentados en la página 6 de la carta de Warren Buffett a los accionistas de Berkshire Hathaway con fecha de 25 de febrero de 1985.
*Una libra equivale a 0,45 kg. *(N. de la t.)*

Así pues, parece evidente que See's Candies era una empresa con un ROTCE elevado y con un potencial de crecimiento continuo. Después de analizar cómo un posible inversor contemporáneo podría haber percibido el negocio en su esencia, es necesario examinar la valoración de See's Candies y el precio que Buffett pagó por ella.

Buffett desembolsó 25 millones de dólares por toda la empresa.[51] Conociendo las cifras de beneficios mencionadas, esto resulta en un múltiplo PER de 11,9 veces y un EBIT-EV de 6,3 veces. A diferencia de algunas de sus adquisiciones anteriores, como Berkshire Hathaway, esto no fue una transacción económica barata en el sentido tradicional, caracterizada por múltiplos extremadamente bajos (5 veces o menos). Al igual que en el caso de American Express, Buffett pagó un valor razonable por la empresa. A diferencia de un negocio comprado a un múltiplo PER inferior a cinco veces, See's Candies, valorado en 11,9 veces los beneficios, sólo tendría un margen de seguridad si la empresa mostrara una tasa de crecimiento interno significativamente mejor que la de sus competidores. En otras palabras, para una empresa sin crecimiento, un múltiplo de beneficios de diez a doce veces podría considerarse un valor razonable, pero no proporcionaría un margen de seguridad. Por otro lado, para un negocio que sí crece, pero no puede hacerlo sin incurrir en un coste de capital adicional muy inferior al valor del crecimiento, el valor del crecimiento estaría limitado. Para tener un margen de seguridad, la empresa debe exhibir tanto crecimiento como un ROTCE elevado. Por lo tanto, parece que Buffett asumió y pagó por obtener al menos algún crecimiento.

Para comprender cómo está «integrado» el crecimiento en el precio de compra de Buffett, ofreceré un ejemplo. Al decidir el precio al que un inversor está dispuesto a comprar una acción, un inversor en valor podría calcular el valor de la empresa en función de sus beneficios actuales y luego requerir un margen de seguridad del 30 por ciento. Sin embargo, si en lugar de requerir un margen de seguridad basado en los beneficios actuales, este inversor está dispuesto a pagar todo el precio por los beneficios actua-

---

51. Ibídem, p. 17, apéndice.

les, cabe plantearse otra pregunta: ¿qué crecimiento es necesario para seguir manteniendo un margen de seguridad del 30 por ciento? En otras palabras, ¿qué tasa de crecimiento de los beneficios se requiere para elevar el valor intrínseco de una empresa un 43 por ciento[52] por encima del de un negocio con los mismos beneficios actuales, pero sin crecimiento? Matemáticamente, el caso es bastante sencillo. Podemos utilizar como base los 2,1 millones de dólares de beneficios que See's Candies generó en 1972. Si no asignamos un valor al crecimiento y consideramos que un múltiplo PER razonable para una empresa como ésta es de diez veces y además requerimos un margen de seguridad del 30 por ciento, estaríamos dispuestos a pagar 14,7 millones de dólares por el negocio. En este ejemplo, el valor razonable de la empresa sería de 21 millones de dólares y 14,7 millones de dólares reflejarían un descuento del 30 por ciento de ese valor razonable. Ahora supongamos que un inversor estuviera dispuesto a pagar los 21 millones de dólares del valor razonable completo del negocio: ¿qué porcentaje de crecimiento anual se requiere para seguir ofreciendo el margen de seguridad del 30 por ciento? Para lograrlo, la empresa en crecimiento necesita tener un valor intrínseco del 143 por ciento de 21 millones de dólares; es decir, 30 millones de dólares. Utilizando la fórmula simple de perpetuidad[53] —valor actual = C / (r - g)—, podemos calcular el crecimiento requerido de los beneficios para alcanzar un valor razonable de 30 millones de dólares.[54] El cálculo concreto es:

$$VP = \text{valor razonable} = 30{,}0 = C / (r - g) = (2{,}1) / (0{,}1 - g) \rightarrow$$
$$(0{,}1 - g) = 2{,}1 / 30{,}0 \rightarrow 0{,}1 = 0{,}07 + g \rightarrow g = 0{,}03.$$

---

52. La cantidad adicional para que una reducción del 30 por ciento llegue al cien por cien es del 43 por ciento; es decir, $143 \times 0{,}7 = 100$.

53. Breadley, Richard A.; Myers, Stewart C., y Allen, Franklin, *Principles of corporate finance*, McGraw-Hill, Estados Unidos, 2010, p. 46.

54. Obsérvese que utilizo la misma tasa de descuento del 10 por ciento implícita en nuestro múltiplo razonable diez veces PER, que supone valor razonable = $VP = C / 0{,}1 \rightarrow$ valor razonable = $10 \times C$.

Puede resultar sorprendente, pero, matemáticamente, el crecimiento necesario es de sólo un tres por ciento anual en beneficios para alcanzar un valor razonable de See's Candies de 30 millones de dólares.

En el mundo real, las cosas son un poco más complicadas, pero no mucho más. En primer lugar, para alcanzar este margen de seguridad del 30 por ciento se necesitaría un crecimiento de los beneficios del 3 por ciento a perpetuidad; en realidad, son pocas las empresas que pueden mantener un crecimiento *ad infinitum*. Sin embargo, debido a la tasa de descuento del 10 por ciento, durante los primeros años, el valor del crecimiento en dólares es más alto, de modo que un negocio que experimente un crecimiento durante diez años captará sin duda la mayor parte del valor del crecimiento, aunque éste no continúe indefinidamente. En segundo lugar, lo mencionado antes se aplicaría a un negocio que sólo creciera un 3 por ciento anual sin necesidad de incurrir en ningún coste para lograr este crecimiento; y esto tampoco es cierto para un negocio como el que nos ocupa. Por ejemplo, See's Candies tiene un ROTCE de aproximadamente el 25 por ciento, por lo que si la empresa crece un 3 por ciento, necesitará aproximadamente una cuarta parte de esa cantidad para financiar el crecimiento (siempre y cuando se presuponga que la intensidad de capital para el nuevo negocio marginal sea la misma que para la empresa en general). Debido a la necesidad de capital para el crecimiento, una compañía como See's Candies requeriría una tasa de crecimiento de alrededor del 4 por ciento, en lugar del 3 por ciento, para alcanzar un margen de seguridad del 30 por ciento.

En general, incluso con estas pocas complejidades, destacan dos ideas clave. Primero, si un inversor tiene suficiente certeza sobre el crecimiento futuro de los beneficios, a pesar de que no sea una tasa elevada, sino sólo del 4 o 5 por ciento anual, el valor de esta certeza podría ser muy relevante. De hecho, tan significativo como aceptar un descuento del 30 por ciento al adquirir una empresa que no está aumentando sus ganancias. Segundo, considerando que Buffett pagó por See's Candies 11,9 veces el PER, se puede inferir que es probable que haya anticipado y pagado por un crecimiento de alrededor del 5 por ciento anual en este negocio. Debe de haber dado por descontado que este crecimiento se mantendría durante varios años, ya que, en condiciones normales, por un negocio similar que no contemplara ningún crecimiento sólo pagaría siete veces el PER (equivalente a diez veces el PER con un margen de seguridad del 30 por ciento).

Volviendo al análisis general de la calidad empresarial de See's Candies, parece evidente que cumplía con los criterios de un ROTCE y crecimiento altos. Buffett pareció entender esto y ser flexible como para pagar un precio que, de otro modo, sería completo al no tener en cuenta el crecimiento cuando surgió la oportunidad a principios de 1972. De hecho, en su carta anual a los accionistas de marzo de 1984, Buffett continúa relacionando su aparente opinión sobre las perspectivas futuras de See's Candies con las operaciones intrínsecas: See's Candies vale más de lo que refleja su valor contable. Es una marca, es un producto que puede venderse por encima de su coste de producción y tiene poder de fijación de precios en el futuro.

Esta oportunidad de inversión fue una transacción privada, por lo que un inversor particular no habría tenido fácil acceso a ella. Sin embargo, parece ser un buen ejemplo de la atención que Buffett prestó durante este período a las empresas que tenían la capacidad de crecer de forma constante con un capital adicional relativamente limitado.

Al final, See's Candies se convertiría en una de las mejores inversiones de Buffett. En el año 2010, la empresa obtuvo unos ingresos antes de impuestos de 82 millones de dólares con ventas de 383 millones. A final del año 2010, los activos en los libros ascendieron a 40 millones de dólares, lo que significa que desde 1972 sólo tuvieron que invertirse en este negocio 32 millones de dólares adicionales en capital. Con la misma ratio PER de 11,9 veces y suponiendo el ahora más común tipo impositivo del 30 por ciento, el valor de la empresa hasta el año pasado sería de 683 millones de dólares. Esto representa un incremento de más de veinticinco veces sobre el precio de compra inicial, sin siquiera tener en cuenta el efectivo distribuido en ese intervalo.

8

1973: *The Washington Post*

El periódico *The Washington Post* fue fundado en 1877 por Stilson Hutchins y en las décadas siguientes pasó por varias manos, entre ellas las de John McLean, que también era propietario de *The Cincinnati Enquirer.* Después de ser mal gestionado por el hijo de McLean, en la década de 1930, el periódico se encontró en una situación de insolvencia.

En 1933, Eugene Meyer adquirió el negocio en quiebra, y su yerno, Philip Graham, y más tarde su hija, Katharine Graham, desempeñaron un papel prominente en la historia del periódico. En 1971, The Washington Post Company pasó a cotizar en bolsa. Tras el inesperado fallecimiento del presidente, Fritz Beebe, en 1973, Katharine Graham se convirtió en la primera mujer en presidir una empresa incluida en el Fortune 500.

Durante ese período (1972-1973), Warren Buffett empezó a acumular acciones de la compañía. A finales de 1973, ya había adquirido una participación de alrededor del 10 por ciento.[55]

Los informes anuales de The Washington Post Company correspondientes a los ejercicios cerrados en 1971 y 1972 representan la información que un inversor potencial habría tenido sobre la empresa inmediatamente antes de que Buffett la adquiriera.

---

55. Lowenstein, Roger, *op. cit.*, p. 193.

He incluido al final del capítulo las cuatro páginas de los estados financieros consolidados (imagen 8.1).

Imagen 8.1

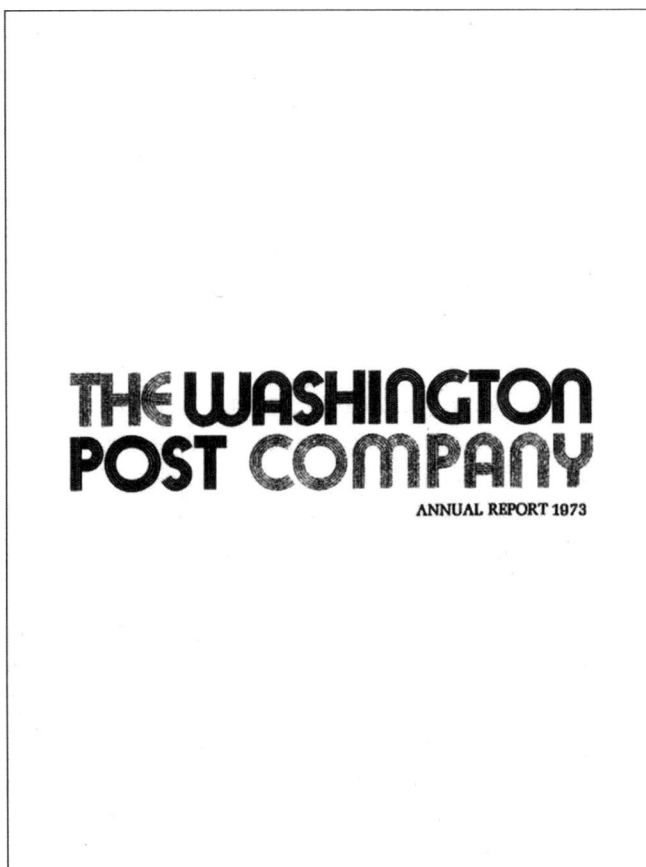

En primer lugar, debemos examinar los negocios. The Washington Post Company tenía tres grandes divisiones comerciales.[56] Basándome en sus datos financieros de 1972, en la tabla 8.1 he resumido la importancia relativa de cada división para la empresa en su conjunto.

56. The Washington Post Company, *Informe anual 1972*, p. 2.

Tabla 8.1. Resumen de los segmentos de actividad (1972)

SEGMENTO DE ACTIVIDAD	INGRESOS (MILLONES)	% INGRESOS TOTALES	% EBIT TOTAL	MARGEN EBIT
Edición de periódicos	99,8 $	46 %	47 %	10,2 %
Edición de revistas y libros	93,8 $	43 %	26 %	6,0 %
Radiodifusión	24,3 $	11 %	27 %	24,4 %
Total	217,9 $	100 %	100 %	10 %

Fuente: The Washington Post Company, *Informe anual 1972*, p. 2.

Como podemos observar, en ese momento la división de periódicos seguía siendo claramente la más importante de la empresa, ya que representaba aproximadamente la mitad de sus beneficios totales. Sin embargo, las otras divisiones eran sin duda también relevantes desde el punto de vista financiero.

Al leer el informe anual con más detenimiento, nos damos cuenta con rapidez de que es más informativo que la mayoría, lleno de análisis de métricas operativas relevantes. Para mí, esto quiere decir que el equipo directivo estaba centrado y sabía lo que hacía con su negocio.

El informe comienza con el análisis de John S. Prescott sobre el negocio de los periódicos. En concreto, detalla un cambio estructural que ocurrió en el mercado ese año, cuando *The Washington Daily News* dejó de publicarse en julio de 1972. Para un inversor interesado en la empresa, se trata de un acontecimiento extremadamente significativo. En primer lugar, eliminó uno de los tres periódicos diarios del mercado del Distrito de Columbia, lo que obligó de forma automática a los clientes que aún deseaban recibir un periódico a recurrir a uno de los dos restantes. Además, al menos según mi propia experiencia observando la dinámica competitiva, un duopolio constituye una situación mucho más favorable para una empresa que un oligopolio con tres participantes. Por lo general, la competencia es mucho más racional, lo que se traduce en menos guerras de precios y en márgenes más altos. En cuanto a las métricas operativas, los datos objetivos son abrumadoramente positivos. Las líneas de publicidad aumentaron en 6,5 millones, lo que representa un incremento de casi el 9 por ciento respecto a los 73 millones del año anterior. En términos de cuota de mercado, esto representaba el 63 por ciento de las líneas publicitarias colocadas en los periódicos metropolitanos de su zona. La circulación había subido en 6.000 ejemplares en el periódico diario (aproximadamente un 1 por ciento de aumento) y en 15.000 en la edición dominical (un incremento de alrededor del 2 por ciento). Si bien en términos porcentuales estas cifras no son asombrosas, el informe señala que son considerablemente superiores a las de su principal competidor, el *Star-News*. Esto implica que *The Washington Post* estaba ganando cuota de mercado. A continuación, Prescott hace referencia a un estudio de mercado realizado por una agencia independiente, W. R. Simmons & Associates, que determinó que en el mercado de *The Washington Post* tres de cada cinco de los adultos —es decir, alrededor del 60 por ciento— leían el *Post*. A continuación, compara esta cifra con otros periódicos líderes del mercado nacional. Este ejercicio me parece muy convincente; John Prescott no sólo demuestra que The Washington Post Company es, en efecto, una gran franquicia, sino también que es un directivo que se guía por parámetros clave y está atento a la competencia. En resumen, el negocio principal de periódicos de The Washington Post Company era, sin lugar a duda, un gran negocio.

La segunda división comercial examinada es la que se dedicaba a publicar revistas y libros. Su principal activo era la revista *Newsweek*, que en ese momento ocupaba el cuarto lugar entre todas las revistas en ingresos por publicidad. Osborn Elliott, director de la división, afirma que 1972 fue un año récord para *Newsweek*. Los ingresos aumentaron un 8 por ciento interanual, y esto vino acompañado de un aumento de la circulación de 150.000 ejemplares por semana (alrededor de un 5 por ciento), pasando de 2.600.000 ejemplares semanales a 2.750.000. Como en otras secciones del informe, estos datos están respaldados por una fuente independiente de terceros, en este caso la Publishers Information Bureau.

Desde el punto de vista operativo, 1972 marcó el año en el que el veterano equipo directivo de *Newsweek*, que había tenido mucho éxito durante la década de 1960, volvió a asumir la responsabilidad de la gestión de la publicación. Este refuerzo de la dirección de la división incluyó que el propio Elliott asumiera la dirección editorial, mientras que Gibson McCabe y Robert Campbell fueron designados para liderar las operaciones y la publicación, respectivamente. Su enfoque en proporcionar contenidos valorados por sus lectores llevó a *Newsweek* a ganar once importantes premios de periodismo a lo largo del año, entre ellos el American Bar Association Gavel, el G. M. Leob y el Overseas Press Club. Tras un debate final sobre las oportunidades que se le presentaban a *Newsweek* para seguir expandiéndose en el extranjero, el negocio, al igual que el *Post*, parecía estar funcionando a pleno rendimiento.

La última división de The Washington Post Company era Post-Newsweek Stations, de televisión y radio. Larry Israel, a cargo de este negocio, tenía menos datos concretos sobre cuotas de mercado y elogios de terceros que presentar. Sin embargo, una vez más, se obtiene una imagen muy positiva del negocio. Israel hablaba de una adquisición completada con éxito (la televisión WTIC de Hartford, en Connecticut), pero centraba el debate en la excelencia de la generación de contenido mediático local de las emisoras.

Sin embargo, en esta división también hubo algunas noticias negativas entre tantas positivas. Se impugnaron dos renovaciones de licencias de dos de las cadenas de televisión de la división (WJXT en Jacksonville y WPLG en Miami). Israel trató de minimizar el riesgo real de este desafío citando que tanto los casos anteriores de este tipo de retos como los principios legales pertinentes apuntaban hacia una resolución positiva para el grupo. Si yo hubiera sido un inversor desconocedor de los entresijos de la regulación de la radiodifusión, esta explicación no me habría convencido del todo. Sería un área en la que tendría que evaluar el riesgo.

Aparte de este posible problema estructural, podemos evaluar el éxito del negocio observando las cifras de la página dos
del informe anual de 1972. Ese año, la división de radiodifusión
aumentó sus ingresos a 24,3 millones de dólares frente a los
20,8 millones del año anterior (un incremento del 17 por ciento)
y sus ingresos de explotación a 5,9 millones de dólares frente a los
3,8 millones del año anterior (un incremento del 55 por ciento).
Se trata de unos resultados financieros asombrosos para un negocio que podría considerarse relativamente estable con el mismo
paquete de canales de televisión y emisoras de radio. Aunque se
habló de una gran adquisición de la cadena de televisión WTIC,
ésta se estaba ultimando en enero de 2013, por lo que, dado que
no se habló de ninguna otra adquisición en la revisión de esta
división del año 1972, supongo que el crecimiento financiero di-
visional mencionado es en su mayor parte, si no totalmente, orgánico.

Al sintetizar los resultados de todo el grupo, el rendimiento
operativo total parece ser tan positivo que, como inversor contemporáneo, francamente me habría costado creerlo. Si no
fuera por los datos de mercado, muy objetivos e independientes, presentados en las divisiones de periódicos y revistas, de
hecho, sospecharía que la dirección era demasiado optimista
en sus informes y lo verificaría recurriendo a las cifras concretas.

El primer elemento destacable es el balance de diez años de
The Washington Post presentado en las páginas 22 y 23 del informe anual. En cada uno de los años, los ingresos aumentaron
con respecto al año anterior. En el período total de diez años, los
ingresos pasaron de 85,5 millones de dólares a 217,8 millones, el
equivalente a una cifra de alrededor del 11 por ciento anual. En lo
que respecta a los ingresos de explotación declarados, el panorama es algo más volátil, pero también realista, ya que no todos los
años arrojan resultados positivos. Si tomamos los diez años en su
conjunto, los ingresos operativos han aumentado de 9,4 millones
a 21,8 millones. La tasa de crecimiento anual correspondiente es
de alrededor del 10 por ciento, ligeramente inferior al crecimiento registrado en la línea superior. Aunque esto significa que los

márgenes no han aumentado a pesar del claro crecimiento en la escala de un negocio en expansión, yo no lo consideraría negativo. Si estuviera preocupado porque en 1972 se alcanzaron márgenes máximos (el margen operativo aumentó al 10 por ciento desde el 7,9 por ciento de 1971), me tranquilizaría ver que, durante el período de diez años, el margen de explotación osciló entre el 7,8 y el 12,2 por ciento, situando el margen del 10 por ciento de 1972 justo en el centro de la horquilla. Esto significa que si la empresa está bien gestionada —y hay indicios en el informe de que así es—, tiene el potencial de aumentar el margen con una mayor eficiencia operativa. De hecho, como en 1972 la compañía era aún más grande que en 1968, se podría argumentar de manera razonable que el margen potencial con una buena gestión debería ser aún más alto que el 12,2 por ciento alcanzado en 1968.

Volviendo a la revisión financiera y los estados financieros de *The Washington Post*, hay dos aspectos que requieren un mayor escrutinio y que como posible inversor me preocuparían. En primer lugar está la sección sobre los planes de jubilación. Al igual que otras empresas de medios de comunicación en ese momento, *The Washington Post* tenía pasivos de pensiones de beneficio definido para sus empleados. Este aspecto, que sigue siendo importante, sobre todo en las empresas europeas, genera incertidumbre y podría dar lugar a demandas recurrentes de efectivo si no se maneja con cuidado. En la página 14 del informe anual se informa al lector de que, en general, «los costes y pasivos acumulados de estos planes están completamente financiados», pero más adelante en esta misma sección se menciona un conjunto de planes asociados a los incentivos para los distribuidores de periódicos que no están financiados y cuyos costes se cargan directamente a los gastos corrientes. En 1972, los gastos de este conjunto de planes ascendieron a 3,6 millones de dólares. No se trata de un gasto insignificante, pero, en general, sin inspeccionarlos de manera más detallada, los planes de jubilación parecen estar bajo control.

En segundo lugar, el capital social y las opciones sobre las acciones se detallan en la página 16 del informe anual de 1972.

Aquí se indica que en 1971, junto con la oferta pública inicial, la empresa adoptó un plan de opciones sobre acciones para el que se reservaron 365.000 acciones ordinarias, de las cuales 279.650 estaban sujetas a opciones en circulación y 64.175 estaban disponibles para ser asignadas en una fecha posterior. Si bien antes de 1971 ya existían opciones en circulación y, para complicar aún más las cosas, también había dos clases de acciones ordinarias, en aras de simplificar deberíamos centrarnos únicamente en las 279.650 opciones en circulación a final de 1972 y en el momento en que se volvieron ejercitables.

Según la Association of British Insurers (ABI)[57] [asociación de aseguradoras británicas], la práctica general recomienda no asignar más del 10 por ciento del capital social en un período de diez años; es decir, un 1 por ciento anual. Aunque la cifra entre 1972 y 1975 excede esta regla general, lo cual podría generar cierta desconfianza a un posible inversor, no es inusual otorgar algunas opciones adicionales con una oferta pública inicial (OPI), que es el caso que nos ocupa. Lo que es tranquilizador es que el precio de la OPI fue de 25,18 dólares por acción, mientras que el precio medio de las opciones se estableció en unos 26 dólares por acción,[58] algo superior al precio de la OPI y en torno o incluso por encima del precio de mercado en ese momento. Así que, en general, estas observaciones disiparían mis preocupaciones (tabla 8.2).

Por último, me referiré a los estados financieros, que se encuentran en las páginas 17 a 21 del informe anual de 1972. Para evaluar la calidad del negocio en general de *The Washington Post*, un inversor podría calcular el rendimiento del capital tangible empleado (ROTCE), ya que es un indicador de la capacidad

57. La ABI publica una guía para los sistemas de incentivos basados en acciones que se ajusta a las buenas prácticas y a lo que podría considerarse razonable. La última versión es de noviembre de 2012. <http://www.abi.org.ik>.

58. Los detalles de la oferta pública inicial fueron 15.025.000 de dólares recaudados con la venta de 621.375 acciones de clase B, lo que indica un precio de OPI de 24,18 dólares por acción o un P/E de 15,9 basado en el BPA diluido preexcepcional de 1,52 dólares por acción en 1971.

del negocio para generar rendimientos por encima del coste de empresas comparables (tabla 8.3).

Tabla 8.2. Análisis de las opciones sobre acciones (1972)

FECHA DE EJERCICIO	ACCIONES	PRECIO MEDIO DE LA OPCIÓN	EFECTO DE DILUCIÓN (% ACCIONES EN CIRCULACIÓN)*
1972 Cierre ejercicio	65.625	26 $	1,4 %
1973 Cierre ejercicio	71.300	26 $	1,5 %
1974 Cierre ejercicio	69.800	26 $	1,4 %
1975 Cierre ejercicio	69.050	26 $	1,4 %
...	...	...	...
1960 Cierre ejercicio	3.875	26 $	0,1 %
Total	**214.025**	**~26 $ por acción**	**5,8 %**

* El cálculo se basa en el número medio ponderado de acciones ordinarias en circulación en 1972; es decir, 4.806.802.

Tabla 8.3. Análisis del capital total empleado (1972)

CATEGORÍA	CAPITAL EMPLEADO (MILLONES)	EN % DE INGRESOS
Inmovilizado material	46,2 $	21,2 %
Intangibles, excluido el fondo de comercio	0 $*	0,0 %
Existencias	3,8 $	1,7 %
Cuentas por cobrar	25,8 $	11,6 %
Cuentas por pagar	−19,4$	−8,9 %
Total capital empleado (TCE)	**56,4 $**	**25,6 %**

* Basándome en la definición de *The Washington Post* de su partida del balance «Fondo de comercio y otros intangibles» como «el exceso de la adquisición de empresas subsidiarias sobre los correspondientes valores razonables de los activos materiales en las fechas de adquisición», página 14, he supuesto que todo el fondo de comercio y otros intangibles son fondo de comercio y ninguno es un activo intangible que deba amortizarse.

Si tomamos como base para el cálculo del ROTCE el beneficio neto de explotación después de impuestos (NOPAT), pero
antes de partidas excepcionales, de 10 millones de dólares, llegamos a un ROTCE del 17,9 por ciento, basado en un capital total
empleado (TCE, por sus siglas en inglés) de 56,4 millones de dólares. Esto indica que se trata de un negocio bastante sólido, con
capacidad para generar beneficios compuestos de manera interna gracias al crecimiento. Dado que en los últimos diez años la
empresa creció a un ritmo del 11 por ciento anual, podemos estar
bastante seguros de que se trata de un buen generador de interés
compuesto.

Por último, en cuanto a la valoración de la empresa, una evaluación sensata consistiría en examinar las métricas de valoración
convencionales de EBIT-EV y PER. En la página tres de la carta
anual de cierre de 1975 de Buffett a los accionistas de Berkshire
Hathaway, describe que «la mayor inversión de capital de Berkshire [en ese momento] es de 467.150 acciones clase B de *The
Washington Post*, con un coste de 10,6 millones de dólares». Calculando el precio por acción, Buffett pagó aproximadamente
22,69 dólares por cada una. Hay que tener en cuenta que las
467.150 acciones representarían aproximadamente el 10 por
ciento del total de las acciones ordinarias en circulación de *The
Washington Post* en ese momento. Según otros informes de la
evolución del precio de las acciones, se sabe que si bien las acciones de *The Washington Post* se cotizaron por primera vez en la
bolsa después de la oferta pública inicial a unos 26 dólares por
acción, durante 1973 llegaron a caer hasta los 16 dólares por acción.[59] Aunque esto se basa en relatos de terceros de lo que sucedía en el mercado de valores en ese momento, creo que la caída
del precio de las acciones fue el resultado tanto de las preocupaciones macroeconómicas como de una mala publicidad para *The
Washington Post*. La mala prensa estaba relacionada con la investigación del periódico sobre el escándalo Watergate, que condujo

---

59. Kilpatrick, Andrew, *op. cit.*, pp. 201-202. Obsérvese que para obtener
el precio no ajustado de las acciones, Kilpatrick cita los precios ajustados por
división; yo lo he multiplicado por 4.

a la dimisión del presidente Richard Nixon, y las presuntas impugnaciones lideradas por Nixon de las ya mencionadas licencias televisivas del *Post*. De hecho, en la página cinco del informe anual de 1972 de *The Washington Post*, tenemos la siguiente cita de Beebe y Graham aludiendo a esta situación:

> La relación de enemistad entre el gobierno y la prensa no es en absoluto una sorpresa. Es tan antigua como la República. Sin embargo, para quienes nos dedicamos a trabajar en el negocio de las noticias, la intensa hostilidad que se ha manifestado en los últimos tiempos ha sido inquietante.

Considerando el precio de las acciones a 22,69 dólares cada una, el precio promedio al que Buffett acumuló su participación, los múltiplos EBIT-EV y PER retrospectivos habrían aparecido como se indica en las tablas 8.4 y 8.5.[60] Obsérvese que este precio habría estado aproximadamente un 40 por ciento por encima del precio mínimo de 52 semanas de la acción en 1973.

Con un EBIT-EV de 5,3 veces al final del último año completo, una empresa de alta calidad como *The Washington Post* parecería muy barata según los estándares actuales. Sin embargo, esto puede ser un poco engañoso. Al examinar la cuenta de resultados de *The Washington Post*, observamos que el tipo impositivo total pagado en 1971 y 1972 por la empresa ascendió al 50,2 por ciento y al 49,5 por ciento, respectivamente. Esto se compara desfavorablemente con el tipo impositivo aproximado total del 30 por ciento que la mayoría de las empresas pagan hoy en día. De hecho, como se muestra en la tabla 8.5, esto fue resultado de la política federal del impuesto de sociedades vigente en aquel momento.

---

60. Calculo el valor empresarial (EV) multiplicando las acciones en circulación por el precio de la acción, 22,69 dólares y sumando la deuda neta a final del año 1972 de 7,3 millones de dólares, extraída del balance del informe anual. El EV que utilizo es de 116,3 millones de dólares (capitalización bursátil de 109 millones de dólares).

Tabla 8.4

EBIT-EV	1971 REAL	1972 REAL
Ingresos	192,7 m $	217,8 m $
EBIT	15,2 m $	21,8 m $
Margen EBIT	*7,9 %*	*10,0 %*
EV/EBIT	7,7×	5,3×

En efecto, el tipo impositivo más alto en 1973 significa que por la misma cantidad de EBIT, un accionista obtendría menos en ganancias en efectivo en comparación con alguien que poseyera la empresa en la actualidad. Si ajustáramos este factor, un EBIT-EV comparable al tipo impositivo actual del 30 por ciento sería de 7,5 veces. Cuando digo «comparable» me refiero específicamente a una cifra de EBIT-EV basada en un EBIT que habría dado lugar a un NOPAT comparable al que obtuvo *The Washington Post* en 1973. Para un negocio tan bueno que está en expansión, pero no de manera extraordinaria, el EBIT-EV de 7,5 veces sigue siendo barato.

Al observar el PER, también encontramos una valoración moderada.

Nótese que he utilizado el BPA ajustado, que excluye partidas extraordinarias y créditos especiales, como figura en la página 17 del informe anual, en la cuenta de resultados consolidada. He optado por esta metodología para emitir un juicio de valoración basado únicamente en los ingresos generados por el negocio. Con un PER del ejercicio fiscal 1972 de 10,9 veces, una vez más *The Washington Post* parece bastante barato dada su calidad empresarial y su crecimiento con un elevado ROTCE (capacidad de capitalización).

En resumen, *The Washington Post* parece ser un caso en el que Buffett pagó un múltiplo decente por un gran negocio en crecimiento con una capacidad intrínseca de generar beneficios. Según los criterios de valoración disponibles para un inversor a principios de 1973, no habría parecido una valoración tan baja.

Tabla 8.5

PER	1971 REAL	1972 REAL
BPA (ajustado)	1,52 $	2,08 $
PER	14,9×	10,9×

Dicho esto, es cierto que cuando Buffett empezó a comprar, lo hizo a un precio inferior a su promedio y siguió comprando con la intención de acumular una participación del 10 por ciento en la empresa, lo cual es fundamentalmente mucho más difícil que cuando un pequeño inversor adquiere una pequeña cantidad de acciones.

De este análisis se pueden extraer dos conclusiones. En primer lugar, parece que *The Washington Post*, al igual que American Express, era una empresa de muy alta calidad, con una trayectoria histórica de diez años de crecimiento y la capacidad de generar un ROTCE superior. En este caso, el negocio se vendía a un precio barato, pero no ridículo. En segundo lugar, dados todos los datos detallados sobre circulación y competencia que figuraban en los informes anuales, está claro que el inversor que los examinara con detenimiento dispondría de información de muy alta calidad.

Tabla 8.6. Tipo impositivo máximo corporativo histórico y tramos correspondientes (1909-2010)

AÑO	TASA IMPO-SITIVA MÁXIMA (%)	TRAMO IMPO-SITIVO MÁXIMO ($)	AÑO	TASA IMPO-SITIVA MÁXIMA (%)	TRAMO IMPO-SITIVO MÁXIMO ($)	AÑO	TASA IMPO-SITIVA MÁXIMA (%)	TRAMO IMPO-SITIVO MÁXIMO ($)
1909	1		1943	40	50.000	1977	48	50.000
1910	1		1944	40	50.000	1978	48	50.000
1911	1		1945	40	50.000	1979	46	100.000
1912	1		1946	38	50.000	1980	46	100.000
1913	1		1947	38	50.000	1981	46	100.000
1914	1		1948	38	50.000	1982	46	100.000

.../...

.../...

AÑO	TASA IMPO-SITIVA MÁXIMA (%)	TRAMO IMPO-SITIVO MÁXIMO ($)	AÑO	TASA IMPO-SITIVA MÁXIMA (%)	TRAMO IMPO-SITIVO MÁXIMO ($)	AÑO	TASA IMPO-SITIVA MÁXIMA (%)	TRAMO IMPO-SITIVO MÁXIMO ($)
1915	1		1949	38	50.000	1983	46	100.000
1916	2		1950	42	25.000	1984	46	1.405.000
1917	6		1951	51	25.000	1985	46	1.405.000
1918	12		1952	52	25.000	1986	46	1.405.000
1919	10		1953	52	25.000	1987	40	1.405.000
1920	10		1954	52	25.000	1988	34	335.000
1921	10		1955	52	25.000	1989	34	335.000
1922	12,50		1956	52	25.000	1990	34	335.000
1923	12,50		1957	52	25.000	1991	34	335.000
1924	12,50		1958	52	25.000	1992	34	18.333.333
1925	13		1959	52	25.000	1993	35	18.333.333
1926	13,50		1960	52	25.000	1994	35	18.333.333
1927	13,50		1961	52	25.000	1995	35	18.333.333
1928	12		1962	52	25.000	1996	35	18.333.333
1929	11		1963	52	25.000	1997	35	18.333.333
1930	12		1964	50	25.000	1998	35	18.333.333
1931	12		1965	48	25.000	1999	35	18.333.333
1932	13,75		1966	48	25.000	2000	35	18.333.333
1933	13,75		1967	48	25.000	2001	35	18.333.333
1934	13,75		1968	52,8	25.000	2002	35	18.333.333
1935	13,75		1969	52,8	25.000	2003	35	18.333.333
1936	15	40.000	1970	49,2	25.000	2004	35	18.333.333
1937	15	40.000	1971	48	25.000	2005	35	18.333.333
1938	19	25.000	1972	48	25.000	2006	35	18.333.333
1939	19	25.000	1973	48	25.000	2007	35	18.333.333
1940	24	38.566	1974	48	25.000	2008	35	18.333.333
1941	31	38.462	1975	48	50.000	2009	35	18.333.333
1942	40	50.000	1976	48	50.000	2010	35	18.333.333

Fuente: Oficina de investigación de política fiscal, 1909-2001: *World Tax Database [Base de datos global de estadísticas tributarias]*. <http://www.wtdb.org/index.html>. Consultado el 17 de octubre de 2002. 2002-2010: Servicio de impuestos internos, instrucciones para el formulario 1120.

A partir de ese momento se desarrolló la amistad de por vida entre Buffett y Graham. En el otoño de 1974, Warren Buffett se convirtió en el director de *The Washington Post* y, con el tiempo, en asesor de confianza de Graham, a la que inculcó el conservadurismo en la asignación de capital, algo que la transformaría en una CEO que rara vez gastaba más de la cuenta en adquisiciones, pero que a veces también pasaba por alto oportunidades de desarrollo que podrían haber sido estelares. Sin embargo, la principal influencia de Buffett en Graham consistió en inculcarle una mentalidad favorable al accionista y en centrarse en la eficiencia operativa de la empresa. En 1985, el margen de beneficio operativo había aumentado al 19 por ciento desde el 10 por ciento en 1974. En el ínterin, *The Washington Post* había utilizado su exceso de efectivo para retirar casi el 40 por ciento del total de acciones. Los beneficios netos se multiplicaron por siete, pero los beneficios por acción se multiplicaron por diez.[61]

Tabla 8.7. Cuenta de resultados (1971-1972)

	1972	1971
Ingresos de explotación		
Publicidad	166.100.000 $	147.633.000 $
Difusión	47.421.000 $	42.397.000 $
Otros	4.323.000 $	2.719.000 $
Total ingresos de explotación	217.844.000 $	192.749.000 $
Costes y gastos		
Explotación	146.644.000 $	133.869.000 $
Venta, generales y administrativos	46.254.000 $	41.250.000 $
Depreciación y amortización	3.140.000 $	2.436.000 $
Total costes y gastos	196.038.000 $	177.555.000 $
Ingresos de explotación	21.806.000 $	15.194.000 $

.../...

61. Lowenstein, Roger, *op. cit.*, p. 193.

.../...

	1972	1971
Otros ingresos/deducciones		
Otros ingresos (incl. intereses de 804.000 $ y 845.000 $)	1.143.000 $	1.091.000 $
Otras deducciones (incl. intereses de 2.484.000 $ y 2.774.000 $)	-3.240.000 $	-3.275.000 $
Participación en beneficios de filiales	512.000 $	509.000 $
Total otros ingresos/deducciones	-1.585.000 $	-1.675.000 $
Ingresos antes de impuestos, partidas extraordinarias y créditos especiales Impuestos sobre la renta		
Actualmente por pagar	7.485.000 $	5.698.000 $
Diferido	2.721.000 $	1.037.000 $
Total impuestos sobre la renta	10.206.000 $	6.735.000 $
Ingresos antes de partidas extraordinarias y créditos especiales	10.015.000 $	6.784.000 $
Partidas extraordinarias	-283.000 $	387.000 $
Crédito especial*	—	4.586.000 $
Beneficio neto	9.732.000 $	$11.757.000 $
Beneficios por acción ordinaria y acción ordinaria equivalente		
Beneficios antes de partidas extraord. y crédito especial	2,08 $	1,52 $
Partidas extraordinarias	0,06 $	0,09 $
Crédito especial	—	1,04 $
Beneficio neto	2,02 $	2,65 $

* Efecto acumulado en los años anteriores a 1971 de los cambios en los métodos contables para la adquisición de suscripciones a revistas y los costes de promoción de libros.
Fuente: The Washington Post, Informe anual 1972, p. 17.

Tabla 8.8. Balance (enero y diciembre 1972)

ACTIVOS	DIC. 1972	ENE. 1972
Activo circulante		
Efectivo y depósitos a plazo	10.215.000 $	10.268.000 $
Pagarés comerciales al coste, que se aproxima al valor de mercado	19.635.000 $	15.224.000 $
Cuentas por cobrar menos devoluciones estimadas, cuentas dudosas y provisiones de 2.663.000 $ y 2.342.000 $	25.195.000 $	19.992.000 $
Existencias al menor valor entre el coste promedio o el precio del mercado mercado	3.801.000 $	4.641.000 $
Gastos pagados por adelantado y otros	2.908.000 $	2.012.000 $
Inversiones en filiales	**61.754.000 $**	**52.137.000 $**
Bowaters Mersey Paper Company Limited	8.649.000 $	8.834.000 $
Otros	2.679.000 $	1.736.000 $
Activos de planta, al coste	**11.328.000 $**	**10.570.000 $**
Edificios	30.185.000 $	16.258.000 $
Maquinaria, equipos y accesorios	34.412.000 $	25.549.000 $
Mejoras en la propiedad arrendada	2.473.000 $ **67.070.000 $**	2.378.000 $ **44.185.000 $**
Menos depreciación y amortización acumuladas	(27.625.000 $) **39.445.000 $**	(25.796.000 $) **18.389.000 $**
Terrenos	6.403.000 $	6.403.000 $
Construcciones en curso	$323,000 **46.171.000 $**	16.323.000 $ **41.115.000 $**
Fondo de comercio y otros activos intangibles	36.860.000 $	37.517.000 $
Cargos diferidos y otros activos	4.918.000 $ **161.031.000 $**	4.353.000 $ **145.692.000 $**
Pasivo y fondos propios Pasivo corriente		
Otros pasivos	5.529.000 $	5.467.000 $

.../...

.../...

ACTIVOS	DIC. 1972	ENE. 1972
Deuda a largo plazo	35.436.000 $	38.033.000 $
Ingresos por suscripciones diferidas menos costes de adquisición de suscripciones a revistas por valor de 11.998.000 y 10.496.000 $	8.973.000 $	7.900.000 $
Impuestos diferidos	6.077.000 $	3.891.000 $
Participación minoritaria en filial	356.000 $	313.000 $
Acciones preferentes, $1 valor nominal, autorizadas 1000.000 de acciones		
Fondos propios		
Acciones ordinarias clase A, $1 valor nominal, autorizadas 1.000.000 de acciones; 763.440 acciones emitidas y en circulación	763.000	763.000
Acciones ordinarias clase B, $1 valor nominal, autorizadas 10.000.000 de acciones; 4.304.040 acciones emitidas; 3.982.888 y 3.993.257 acciones en circulación	4.304.000	4.304.000
Capital por encima del valor nominal	10.149.000 $	10.079.000 $
Ganancias acumuladas	68.835.000 $	60.052.000 $
Menos: coste 321.152 y 310.783 acc. clase B de acc. com. en tesorería	(5.020.000 $)	(4.847.000 $)
Total fondos propios	**79.031.000 $** **161.031.000 $**	**70.351.000 $** **145.692.000 $**

Fuente: *The Washington Post, Informe anual 1972*, pp. 18-19.

Tabla 8.9. Flujo de caja (1971-1972)

AÑO FISCAL	1972	1971
Recursos financieros proporcionados por Operaciones		
Ingresos netos	9.732.000 $	11.757.000 $
Menos: parte del crédito especial de 1971 que no afecta al capital circulante	— **9.732.000 $**	(4.300.000 $) **7.457.000 $**
Depreciación y amortización de activos de planta	3.140.000 $	2.436.000 $
Amortización costes de película diferidos	1.661.000 $	1.306.000 $

.../...

.../...

AÑO FISCAL	1972	1971
Diferencias temporales impuesto sobre la renta	2.186.000 $	808.000 $
Venta del fondo de comercio de Art News	650.000 $	—
Otros	386.000 $ **17.755.000 $**	296.000 $ **12.303.000 $**
Aumento de la deuda a largo plazo	—	8.222.000 $
Aumento de los ingresos por suscripciones diferidas	2.575.000 $	875.000 $
Ingresos por emisión de acc. ordinar. de clase B		
Opciones sobre acciones	161.000 $	929.000 $
Oferta pública y ventas a empleados	—	15.025.000 $
Fondo fiduciario plan ahorro empleados de *Newsweek*	—	58.000 $
Otros	375.000 $ **20.866.000 $**	118.000 $ **37.530.000 $**
Los recursos financieros se utilizaron para adquirir:		
Activos de planta	8.820.000 $	13.748.000 $
Derechos de telefilmes	2.232.000 $	1.449.000 $
Acciones propias	307.000 $	530.000 $
Reducción de la deuda a largo plazo	2.597.000 $	10.061.000 $
Aumento costes diferidos adquisic. suscripc. a revistas	1.502.000 $	1.128.000 $
Dividendos de acciones ordinarias	949.000 $	871.000 $
Incremento de otras inversiones	700.000 $	—
Otros	34.000 $ **17.141.000 $**	319.000 $ **28.106.000 $**
Incremento neto del capital circulante	**3.725.000 $**	**9.424.000 $**
Variaciones composición capital circulante		
Aumento (disminución) del activo circulante		
Efectivo y depósitos a plazo	(53.000 $)	1.231.000 $
Pagarés y efectos comerciales	4.411.000 $	3.815.000 $

.../...

.../...

AÑO FISCAL	1972	1971
Cuentas por cobrar	5.203.000 $	99.000 $
Existencias	(840.000 $)	922.000 $
Gastos pagados por anticipado y otros	896.000 $ **9.617.000 $**	348.000 $ **6.415.000 $**
(Aumento) disminución del pasivo corriente		
Cuentas por pagar y gastos acumulados	(2.069.000 $)	(1.980.000 $)
Dividendos por pagar	—	200.000 $
Impuestos federales y estatales	(2.407.000 $)	1.116.000 $
Contribuc. a fondos fiduciarios de prestaciones a empleados	(479.000 $)	1.157.000 $
Parte corriente de la deuda a largo plazo	(937.000 $)	2.516.000 $
	(5.592.000 $)	3.009.000 $
Incremento neto del capital circulante	**3.725.000 $**	**9.424.000 $**

Fuente: *The Washington Post, Informe anual 1972*, p. 20.

9

1976: GEICO

La inversión de Warren Buffett en la aseguradora automovilística GEICO (del inglés Government Employees Insurance Company [compañía de seguros para empleados del Estado]) abarca varias décadas e incluye muchas idas y venidas. Se enteró de que existía GEICO durante su época en la Columbia Business School, cuando su profesor y mentor, Benjamin Graham, formaba parte del consejo de administración de la empresa. Buffett empezó a investigarla por curiosidad, lo que dio lugar a la famosa anécdota de la visita del joven Buffett a la sede de GEICO un sábado por la mañana, cuando en las instalaciones no había más que un conserje y un responsable de inversiones llamado Lorimer Davidson. Más tarde, Davidson se convirtió en CEO y, con el tiempo, Buffett se convertiría en el propietario de la empresa.

Buffett invirtió por primera vez en GEICO inmediatamente después de esta memorable visita, pues reconoció con rapidez la fortaleza de su modelo de negocio. A diferencia de sus contemporáneos, GEICO vendía directamente a los clientes en lugar de valerse de agentes de seguros, por lo que en vez de incurrir en los habituales costes de suscripción del 30 por ciento de los ingresos, sus costes eran sólo de alrededor del 13 por ciento de los ingresos. GEICO pudo trasladar parte de estos ahorros a sus clientes abaratando el precio de sus seguros. Además, GEICO se dirigía a una base de clientes selecta que, por término medio, presentaba menos riesgos. En 1951, las acciones de GEICO cotizaban a 42 dólares cada una; es decir, aproximadamente ocho veces sus beneficios recientes. Al observar este elevado crecimiento, los costes competitivos y la base de clientes superior, Buffett, aún siendo estudiante, dedicó tres cuartas partes de su dinero a esta única inversión. Un año después, vendió esta participación y obtuvo un beneficio del 50 por ciento.[62]

En *The Commercial and Financial Chronicle* con fecha del 6 de diciembre de 1951, Buffett escribió una nota de corretaje hablando de GEICO como «el valor que más me gusta» (imagen 9.1). La nota, que fue reproducida en el informe anual de Berkshire Hathaway de 2005, demuestra que a pesar de que sólo tenía veintiún años, Buffett ya manejaba muchas claves para investigar inversiones con éxito. No analizó GEICO por sí sola, sino que la evaluó comparándola con la evolución del sector general de seguros de automóviles en el que operaba. Además, examinó a fondo las métricas operativas específicas de GEICO. Al darse cuenta de que el supuesto crecimiento elevado de muchas compañías de seguros se debía simplemente al aumento de los precios debido a la inflación, Buffett separó el crecimiento en número de asegurados del causado por la subida de los precios, legitimando así el verdadero crecimiento de GEICO.[63] El número de asegurados de la compañía había pasado de aproximadamente 26.000 en 1940 a 144.000 en 1950.

En 1976, Buffett volvió a prestarle atención a GEICO. A pesar de que durante las décadas de 1950 y 1960 había crecido considerablemente, expandiendo su base de clientes y su modelo de precios, en 1976 tenía graves problemas. El enfoque del CEO, Norm Gidden, en el crecimiento había dado lugar a años de malas decisiones de suscripción, por lo que los costes de los siniestros estaban descontrolados. A mediados de 1976, GEICO estaba al borde de la quiebra y el precio de las acciones había caído a 2 dólares por acción desde el máximo de 61 dólares de

62. Kilpatrick, Andrew, *op. cit.*, p. 221.
63. Berkshire Hathaway, *Informe anual 2005*, p. 24.

Imagen 9.1

Reprinted from

The COMMERCIAL *and* FINANCIAL CHRONICLE

Thursday, December 6, 1951

The Security I Like Best

WARREN E. BUFFETT

Buffett-Falk & Co., Omaha, Nebr.

Government Employees Insurance Co.

Full employment, boomtime profits and record dividend payments do not set the stage for depressed security prices. Most industries have been riding this wave of prosperity during the past five years with few ripples to disturb the tide.

The auto insurance business has not shared in the boom. After the staggering losses of the immediate postwar period, the situation began to right itself in 1949. In 1950, stock casualty companies again took it on the chin with underwriting experience the second worst in 15 years. The recent earnings reports of casualty companies, particularly those with the bulk of writings in auto lines, have diverted bull market enthusiasm from their stocks. On the basis of normal earning power and asset factors, many of these stocks appear undervalued.

The nature of the industry is such as to ease cyclical bumps. Auto insurance is regarded as a necessity by the majority of purchasers. Contracts must be renewed yearly at rates based upon experience. The lag of rates behind costs, although detrimental in a period of rising prices as has characterized the 1945-1951 period, should prove beneficial if deflationary forces should be set in action.

Other industry advantages include lack of inventory, collection, labor and raw material problems. The hazard of product obsolescence and related equipment obsolescence is also absent.

Government Employees Insurance Corporation was organized in the mid-30's to provide complete auto insurance on a nationwide basis to an eligible class including: (1) Federal, State and municipal government employees; (2) active and reserve commissioned officers and the first three pay grades of non-commissioned officers of the Armed Forces; (3) veterans who were eligible when on active duty; (4) former policyholders; (5) faculty members of universities, colleges and schools; (6) government contractor employees engaged in defense work exclusively, and (7) stockholders.

The company has no agents or branch offices. As a result, policyholders receive standard auto insurance policies at premium discounts running as high as 30% off manual rates. Claims are handled promptly through approximately 500 representatives throughout the country.

The term "growth company" has been applied with abandon during the past few years to companies whose sales increases represented little more than inflation of prices and general easing of business competition. GEICO qualifies as a legitimate growth company based upon the following record:

Year—	Premiums Written	Policy-holders
1936....	$103,696.31	3,754
1940....	768,057.86	25,514
1945....	1,638,562.09	51,697
1950....	8,016,975.79	143,944

Of course the investor of today does not profit from yesterday's growth. In GEICO's case, there is reason to believe the major portion of growth lies ahead. Prior to 1950, the company was only licensed in 15 of 50 jurisdictions including D. C. and Hawaii. At the beginning of the year there were less than 3,000 policyholders in New York State. Yet 25% saved on an insurance bill of $125 in New York should look bigger to the prospect than the 25% saved on the $50 rate in more sparsely settled regions.

As cost competition increases in importance during times of recession, GEICO's rate attraction should become even more effective in diverting business from the brother-in-law. With insurance rates moving higher due to inflation, the 25% spread in rates becomes wider in terms of dollars and cents.

There is no pressure from agents to accept questionable applicants or renew poor risks. In States where the rate structure is inadequate, new promotion may be halted.

Probably the biggest attraction of GEICO is the profit margin advantage it enjoys. The ratio of underwriting profit to premiums earned in 1949 was 27.5% for GEICO as compared to 6.7% for the 135 stock casualty and surety companies summarized by Best's. As experience turned for the worse in 1950, Best's aggregate's profit margin dropped to

3.0% and GEICO's dropped to 18.0%. GEICO does not write all casualty lines; however, bodily injury and property damage, both important lines for GEICO, were among the least profitable lines. GEICO also does a large amount of collision writing, which was a profitable line in 1950.

During the first half of 1951, practically all insurers operated in the red on casualty lines with bodily injury and property damage among the most unprofitable. Whereas GEICO's profit margin was cut to slightly above 9%, Massachusett's Bonding & Insurance showed a 16% loss, New Amsterdam Casualty an 8% loss, Standard Accident Insurance a 9% loss, etc.

Because of the rapid growth of GEICO, cash dividends have had to remain low. Stock dividends and a 25-for-1 split increased the outstanding shares from 3,000 on June 1, 1948, to 250,000 on Nov. 10, 1951. Valuable rights to subscribe to stock of affiliated companies have also been issued.

Benjamin Graham has been Chairman of the Board since his investment trust acquired and distributed a large block of the stock in 1948. Leo Goodwin, who has guided GEICO's growth since inception, is the able President. At the end of 1950, the 10 members of the Board of Directors owned approximately one-third of the outstanding stock.

Earnings in 1950 amounted to $3.92 as contrasted to $4.71 on the smaller amount of business in 1949. These figures include no allowance for the increase in the unearned premium reserve which was substantial in both years. Earnings in 1951 will be lower than 1950, but the wave of rate increases during the past summer should evidence themselves in 1952 earnings. Investment income quadrupled between 1947 and 1950, reflecting the growth of the company's assets.

At the present price of about eight times the earnings of 1950, a poor year for the industry, it appears that no price is being paid for the tremendous growth potential of the company.

This is part of a continuous forum appearing in the "Chronicle," in which each week, a different group of experts in the investment and advisory field from all sections of the country participate and give their reasons for favoring a particular security.

Fuente: Berkshire Hathaway, *Informe anual 2005*, p. 24.

varios años antes. Con problemas de liquidez, la empresa re-
cortó sus dividendos. Necesitaba desesperadamente una inyec-
ción de efectivo para seguir funcionando. A medida que la situación empeoraba, Gidden fue despedido y Sam Butler, un
abogado de Cravath, Swain & Moore que en ese momento era
presidente del consejo de administración, asumió temporalmente el cargo de CEO.[64] Para la mayoría de los inversores potenciales de esa época la situación habría parecido estar en caída
libre. En el encuentro anual de accionistas celebrado ese año en
el Washington Statler Hilton, una multitud de inversores enfa-
dados increpó y abucheó a la gerencia.[65]

Está claro que la opinión de Buffett sobre GEICO difería de
la de la multitud de inversores que habían perdido la fe en ella.
Como revelan sus estados financieros, la compañía tenía ciertos
aspectos positivos, y gracias a su experiencia previa (y como re-
lataba en retrospectiva con frecuencia), Buffett sabía que GEICO
mantenía una posición única en el sector de los seguros. Asegu-
raba a un colectivo seguro, el de los empleados públicos, y a
otros clientes de bajo riesgo y a lo largo de los años se había la-
brado una buena reputación en este segmento del mercado. Además, a diferencia de la mayoría de sus competidores más grandes,
vendía sus seguros directamente en lugar de a través de agentes,
lo que le proporcionaba importantes ahorros en costes de distribución y una ventaja estructural en costes. Gracias a ello, las
pólizas y los beneficios obtenidos por la suscripción aumentaron de forma constante en las décadas de 1950 y 1960.

No obstante, también había muchos aspectos negativos. En
el año 1975, el negocio reportó una pérdida de 190 millones de
dólares en suscripciones y, según atestiguó Buffett, era evidente
que el negocio estaba muy por debajo de las reservas para siniestros.[66] Con 25 millones de dólares en capital contable, no
habría hecho falta mucho para poner en peligro la supervivencia

64. Hagstrom, Robert G., *op. cit.*
65. Schroeder, Alice, *op. cit.*, p. 368 del original en inglés publicado por
Bantam.
66. Warren Buffett, nota a Carol Loomis, 6 de julio de 1988.

de la empresa. Los aspectos negativos de GEICO en 1976 rara vez se discuten ahora, pero en aquel momento habrían parecido muy significativos para un inversor potencial. En primer lugar, una empresa de seguros con una pérdida de suscripción de 190 millones de dólares y sólo 25 millones de dólares en capital propio incumplía casi con toda seguridad los requisitos reglamentarios de capital. No fue ninguna sorpresa que los comisionados de seguros de numerosos estados, incluido Max Wallach, de Washington, D. C., estuvieran dispuestos a declarar en quiebra a GEICO.[67] El riesgo de que GEICO se viera obligada a dejar de ejercer su actividad era muy real.

Además, a un inversor potencial le habría parecido imposible determinar el alcance real de la insuficiencia de reservas. La propia naturaleza del seguro de automóviles implica que las pérdidas pueden producirse muchos años en el futuro, como en el caso de una persona lesionada que requiera cuidados de por vida. Por lo tanto, una vez que se sabe que una aseguradora ha establecido unas reservas incorrectamente bajas, es muy difícil precisar la magnitud de su error. Gran parte de la seguridad de la empresa depende de confiar en que la dirección haya sido prudente, y una vez que se quiebra esa confianza, es muy difícil encontrar un equilibrio. Teniendo en cuenta estos aspectos negativos obvios, GEICO habría sido una carga pesada para cualquier individuo interesado en invertir.

La suerte de GEICO comenzó a cambiar en mayo de 1976, cuando Jack Byrne, un prodigio de los seguros hecho a sí mismo que había reestructurado Travelers Group, fue contratado y nombrado CEO para sustituir a Butler, que había sido designado temporalmente. Byrne, que estaba descontento por no haber sido elegido CEO en Travelers, pronto demostraría su brillantez como ejecutivo de seguros. De hecho, fue uno de los principales motivos por los que Buffett volvió a mostrar interés por la empresa.

67. Rolfe, David; y Wedgewood Partners, *GEICO-The 'growth company' that made the 'value investing' careers of both Benjamin Graham and Warren Buffett*, presentado en la Value Investor Conference en Omaha (Nebraska) el 3 de mayo de 2013.

Aunque Buffett entendía que había similitudes con la situación de American Express, era cierto que GEICO, a diferencia de esta otra compañía, no era tan fuerte como para recuperarse sin ayuda. Por lo tanto, lo que necesitaba saber era si había un equipo directivo capaz de llevar a cabo la reestructuración y si podrían resolverse los problemas relacionados con la disponibilidad de suficiente capital, tanto para cumplir los requisitos regulatorios como para corregir el problema de no tener suficientes reservas. En cuanto a la gestión, Buffett necesitaba conocer a Jack Byrne. Respecto al capital, tenía que entender las exigencias reglamentarias para capital adicional, cómo podrían cumplirse y si otras compañías de seguros o bancos estarían dispuestos a aportar capital adicional.

Para evaluar a Jack Byrne, Buffett programó una reunión por mediación de Katherine Graham y Lorimer Davidson. La cuestión clave era determinar «si Byrne era realmente tranquilo, imperturbable y profesional, así como un líder y promotor... [capaz] de resolver el problema [de GEICO] [y] de llevar a cabo esa venta a todas las partes interesadas».[68] La reunión fue más que tranquilizadora. Buffett quedó tan impresionado con Byrne que empezó a comprar acciones al día siguiente.[69] Buffett expresaría más tarde su confianza en Jack afirmando que creía firmemente en él y que consideraba que era la persona adecuada en todos los sentidos para volver a encarrilar GEICO.

En cuanto a la necesidad de capital, Buffett sabía que podía desempeñar un papel importante. Fue a ver a Wallach, el regulador de seguros de Washington D. C., y negoció personalmente los plazos y la severidad de los requisitos reglamentarios de capital establecidos para GEICO. Además, Buffett aumentó de manera considerable su propia inversión en la empresa, dando así un voto de confianza de un inversor muy respetado en esta coyuntura crítica. Aunque seguía siendo un momento muy difícil para reunir capital, Salomon Inc. (y, en concreto, John Gut-

---

68. Alice Schroeder, *op. cit.*, p. 433 del original en inglés publicado por Bantam.
69. David Rolfe, *op. cit.*

freund, el influyente ejecutivo de Salomon) accedió finalmente a suscribir una oferta de acciones convertibles por 76 millones de dólares para la empresa. Otras compañías de reaseguros no tardaron en proporcionar reaseguros, y las acciones, que habían cotizado a 2 dólares, saltaron a 8 dólares por acción.

Valoración

Había en circulación aproximadamente 26,6 millones de acciones de GEICO. La pérdida neta de 190 millones de dólares en 1975 representó una pérdida de 7,14 dólares por acción. De esos 7,14 dólares, los ingresos por inversiones habían sido de alrededor de 1 dólar por acción, mientras que la pérdida por suscripción había sido de alrededor de menos 8 dólares por acción. La ratio combinada (al incluir las adiciones a las reservas) sobre los aproximadamente 900 millones de dólares de primas suscritas habría sido un abismal 124 por ciento. Aunque cualquier múltiplo de valoración basado en estos beneficios negativos sería insensato (los múltiplos históricos de PER y EBIT-EV para GEICO eran negativos), es probable que Buffett haya calculado las posibles consecuencias de que Jack Byrne lograra detener la hemorragia y salvar parte del negocio de GEICO. Para estimar esto se puede hacer un cálculo aproximado: el volumen de negocio de GEICO se reduce a la mitad —es decir, las primas suscritas pasan de 900 a 450 millones de dólares—, pero la ratio combinada se sitúa en el 95 por ciento, un valor respetable pero no irrazonable. En este caso, la pérdida por suscripción se convertiría en un beneficio por suscripción de alrededor de 22,5 millones de dólares, algo menos de un dólar por acción en beneficios por suscripción. Suponiendo que, en promedio, la mitad de las primas de un año se mantuvieran como capital flotante para invertirlas al tipo de interés vigente de alrededor del 7 por ciento,[70] cabría esperar unos ingresos adicionales por inversiones de

---

70. En 1976, el rendimiento al cierre del ejercicio de los bonos del Estado a largo plazo fue del 7,30 por ciento.

algo más de 0,50 dólares por acción. En esta situación, los beneficios estables de GEICO antes de impuestos serían de alrededor de 1,50 dólares, con una cifra después de impuestos de unos 0,75 dólares (el tipo impositivo corporativo vigente era del 48 por ciento). Suponiendo que un múltiplo PER justo para este negocio sería de diez veces, el valor razonable de GEICO en esta situación sería de 7,50 dólares por acción. Por supuesto, si el inversor del capital flotante lograra obtener más del 7 por ciento anual (es decir, si Buffett pudiera obtener un rendimiento del 20 por ciento anual), la empresa valdría mucho más que 7,50 dólares por acción. Del mismo modo, si las primas suscritas no se mantuvieran en el nivel reducido de 450 millones de dólares, sino que volvieran a crecer bajo la dirección de Byrne, el negocio también valdría mucho más.[71]

Sean cuales sean los cálculos, Buffett vio con claridad una oportunidad. En 1976, pagó 3,18 dólares por acción por los 1,3 millones de acciones ordinarias de GEICO que compró.[72] A ese precio, incluso en el supuesto de que el negocio de GEICO se redujera a la mitad, Buffett tendría, increíblemente, un margen de seguridad de más del 50 por ciento. Está claro que Warren creía en Jack Byrne y en la calidad intrínseca del negocio de GEICO, pero también estaba comprando la empresa a un precio muy bajo, lo bastante bajo como para compensar lo que los inversores potenciales habrían visto, con razón, como riesgos comerciales reales.

La continuación de la historia de GEICO fue como un cuento de hadas; Jack Byrne lo hizo todo bien. Estableció estándares de suscripción apropiados y eliminó los negocios que no eran rentables. Un ejemplo notable de esto es la anécdota de Byrne al

71. El escenario anterior se basa en 26,6 millones de acciones en circulación. Tras la oferta de acciones preferentes convertibles negociada por Salomon, se habría producido un efecto de dilución de 8,2 millones de acciones adicionales sobre la base de 76 millones de dólares recaudados a 9,20 dólares por acción preferente. Sin embargo, esto también habría añadido capital a la empresa.

72. Warren Buffett a los accionistas de Berkshire Hathaway, 21 de marzo de 1977.

entrar en el despacho de James Sheeran, el comisionado de seguros de Nueva Jersey. Después de solicitar, sin éxito, un aumento de las tarifas en Nueva Jersey, lanzó la licencia estatal de GEICO sobre la mesa, despidió a dos mil empleados de ese estado y dio de baja a treinta mil asegurados esa misma tarde. GEICO se transformó con rapidez en una empresa más ágil, pero también más saneada. En 1977, GEICO volvió a ser rentable. En los estados en los que aún operaba, pudo aumentar sus primas una media del 38 por ciento.[73] En 1979, la compañía obtuvo unos beneficios antes de impuestos por un total de 220 millones de dólares, una cifra que apenas tres años atrás habría parecido inimaginable.

Con el éxito del cambio de rumbo, Buffett siguió acumulando acciones de GEICO. En 1977, Berkshire poseía 1.986.953 acciones preferentes convertibles y 1.294.308 acciones ordinarias de la empresa, valoradas en ese entonces en 33,5 millones de dólares. En 1979, la carta a los accionistas mostraba que Berkshire poseía un total de 5.730.114 acciones. En 1980, representando 7,2 millones de acciones, GEICO se había convertido en la mayor participación no controlada de Berkshire. En 1981, más de la mitad del aumento del patrimonio neto de Berkshire se debía a los resultados de GEICO. En 1990, Berkshire poseía el 48 por ciento de la empresa.

En 1995, la inversión de Berkshire tomó la vía del control cuando Buffett completó la compra del cien por cien de la empresa tras pagar 2.300 millones de dólares por aproximadamente el 50 por ciento restante que Berkshire no poseía. Aunque Buffett reconoció que Berkshire pagó un precio muy alto por la mitad de GEICO que no era suya, la operación estaba en consonancia con su estrategia de pagar un precio razonable por una empresa sólida. Buffet creía que GEICO mantenía las mismas ventajas estructurales que observó por primera vez en 1951: la venta directa a clientes de mayor calidad y con costes más bajos. Desde la llegada de Jack Byrne, la compañía se había cen-

73. «Insurance: GEICO pulls through», *Time*, 3 de enero de 1977, <https://time.com/archive/6880931/insurance-geico-pulls-through/>.

trado en construir relaciones a largo plazo con sus asegurados y en beneficiarse de márgenes más altos a medida que el perfil de los clientes se volvía más maduro.

En líneas generales, la historia de la inversión en GEICO fue asombrosa y abarcó cinco décadas. Buffett invirtió por primera vez en la empresa siendo aún estudiante, cuando la vio como un negocio sólido y de calidad que se vendía a una valoración razonable. En la década de 1970 compró la empresa reconociendo que estaba en medio de una reestructuración con riesgos evidentes, pero confiaba en la capacidad del excelente gestor y en la ventaja estructural que aún percibía en su sector. Con el paso del tiempo, la participación de Berkshire en GEICO se convirtió en una posición mayoritaria. En ese momento, Buffett pagó una valoración razonable por un negocio que continuó creciendo y manteniendo un buen desempeño año tras año. Lo que destaca en toda esta experiencia de inversión es la devoción clásica de Buffett por seguir un negocio de alta calidad durante un período realmente impresionante e intervenir cuando se presenta una oportunidad.

10

1977: *The Buffalo Evening News*

Poco antes de la Navidad de 1976, durante una cena organizada por *Newsweek*, Vincent Manno, corredor de seguros, fue el primero en poner sobre la mesa la idea de invertir en *The Buffalo Evening News*. Aunque en principio Manno pretendía presentar el periódico como un objetivo para que lo adquiriera *The Washington Post*, Warren Buffett, amigo cercano de Katharine Graham, estaba presente en la fiesta y también se enteró de la propuesta. Cuando Graham decidió que el periódico no encajaba bien con *The Washington Post*, Buffett optó por invertir en el periódico por cuenta propia a través de Berkshire Hathaway.

Propiedad heredada de la fallecida Kate Robinson Butler (esposa de Edward H. Butler, Jr.), *The Buffalo Evening News* estaba en venta. Fundado en 1873 por Edward Hubert Butler, Sr., al principio era un periódico exclusivamente dominical. Con el paso de los años, pasó a publicarse de lunes a sábado de manera diaria. En 1977 se había convertido en uno de los dos principales periódicos de Búfalo, junto con *The Buffalo Courier-Express*. Ambos periódicos eran de propiedad familiar y se sabía que un pacto amistoso entre ambas familias había establecido que el *Evening News* sería exclusivamente un periódico vespertino, mientras que el *Courier-Express* mantendría ediciones matinales los siete días de la semana, incluida una edición dominical destacada.

Los dos periódicos compartían el mercado de Búfalo (Nueva York), y si bien Búfalo no era una ciudad grande ni tenía unas perspectivas económicas prometedoras, contaba, sin embargo, con una base de lectores de periódicos extraordinariamente fiel, con el porcentaje de suscripciones a domicilio más alto que el de cualquier otra gran ciudad del país.[74] En este mercado, el *Evening News* disfrutaba de una mayor cobertura de lectores durante la semana, con 268.000, en comparación con los 123.000 del *Courier-Express*.[75] La clave de este éxito radicaba en el sólido nombre de marca del *Evening News* y su larga trayectoria en la ciudad. A pesar de ello, este periódico no era en especial rentable. En 1976 obtuvo un beneficio operativo total de 1,7 millones de dólares, cifra que representaba un margen de explotación de alrededor del 4 por ciento.[76]

La falta de una edición dominical del *Evening News* perjudicaba claramente al periódico. En la década de 1970 era uno de los pocos periódicos del país que mantenía el enfoque anticuado de no tener una edición dominical, hecho que representaba una importante pérdida de ingresos, ya que el domingo era el día en que muchas familias tenían más tiempo para leer. Esto no pasaba inadvertido para los anunciantes, que estaban dispuestos a pagar una tarifa superior por publicar anuncios en la edición dominical. Sin este componente clave, el periódico temía que pronto empezaría a perder cuota de mercado en favor del *Courier-Express*. Otra preocupación fundamental era que el *Evening News* operaba en un mercado muy sindicalizado.[77] No obstante, a pesar de estos aspectos negativos, el *Evening News* era un negocio

---

74. *The Buffalo Courier-Express, Inc., contra The Buffalo Evening News, Inc.*, declaración jurada de Richard C. Lyons, Jr., pp. 4-5.

75. Lowenstein, Roger, *op. cit.*, p. 206.

76. *The Buffalo Courier-Express, Inc. contra The Buffalo Evening News, Inc.*, caso civil n.º 77-582, Tribunal de Distrito de Estados Unidos, distrito oeste de Nueva York (9 de noviembre de 1977). Anexo 1 y nota sobre los ingresos brutos anuales.

77. Kilpatrick, Andrew, *op. cit.*, p. 327.

de alta calidad. Contaba con una sólida base de lectores recurrentes y anunciantes fieles gracias a su reconocimiento de marca y a su difusión durante la semana.

Como el *Evening News* era una empresa no cotizada, un posible inversor sólo habría tenido unos cuantos indicadores en los que basar una evaluación financiera. Según una carta de solicitud enviada a los anunciantes en mayo de 1977, de los 471.515 hogares ubicados en el área relevante de Búfalo, la edición diaria del *Evening News* cubría el 58 por ciento, y la edición del sábado, el 61 por ciento, en comparación con el 24 por ciento de los hogares cubiertos por el *Courier-Express* entre semana y el 53 por ciento en el dominical.[78] Se sabía que el *Evening News* era el principal periódico de la ciudad y que tenía una tirada de cientos de miles de ejemplares. La comprensión general del mercado periodístico ayudaría a un posible inversor a apreciar mejor la oportunidad. Cuando se gestionaba de manera eficaz, el negocio de los periódicos ofrecía perspectivas fantásticas, tanto en términos de rentabilidad del capital como de márgenes de beneficio. En 1977, por ejemplo, *The Washington Post* logró un rendimiento del capital tangible después de impuestos del 43 por ciento y un margen de beneficio operativo del 16 por ciento.[79] Como habrían sabido Buffett y otros inversores interesados, un negocio de periódicos es relativamente liviano en capital; se requieren equipos de impresión y algunas instalaciones, pero el activo principal de un periódico es la calidad de su equipo editorial y su reconocimiento de marca entre los lectores y anunciantes. Estos factores son los que determinan la rentabilidad, y dada su fuerte posición en el mercado, la de *The Buffalo Evening News* parecía estar muy por debajo de lo esperado.

Antes de abordar la valoración del *Evening News*, otro aspecto clave que hay que tener en cuenta es la situación de la dirección del periódico, que en 1977 era volátil. Kate Robinson Butler lo

---

78. *Buffalo Courier-Express, Inc.*, Tribunal de Distrito de Estados Unidos, caso civil n.° 77-582, 1977.

79. Calculado a partir de los datos de *The Washington Post, Informe anual del año 1977*.

había dirigido hasta su fallecimiento, en 1974, momento en que Henry Z. Urban fue designado como nuevo editor, sucediendo a Butler. Los inversores seguramente habían reconocido que el breve mandato de Urban ofrecía la oportunidad de introducir cambios relevantes en el equipo directivo.

En 1977, Buffett adquirió la empresa por 32,5 millones de dólares. Fue una inversión importante para él (a través de su vehículo de inversión, Berkshire Hathaway). Se estima que en aquel momento su patrimonio neto era de sólo unos 70 millones de dólares.[80] En términos de valoración, esto representaba un múltiplo muy alto (EBIT-EV de 19) basado en los ingresos operativos de 1,7 millones de dólares del *Evening News* en 1976. Es probable que en esta adquisición Buffett viera tres aspectos positivos. En primer lugar, identificó un negocio que le gustaba y comprendía. Para entonces, en particular gracias a su relación con *The Washington Post*, Buffett había acumulado una amplia experiencia en empresas de medios de comunicación y comprendía las características demográficas que convertían a un periódico en un buen negocio. Es probable que considerara que los lectores del *Evening News* en Búfalo y su reputación se ajustaban a este panorama. En segundo lugar, identificó un negocio en el que podían lograrse mejoras significativas. Dado el escaso margen de beneficios, la evidente opulencia de las oficinas y los salarios elevados en comparación con sus competidores, tal vez Buffett viera muchas oportunidades para mejorar las cifras de ingresos netos. Y, por supuesto, estaba la ausencia de una edición dominical. Teniendo en cuenta que el *Courier-Express* apenas era rentable,[81] publicar los domingos podría convertir al *Evening News* en el único periódico importante de Búfalo. En tercer lugar, Buffett sabía que podría incorporar nuevos talentos para dirigir la empresa y contaba con miembros de su red personal, entre ellos Stan Lipsey (el exdirector del periódico de Buffett, el *Omaha Sun*), que eran los candidatos ideales para esta

80. Roger Lowenstein, *op. cit.*, p. 215.

81. *The Buffalo Courier-Express, Inc.*, Tribunal de Distrito de Estados Unidos, caso civil n.º 77-582, 1977.

labor. Como señaló más tarde en su carta a los accionistas de 1977,[82] el editor Henry Urban y el redactor Murray Light eran personas a las que él y Charlie Munger admiraban, pero también sabían que había otros, como Lipsey, que podrían ayudar a transformar el negocio.

A pesar de estas oportunidades, el camino hacia el éxito no fue fácil. Por un lado, surgieron problemas legales. Inmediatamente después de que Buffett adquiriera el *Evening News*, se lanzó una edición dominical, con una oferta de lanzamiento gratuita para sus clientes habituales de lunes a viernes. Ante el temor de no poder sobrevivir, el *Courier-Express* interpuso una demanda contra el *Evening News* alegando comportamiento monopolístico. El caso fue llevado ante el juez Charles L. Brieant, Jr., en el Tribunal de Distrito de Estados Unidos en Búfalo (Nueva York), y el veredicto inicial fue en contra del *Evening News*. Esto limitó su capacidad para promocionar de manera agresiva su edición dominical, pero, en 1979, el Tribunal de Apelaciones de Estados Unidos en Nueva York revocó la sentencia anterior y otorgó más libertad al *Evening News* para competir de manera agresiva con el *Courier-Express*. Esta competencia acabó convirtiéndose en una guerra sin cuartel, y durante los años siguientes ambos periódicos incurrieron en pérdidas. En 1982, las pérdidas totales acumuladas por el *Evening News* ascendían a 12,5 millones de dólares desde 1977. En septiembre de 1982, el *Courier-Express* cesó su actividad. En el primer año de monopolio del *Evening News*, el periódico, rebautizado *The Buffalo News*, generó 19 millones de dólares en beneficios antes de impuestos.[83]

En los años sucesivos, el negocio pasó de ser bueno a ser excelente. En 1986, *The Buffalo News* registró un beneficio antes de impuestos de 35 millones de dólares, superando el precio total de compra del negocio pagado por Buffett nueve años antes. En la carta a los accionistas de Berkshire Hathaway de ese año, Buffett informaba:

82. Warren Buffett a los accionistas de Berkshire Hathaway, 14 de marzo de 1984.

83. Warren Buffett a los accionistas de Berkshire Hathaway, 1978-1982.

Entre semana *The Buffalo News* tiene la tasa de penetración (el porcentaje de hogares de la zona principal de comercialización del periódico que lo compran cada día) más alta de los 50 periódicos principales del país. Nuestra penetración dominical, en la que también ocupamos el primer lugar, es aún más impresionante. Ahora tiene una tasa de penetración del 83 por ciento y cada domingo vende alrededor de 100.000 ejemplares más que los que vendía el *Courier-Express* hace diez años.

Aunque la inversión resultó claramente rentable para Buffett, no debe de haber sido una decisión fácil para alguien que se planteara invertir en el *Evening News* en 1977. La competencia a la que se enfrentaba el periódico era considerable, y en aquel momento tenía una rentabilidad limitada. Una inversión al precio que Buffett pagó habría implicado pagar un múltiplo muy elevado de los beneficios en ese momento, partiendo de la suposición de que la rentabilidad futura del periódico sería mucho mayor que su rentabilidad pasada.

Una idea clave detrás de la decisión de Buffett de invertir en el *Evening News* parecía ser precisamente esta convicción sobre las buenas perspectivas de futuro del periódico. Gracias a sus amplios conocimientos del funcionamiento del negocio, parecía convencido al prever que el periódico más fuerte de una ciudad en la que se publicaban dos y con las características demográficas de Búfalo acabaría imponiéndose a costa del más débil. En última instancia, Buffett creía firmemente que la rentabilidad del *Evening News* podría mejorar de manera sustancial con sólo incluir algunos cambios operativos, y también vislumbraba una posibilidad real de que el *Evening News* se convirtiera en el monopolio de la prensa en Búfalo.

11

1983: Nebraska Furniture Mart

La historia de Nebraska Furniture Mart comienza con la de su fundadora, Rose Blumkin. Inmigrante judía y miembro de una familia de ocho hermanos, nació en un pequeño pueblo del Imperio ruso, cerca de Minsk, el 3 de diciembre de 1893. En 1917 emigró a Estados Unidos con su esposo, Isadore Blumkin, con el que llevaba casada cuatro años. Blumkin, que llegó a ser conocida como «Mrs. B», procedía de un entorno modesto y nunca recibió una educación formal. En cambio, tenía agallas, determinación y una férrea voluntad de triunfar. En el año 1919 ayudó a su marido a abrir una tienda de ropa de segunda mano, que funcionó con relativo éxito durante los diez años siguientes, pero cuando llegó la Depresión y sus clientes tenían poco dinero, a Blumkin se le ocurrió una propuesta acorde con los tiempos: vestir a un hombre de pies a cabeza por 5 dólares. Distribuyó 10.000 folletos y, gracias a su ingenio, impulsó las ventas cuando la mayoría de sus competidores cerraban sus puertas.[84] En 1937, con 500 dólares que había ahorrado, abrió el Nebraska Furniture Mart en un sótano frente a la tienda de

---

84. Feder, Barnaby, «Rose Blumkin, retail queen, dies at 104», *The New York Times*, 13 de agosto de 1998.

ropa de su esposo.[85] Blumkin tenía entonces cuarenta y cuatro años.

Durante los primeros años, el negocio no siempre fue fácil. En cierto momento, Blumkin llegó a vender los muebles de su propia casa para poder pagar a los proveedores. Cuando sus hijos regresaron a casa y se encontraron con que faltaba la cama y que el salón estaba completamente desprovisto de muebles, les dijo: «No os preocupéis, os compraré camas mejores. Tendremos otra mesa de cocina. Pero le debo dinero a esta persona y eso es lo más importante»[86]. Blumkin cumplió esta promesa a sus hijos, como también cumplió todas sus promesas de pagar a sus proveedores.

El concepto de Nebraska Furniture Mart era sencillo: comprar artículos de calidad que demandaban los clientes y venderlos más baratos que nadie. Cuando sus competidores se opusieron a sus precios bajos y presionaron a los proveedores locales para que la boicotearan, Blumkin decidió irse a otras ciudades, como Chicago, Kansas City, Nueva York o donde pudiera, para comprar los productos que le pedían sus clientes.[87] Con su implacable empeño en ofrecer el mejor valor a sus clientes, Rose Blumkin convirtió Nebraska Furniture Mart en un comercio local muy querido. A mediados de la década de 1970 se había convertido en un negocio tan dominante en Omaha que numerosas cadenas minoristas se negaron a abrir tiendas en la ciudad porque no querían competir con ella (imagen 11.1).[88]

La historia cuenta que un día de verano de 1983, Warren Buffett entró en la tienda de Mrs. B y, tras una breve conversación y un firme apretón de manos, acordó comprar el 90 por ciento del negocio de Mrs. B por 60 millones de dólares.[89] Blumkin, que entonces tenía noventa años y había estado pensando en

85. Warren Buffett a los accionistas de Berkshire Hathaway, 14 de marzo de 1984.

86. Entrevista de Linda O'Byron a Warren Buffett, *Nightly Business Report*, PBS, 26 de abril de 1994.

87. Feder, Barnaby, *op. cit.*

88. Lowenstein, Robert, *op. cit.*, p. 250.

89. Ibídem, p. 250.

el futuro de su negocio, decidió que esta propuesta tenía sentido para su empresa y su familia. Con el espíritu de dos partes honradas que no tenían nada que ocultar, el acuerdo se cerró con rapidez. Mrs. B seguiría siendo la presidenta y se quedaría en la sección de ventas los siete días de la semana, tal como deseaba, y su hijo Louie Blumkin mantendría su puesto como director de la empresa.[90] En su carta anual de 1983, Buffett calificó su adquisición de una participación mayoritaria en Nebraska Furniture Mart y «la alianza con Rose Blumkin y su familia» como el momento culminante de su año.

Imagen 11.1. Logotipo actualizado de la emblemática tienda de Omaha

Nebraska **Furniture Mart**

furniture flooring appliances electronics

Fuente: <http://www.nfm.com>.

Es probable que al no tener acceso a los estados financieros del negocio privado, los posibles interesados en invertir en la empresa en aquel momento se hubieran centrado en la historia de la célebre empresa. También conocerían algunos datos clave: que Nebraska Furniture Mart tenía una sola tienda en el centro de Omaha que ofrecía una amplia gama de muebles para el hogar, desde sofás hasta cocinas y electrodomésticos. Con una superficie estimada de 200.000 pies cuadrados (unos 18.600 metros cuadrados) y 100 millones de dólares en ventas era, con diferencia, el negocio de muebles más grande de la zona. Como comentó Buffett: «Ninguna otra tienda de muebles para el hogar del país se acerca a ese volumen. Una sola tienda ha vendido más muebles, alfombras y electrodomésticos que todos los competidores

90. Warren Buffett a los accionistas de Berkshire Hathaway, 14 de marzo de 1984.

de Omaha juntos».[91] No cabe duda de que Nebraska Furniture Mart gozaba de un reconocimiento como marca local y de una ventaja en el ámbito local, ya fuera en publicidad (anuncios en *The Omaha World-Herald*) o en compras (comprando muebles de cocina a proveedores locales). Si bien al abastecerse de proveedores nacionales como General Electric o Whirlpool, la tienda no tenía ventajas de compra respecto a algunas cadenas de tiendas nacionales, sí mantenía una gran ventaja al ser la tienda individual más grande: ofrecía la selección más amplia de productos, de modo que cuando un posible cliente de la zona quería amueblar su casa, tenía más probabilidades de encontrar lo que buscaba allí que en ningún otro lugar. A escala local, Nebraska Furniture Mart era un pez gigante en un estanque pequeño.

Los posibles inversores también podrían haber evaluado la relación de la tienda con el cliente: compraba directamente a los proveedores y vendía directamente a sus clientes, agregando sólo un pequeño margen sobre los precios al por mayor. Aquí es importante comprender varios aspectos. En primer lugar, Nebraska Furniture Mart practicaba lo que hoy se conocería como el concepto de tienda de descuento. Al igual que Aldi, Lidl o Walmart, el negocio se centraba en ofrecer a sus clientes la mejor propuesta de valor basada en el precio, trasladando los ahorros de costes directamente al cliente en forma de precios más bajos. En comparación con otras tiendas, los clientes obtenían la mejor relación calidad-precio y se establecía un círculo virtuoso de precios bajos que atraían más clientes, lo que a su vez generaba una mayor escala y ahorro de costes, que a su vez se traducía en precios aún más bajos para los clientes. Blumkin puso en práctica este concepto con éxito antes de que Walmart o Aldi lo hicieran a escala nacional e internacional.

Además, Nebraska Furniture Mart también tenía una ventaja en costes. Visto que a Blumkin no le gustaba endeudarse y solía pagar todo al contado, los gastos generales del negocio alcanzaban «unos índices con los que la competencia ni siquiera puede soñar», según Buffett. No tenía que pagar intereses ni

91. Ibídem.

arrendamientos operativos que la lastraran. De hecho, en una entrevista posterior, Blumkin reveló que en 1983 los gastos de la tienda ascendían a sólo 7 millones de dólares al año, lo que significa que los gastos generales, por increíble que parezca, representaban sólo el 7 por ciento de los ingresos, que ascendían a 100 millones de dólares.[92] A título comparativo, en 1983, los costes de ventas, generales y administrativos de Walmart, una empresa con un presupuesto también ajustado, representaron el 19,8 por ciento de los ingresos, sin contar con otro 1 por ciento de los ingresos en concepto de pagos de intereses y arrendamientos.[93] Por lo tanto, incluso en comparación con los gastos generales de Walmart, los de Nebraska Furniture Mart apenas representaban un tercio del porcentaje de los ingresos. Esta impresionante base de costes bajos era otra razón evidente por la que el negocio podía vender mucho más barato que la competencia y aun así ser más rentable.

Por último, incluso sin disponer de los estados financieros habituales de una empresa de capital abierto, era obvio que Nebraska Furniture Mart tenía unas métricas operativas impecables. Los ingresos de 100 millones de dólares en 200.000 pies cuadrados de espacio comercial significaban unas ventas de 500 dólares por pie cuadrado. También en este aspecto, Nebraska Furniture Mart superaba con creces a Walmart. Con unas ventas de 3.370 millones de dólares y una superficie total de venta de 25.825 millones de pies cuadrados en 1983[94] en sus cerca de 550 tiendas, tenía unas ventas por pie cuadrado de sólo 130 dólares.

En resumen, aun sin disponer de acceso a toda la información financiera, un posible inversor habría notado que Nebraska Furniture Mart seguía siendo una empresa muy bien gestionada

92. Green, Larry, «At 96, feuding matriarch opens new business», *Los Angeles Times*, 18 de diciembre de 1989.

93. Walmart Stores, Inc., *Informe anual de 1983*.

94. Ibídem. Los pies cuadrados se han calculado a partir de la media de los pies cuadrados iniciales de 1983 (23.921 millones) y finales (27.728 millones).

con algunas ventajas locales distintivas. Era un negocio sencillo que tenía ventajas en cuanto al reconocimiento de la marca y la escala local y, lo más importante, estaba liderado por una Rose Blumkin imposible de igualar.

Valoración

Buffett ofreció 60 millones de dólares por el 90 por ciento del negocio. También ofreció a los miembros clave de la familia Blumkin una opción de recompra del 10 por ciento de las acciones por 5 millones de dólares, opción que posteriormente fue ejercida. Por lo tanto, el precio final para Berkshire fue de 55 millones de dólares por el 80 por ciento de Nebraska Furniture Mart. Esto suponía valorar el cien por cien del negocio en 68,75 millones de dólares. En 1983, los beneficios antes de impuestos fueron de aproximadamente 15 millones de dólares,[95] lo que da a entender un beneficio después de impuestos de 8,1 millones de dólares.[96] Para el año fiscal 1984, se dispone de los ingresos exactos de Nebraska Furniture Mart según constan en el informe anual de Berkshire: los beneficios antes de impuestos fueron de 14,5 millones de dólares, mientras que los beneficios después de impuestos fueron de 7,4 millones de dólares. Además de la capacidad de generación de ingresos, la empresa disponía de efectivo y de un valioso inventario de bienes. Aunque un inversor interesado no habría tenido acceso a la cifra exacta, como la mayoría de los activos estaban pagados y la empresa carecía de deudas, habría sido posible hacer sin mayor dificultad una estimación aproximada. Una auditoría posterior reveló que el valor contable de la empresa ascendía a 85 millones de dólares.[97] En la tabla 11.1 se presenta un resumen de los múltiplos de valoración.

95. Lowenstein, Robert, *op. cit.*, p. 250.

96. El tipo del impuesto de sociedades en 1984 era del 46 por ciento.

97. Schroeder, Alice, *op. cit.*, p. 502 del original en inglés publicado por Bantam.

Tabla 11.1. Múltiplos de valoración

	1983 ESTIMADO/REAL
Beneficio neto	8,1 millones $
PER	8,5×
EBIT	15,0 millones $
EBIT-EV*	4,.3×
Valor contable	0,80×

* Se presupone una cifra de 5 millones de dólares de efectivo neto.

Se miren por donde se miren estas cifras, el precio pagado por Nebraska Furniture Mart fue extremadamente razonable. Buffett desembolsó menos de nueve veces los beneficios después de impuestos y menos de cinco veces el EBIT-EV, lo cual fue en especial barato si se tiene en cuenta que el negocio disponía casi con toda seguridad de un flujo sólido de efectivo neto.[98] La valoración resultaba aún más atractiva si tenemos en cuenta que la empresa había logrado crecer desde cero hasta alcanzar una facturación de 100 millones de dólares, y no había indicios de que ese crecimiento fuera a detenerse.[99] Por otra parte, además de la valoración basada en los beneficios, que ya era francamente barata, todo el valor del negocio estaba respaldado por activos tangibles, como la tienda y el inventario, lo que proporcionaba una protección adicional contra posibles pérdidas. Blumkin había recuperado el valor de su inventario muchas veces en el pasado, por lo que no había razón para creer que no sería posible hacerlo de nuevo si fuera necesario. En el poco probable caso de que el negocio entrara en pérdidas, Buffett podría vender los activos y aun así obtener una ganancia (tal como había hecho antes con

98. Buffett, entrevista de O'Byron.
99. Warren Buffett a los accionistas de Berkshire Hathaway, 1993. Aunque no estaba garantizado, Nebraska Furniture Mart siguió creciendo durante décadas; en 1993, sus beneficios antes de impuestos habían aumentado a 22 millones de dólares frente a los 15 millones de 1983.

Dempster Mill). Desde la perspectiva de la valoración, se trataba de una adquisición ideal.

Sin siquiera llevar a cabo una auditoría formal de las cuentas por cobrar o del inventario, Buffett extendió un cheque a Mrs. B confiando en que ella cumpliría su palabra. Al observar el negocio y el precio, no me sorprendería que cualquier individuo interesado en invertir hubiera actuado de la misma manera ante esta oportunidad. Nebraska Furniture Mart era un negocio muy bien gestionado que dependía de una buena ejecución, pero también había desarrollado importantes ventajas estructurales a lo largo del tiempo. Por un precio que parecía infravalorar en gran medida la capacidad intrínseca del negocio para generar beneficios en efectivo y que también habría sido totalmente cubierto sólo por el valor neto de sus activos, fue una gran compra, incluso para los elevados estándares de Buffett. Sin embargo, desde su perspectiva, ante todo parecía una inversión en personas: Mrs. B y su familia. Nebraska Furniture Mart era excepcional por la forma en que Mrs. B lo había gestionado, y para garantizar que su familia siguiera participando en la gestión del negocio como había hecho durante décadas, Buffett se aseguró de que la familia conservara un 20 por ciento de participación en el negocio.

Tras la compra por parte de Buffett, Nebraska Furniture Mart siguió creciendo y teniendo mucho éxito. En 1986, los ingresos habían aumentado a 132 millones de dólares y los beneficios antes de impuestos, a 18 millones.[100] Buffett comentaría: «Nebraska Furniture Mart parecía estar acaparando prácticamente todo el negocio disponible en el área metropolitana de Omaha..., mientras que otros competidores iban y venían [en su mayoría se iban]». A finales de la década de 1980 surgió una disputa entre Mrs. B y sus nietos, que habían sucedido a su hijo Louie al frente de la empresa, sobre cómo dirigir el negocio. La situación se agravó hasta el punto de que en 1989, Mrs. B, a los noventa y cinco años, abrió una tienda de alfombras enfrente de Nebraska Furniture Mart para hacerle competencia, pero con la

100. Warren Buffett a los accionistas de Berkshire Hathaway, 27 de febrero de 1987.

ayuda de Buffett, la familia se reconcilió pronto. Nebraska Furniture Mart no sufrió ningún daño permanente y durante la década siguiente el negocio continuó su increíble trayectoria. Mrs. B vivió hasta la increíble edad de ciento cuatro años y pasó sus últimas semanas de vida en estrecho contacto con el negocio que había construido a partir del sueño americano.

12

1985: Capital Cities/ABC

La primera inversión de Warren Buffett en Capital Cities fue en 1977, cuando destinó 10,9 millones de dólares a un múltiplo de beneficios después de impuestos de aproximadamente diez veces. En su carta anual de aquel año, elogió tanto la calidad del negocio de Capital Cities como su gestión, a cargo de Tom Murphy.[101]

Sin embargo, la parte más importante de la inversión de Buffett se produjo en 1985, a raíz de la adquisición de ABC por parte de Capital Cities en una operación amistosa. Mi análisis de la inversión se enfocará en este período.

Como telón de fondo, hay que mencionar que ante la amenaza de incursiones corporativas, ABC solicitó a Tom Murphy, CEO de Capital Cities, que se planteara una fusión. En aquel momento, las incursiones corporativas eran comunes, y ABC era reconocida por ser una de las tres principales cadenas de televisión estadounidenses, junto con la CBS y la NBC. A mediados de la década de 1980, Buffett también había establecido una relación de mentoría con Murphy, por lo que no hubo ninguna sorpresa cuando Murphy sugirió que Buffett se convirtiera en el inversor «gorila» para proteger aún más la empresa conjunta de posibles incursiones corporativas.

El acuerdo fue anunciado el 18 de marzo de 1985. Buffett,

---

101. Warren Buffett a los accionistas de Berkshire Hathaway, 1977.

cuya inversión se detalla más adelante en este mismo capítulo, participó en la transacción. Berkshire Hathaway aportaría aproximadamente 517 millones de dólares en efectivo a cambio de tres millones de acciones de nueva emisión de la entidad combinada. La operación se completó el 3 de enero de 1986.

El informe anual de Capital Cities/ABC de finales de 1985 ofrece una valiosa perspectiva de sus actividades fundamentales. La información financiera está detallada tanto para el año natural 1985 como para 1984, y un posible inversor habría tenido acceso a esta información. En la página 3 figura el desglose por segmentos del negocio combinado de Capital Cities y ABC, excluyendo las operaciones discontinuadas que hubo que vender para cumplir con los requisitos regulatorios de la fusión. En la tabla 12.1 he resumido el desglose de los ingresos, así como los márgenes de explotación en las distintas divisiones de Capital Cities y ABC. Es importante destacar que para los márgenes por segmentos asigné los gastos de venta, generales y administrativos, del grupo a las divisiones en función de los ingresos por división. Al final del capítulo, también se incluyen los estados financieros tanto del informe anual de Capital Cities/ABC de 1985 como los del informe anual de ABC de 1984.

Tabla 12.1. Resumen de los segmentos operativos (1984)

SEGMENTO DE ACTIVIDAD	INGRESOS ($)	% DE INGRESOS TOTALES	EBIT ($)	% EBIT TOTAL	MARGEN EBIT
Cap cities					
Radiodifusión	271,8 m	6 %	138,7 m	21 %	52 %
Editorial	591,6 m	14 %	126,4 m	20 %	21 %
TV por cable ABC	76,3 m	1 %	2,3 m	0 %	11 %
Radiofusión	3304,3 m	71 %	392,3 m	61 %	13 %
Editorial	316,2 m	7 %	30,8 m	5 %	11 %
Otros	64,3 m	1 %	−45,3 m	−7 %	−69 %
Total	4623,5 m	100 %	645,3 m	100 %	14 %

Como puede observarse, aunque Capital Cities adquiría ABC, este último era el negocio más importante según las cifras de finales de 1984, tanto en términos de ingresos (alrededor del 80 por ciento) como de EBIT (alrededor del 59 por ciento) del grupo en general. Sin embargo, también se observa que las actividades de Capital Cities tenían unos márgenes más altos.

Para analizar las divisiones comerciales tanto de Capital Cities como de ABC y lo que resultaría tras la fusión, se presenta información detallada en los análisis operativos del informe anual de 1985. Ese año, Capital Cities inició su actividad en radiodifusión con una serie de cadenas de televisión y emisoras de radio bastante importantes en todo Estados Unidos. De éstas, Capital Cities debía ceder tres cadenas de televisión y cinco emisoras de radio. En el caso de ABC, también había que realizar un número similar de cesiones. El negocio resultante de la fusión se detalla en las páginas 8 y 9 del informe anual. Incluiría ocho cadenas de televisión que, juntas, tenían un alcance total estimado[102] de alrededor del 24,4 por ciento de la audiencia televisiva del país. La FCC [Comisión Federal de Comunicaciones] tenía un requisito regulatorio que establecía que cualquier empresa de televisión podía alcanzar como máximo el 25 por ciento del total de los hogares con ADI (el área de influencia de difusión designada), por lo que las cadenas combinadas Capital Cities/ABC TV estarían justo por debajo del máximo establecido. Esto indicaba que Capital Cities/ABC tendría la máxima escala y ventaja de penetración permitida por la ley. Y lo que era aún más impresionante, las ocho cadenas de televisión restantes ocupaban, a juzgar por la clasificación de sus respectivos programas informativos, el primer o segundo puesto en sus mercados, todos ellos grandes ciudades metropolitanas de Estados Unidos. Todo esto parecía indicar que los activos televisivos de la entidad combinada Capital Cities/ABC serían incluso mejores que las redes individuales de las dos predecesoras y que constituirían, por lo tanto, un conjunto de activos extraordinario con un gran atractivo tanto para la audiencia como para los anunciantes.

102. Por alcance total, la medida utilizada es el área de dominio (ADI).

En cuanto a las emisoras de radio, la situación era igualmente sólida desde un punto de vista fundamental. A principios de 1986, Capital Cities/ABC poseía 17 emisoras de radio, siete de las cuales estaban entre las más destacadas en las diez principales áreas metropolitanas de Estados Unidos. Si bien la regulación de la FCC de la época[103] exigía a la empresa deshacerse de algunos de sus activos radiofónicos, Capital Cities/ABC contaba con una cartera muy sólida y es probable que mantuviese la mejor combinación de activos posible con arreglo a la normativa vigente.

El negocio editorial de Capital Cities abarcaba una mezcla muy diversa de actividades editoriales tradicionales. Incluía publicaciones especializadas como *Institutional Investor*, una base de datos electrónica y un gran número de periódicos. Aunque los periódicos y las revistas individuales se tratan en detalle en el análisis operativo, el punto principal es que el negocio experimentó un crecimiento tanto en circulación como en ingresos por publicidad e incluía publicaciones líderes en segmentos de mercado específicos. Para resumir esto, el gráfico 12.1 ilustra la evolución del sector editorial de Capital Cities durante los últimos diez años, según se detalla en las páginas 12 y 13 de la revisión operativa del negocio.

Claramente, la tasa de crecimiento anual compuesto del negocio editorial había sido impresionante, superando el 20 por ciento tanto en términos de ingresos como de beneficios de explotación.

El último negocio del grupo original de Capital Cities era el de la televisión por cable. En la nota 11 de las «Notas a los estados financieros consolidados», que contiene los datos por segmentos, podemos observar que este negocio obtuvo por primera vez ingresos positivos (alcanzó el punto de equilibrio) en 1982, y había ido creciendo tanto en ingresos como en beneficios de ex-

---

103. La normativa de la FCC de la época (1961) permitía que una empresa fuera propietaria de un máximo de doce emisoras de radio AM y doce FM, con limitaciones adicionales sobre la propiedad de múltiples emisoras de radio dominantes en un mercado.

plotación igual que las demás unidades de negocio. Sin embargo, con 5 millones de dólares anuales en concepto de ingresos de explotación, era con diferencia la más pequeña de las tres divisiones de Capital Cities.

Gráfico 12.1. Evolución de los ingresos de la división editorial (1975-1985)

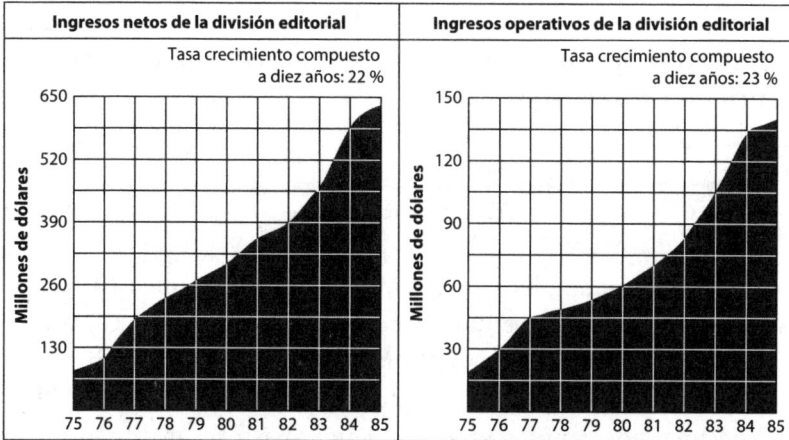

Ingresos netos de la división editorial	Ingresos operativos de la división editorial
Tasa crecimiento compuesto a diez años: 22 %	Tasa crecimiento compuesto a diez años: 23 %

Si revisamos los estados financieros de Capital Cities, podemos calcular, basándonos en el balance de cierre del ejercicio de 1984, cuál fue el rendimiento del capital tangible (ROTCE) del conjunto del negocio de Capital Cities (tabla 12.2).

Tabla 12.2

CATEGORÍA	CANTIDAD EN $	% DE LOS INGRESOS
Inmovilizado material	317,9 m	31,1 %
Intangibles excluido fondo de comercio	481,5 m	47,2 %
Inventario	9,8 m	1,0 %
Deudores	145,4 m	14,2 %
Cuentas por pagar	−31,6 m	−3,1 %
Total capital empleado (TCE)	**923,0 m**	**90,4 %**

La base de capital tangible se estima en 923 millones de dólares, pero esto incluye una cantidad de 482 millones de dólares (algo más de la mitad del TCE total), que son activos intangibles tales como licencias de radiodifusión, contratos de afiliación a redes y franquicias editoriales. A pesar de que estrictamente hablando estos activos no constituyen un fondo de comercio, estoy de acuerdo con la administración en que su amortización es teóricamente incorrecta, ya que su valor no tiende a consumirse con el tiempo. Para aclarar mejor este activo, he incluido la nota de la administración, que es la número 8 de las notas a los estados financieros consolidados.

Activos intangibles

Los activos intangibles de radiodifusión y prácticamente todos los de edición representan licencias de radiodifusión, contratos de afiliación a redes y franquicias de edición efectivas y económicas, que pueden caracterizarse como activos escasos, con una vida muy larga y productiva. Históricamente, estos activos han aumentado de valor con el paso del tiempo. De acuerdo con la opinión n.º 17 de la junta de principios contables, los activos intangibles adquiridos después de 1970 se amortizan en períodos de hasta cuarenta años, aunque, en opinión de la dirección, no se ha producido una disminución del valor de las propiedades. Los activos intangibles de televisión por cable representan principalmente cantidades relacionadas con las franquicias individuales de televisión por cable. Tales intangibles de franquicias se amortizan durante su vida restante; otros intangibles de televisión por cable se amortizan a lo largo de cuarenta años. A 31 de diciembre de 1985, los activos inmateriales de la sociedad eran los siguientes (se omiten los millares):

Tabla 12.3

	TOTAL $	RADIO-DIFUSIÓN $	TELEVISIÓN POR CABLE $	EDI-TORIAL $
Activos inmateriales no sujetos a amortización	123.815	103.099	—	20.716
Activos inmateriales pendientes de amortización	438.700	54.877	120.769	263.054
	562.515	157.976	120.769	283.770
Amortización acumulada	81.003	4.398	30.817	45.788
	481.512	153.578	89.952	237.982

* Nota 8 del *Informe anual 1985* de Capital Cities/ABC.

Un ajuste prudente pero razonable (considerando sólo el 25 por ciento del total de activos inmateriales al calcular la base total de capital empleado) daría como resultado las siguientes cifras:

Tabla 12.4

CATEGORÍA	CANTIDAD EN $	% DE LOS INGRESOS
Inmovilizado material	317,9 m	31,1 %
Intangibles excluido fondo de comercio	120,4 m	11,8 %
Inventario	9,8 m	1,0 %
Deudores	145,4 m	14,2 %
Cuentas por pagar	−31,6 m	−3,1 %
Total capital empleado (TCE)	561,9 m	55,0 %

Para calcular los beneficios después de impuestos, empleo el NOPAT basado en el EBITA (excluyendo la amortización de intangibles) y luego lo ajusto según el tipo impositivo vigente, que es aproximadamente del 50 por ciento en 1984. Estoy de acuerdo con el punto de vista de la administración de que en su mayor parte estos intangibles no se consumen con el tiempo. Los costes de mantenimiento de estas franquicias y licencias ya están incluidos en la cuenta de resultados, por lo que no deben considerarse gastos adicionales que se capitalizan como un activo y luego se consumen con el tiempo. Sobre esta base, en 1984, partiendo de cifras proforma, el NOPAT es:

Tabla 12.5

Ingresos de explotación declarados	277,5 m $
Suma de amortizaciones	+19,7 m $
EBITA	297,2 m $
Ajuste por impuestos (50 %)	−148,6 m $
NOPAT	**148,6 m $**

Según estas cifras, el ROTCE es de 148,6 millones de dólares dividido entre 561,9 millones de dólares, lo que equivale a un 26,4 por ciento. En el supuesto de un negocio sin apalancamiento, esta cifra se basa en los beneficios después de impuestos.

Se trata de un rendimiento muy saludable, indicativo de una actividad que es una buena fuente intrínseca de capital, en especial dada su trayectoria de crecimiento de dos dígitos (pueden consultarse los detalles en el resumen financiero de diez años en las páginas 20 y 21 del informe anual correspondiente al cierre de 1985 de Capital Cities/ABC).

En cuanto al negocio de ABC, la división más importante también era la de radiodifusión. Además de las cadenas de televisión y las emisoras de radio ya mencionadas, la parte más grande de esta división era la cadena de televisión ABC, encargada de la distribución y ventas de contenido producido por ABC Entertainment, ABC News y ABC Sports. En 1984, esta cadena tenía un alcance del 99 por ciento de los 84,9 millones de hogares con televisión en el país en ese momento.

Con programas de televisión de entretenimiento tan destacados como *Dinastía* (clasificada como la serie más vista muchas semanas [en 1984]) y de informativos como *20/20*, ABC
afirmaba en la página dos de su informe anual ser «el medio
publicitario más grande del mundo por octavo año consecutivo». Se tratara o no de un caso claro de dominio, lo cierto es que
ABC era una de las tres principales cadenas de radiodifusión
junto con NBC y CBS. Esto conllevaba ventajas de escala y poder
de negociación con los proveedores de contenidos y los anunciantes.

En 1984, ABC gozaba de una posición única al tener los
derechos para cubrir tanto los Juegos Olímpicos de Invierno en
Sarajevo (Yugoslavia) como los de verano de ese mismo año
en Los Ángeles. Fue evidente el efecto de una mayor cobertura
publicitaria sobre los ingresos y ganancias. Aunque los ingresos de ABC habían aumentado un 11 por ciento entre 1982
y 1983, esta cifra se aceleró hasta el 27 por ciento entre 1983 y
1984. Del mismo modo, los beneficios de explotación aumentaron un 7 por ciento entre 1982 y 1983 y un 18 por ciento entre
1983 y 1984. Así pues, se alcanzó un nivel de beneficios y ganancias «excepcionales» que cabe señalar que no se habría esperado en 1985, año sin acontecimientos olímpicos.

Dado que con diferencia la división de radiodifusión era la
actividad dominante de ABC en aquel momento, es probable que
como inversor potencial habría examinado sus otras dos líneas
de negocio a un nivel más básico. La parte editorial comprendía
varias revistas y publicaciones periódicas especializadas, así
como un negocio de publicación de libros, que en esencia era
similar al sector editorial de Capital Cities. Por otro lado, con
un margen de explotación del 11 por ciento, parecía no estar tan
bien gestionada ni ser tan ventajosa en comparación con la división editorial de Capital Cities, que tenía un margen operativo
del 21 por ciento. La última división, designada como «otros»
en la visión general de los segmentos operativos de la tabla 12.1,
incluía un conjunto de negocios de cable, con la propiedad de
ESPN y un estudio cinematográfico. En teoría, la televisión por
cable habría parecido un negocio de calidad, ya que suele impli-

car suscripciones recurrentes, pero en aquel entonces esta división no era rentable.

Si examinamos las finanzas generales de la empresa ABC, podemos calcular el siguiente ROTCE basándonos en su informe anual de 1984:

Tabla 12.6

CATEGORÍA	CANTIDAD EN $	% DE LOS INGRESOS
Inmovilizado material	563,2 m $	15,2 %
Derechos de programas, costes de producción*	409,9 m $	11,1 %
Inventario	24,8 m $	0,7 %
Deudores	422,5 m $	11,4 %
Gastos anticipados	136,3 m $	−3,7 %
Cuentas por pagar	−31,6 m $	−0,9 %
Costes acumulados de los programas	−213,7 m $	−5,8 %
Compensación acumulada	−81,1 m $	−2,2 %
Total capital empleado (TCE)	**957,7 m $**	**25,8 %**

* ABC distingue entre los derechos de programas que son para la producción de programación y otros activos intangibles como los relacionados con una marca. Los primeros se consideran un activo, mientras que los segundos han sido excluidos (igual que había hecho Capital Cities).

El cálculo del NOPAT es el siguiente:

Tabla 12.7

Ingresos de explotación declarados	368,8 m $
Suma de amortizaciones	+5,8 m $
Suma de intereses	+5,8 m $
EBITA	380,4 m $
Ajuste por impuestos (47 %)	−178,8 m $
NOPAT	**201,6 m $**

Según estas cifras, el ROTCE es del 21,1 por ciento, cifra algo inferior a la de Capital Cities, pero aún por encima del 20 por ciento, lo que indica de nuevo que es un buen negocio. Esto concuerda con la idea de que ABC es una de las principales cadenas de televisión de Estados Unidos, con prósperos negocios de televisión, emisoras de radio y editoriales.

Aunque en el informe anual de 1985 se indica con claridad y de manera detallada que entre 1985 y 1986 se venderían algunas partes de las actividades, el núcleo de la entidad combinada Capital Cities/ABC se convertiría en un negocio de muy buena calidad. Sin duda, esto implicaba que sería una empresa intrínsecamente rentable, con crecimiento y un ROTCE elevado, como las dos partes originales.

En lo que respecta a la valoración, según la página dos del informe anual de Capital Cities/ABC de 1985, la fusión supuso una inversión de 517 millones de dólares por tres millones de acciones ordinarias nuevas de la empresa combinada Capital Cities/ABC. Esto implica que Buffett pagó 172,5 dólares por acción, dato que concuerda con la información que figura en la página 18 de la carta anual de Berkshire Hathaway a sus clientes con fecha del 4 de marzo de 1986 (cierre del ejercicio 1985). Las acciones entrarían en vigor al completarse la fusión.

Según el informe anual, al cierre del año 1985 ya había 13,08 millones de acciones de Capital Cities en circulación. Como parte de la fusión se emitirían otros 100 millones de dólares en *warrants*, que darían derecho a los tenedores a adquirir hasta 2,9 millones de acciones a un precio de 250 dólares; es decir, cuando se emitieron, estaban *out of the money* (no eran rentables), pero serían dilusivas una vez que el precio de las acciones de Capital Cities/ABC superara los 250 dólares por acción. Así pues, una vez finalizada la fusión, se podría esperar que un accionista de la empresa tuviera que hacer frente a un recuento de acciones en circulación de aproximadamente 16 millones de acciones ordinarias con opciones dilusivas, algo que aumentaría aún más el número de acciones a unos 19 millones en el caso de que su precio superara los 250 dólares cada una. Los 16 millones de acciones eran bastante fáciles de manejar; cualquier cifra de beneficios simplemente se dividiría por los 16 millones de acciones en lugar de los 13 millones de acciones posteriores a la fusión.

El coste de los *warrants* habría sido otra historia. Dado que el valor de las opciones es intrínsecamente incierto, habría habido muchas formas de contabilizarlas. Hoy en día, lo común es utilizar la fórmula Black-Scholes para calcular el valor de las opciones pendientes e incluirlo en el pasivo. Teniendo en cuenta que este método se basa en varios supuestos, como el beta de una acción, que considero cuestionable, y era desde luego menos frecuente como método aceptado en ese momento, yo no habría optado por él. Como hubo una transacción de mercado en torno a estas opciones, un segundo método para calcular el valor de las opciones habría sido atribuir directamente el precio de unos 34,48 dólares por *warrant*; esto es, 100 millones de dólares por el conjunto de los 2,9 millones de acciones. Un tercer método, el más moderado, habría sido observar el efecto total de la dilución máxima; en este caso, sería si se ejercieran todos los *warrants* y el recuento de acciones aumentara a 19 millones de acciones. En esta situación, se habría agregado el capital adicional desembolsado al efectivo neto, que sería 250 multiplicado por 2,9 millones de dólares, lo que equivaldría a 725 millones de dólares, pero luego se habría tenido en cuenta el efecto de la dilución de los 19 millones de acciones en circulación. En realidad, el coste real de las opciones se basaría en la evolución del precio de las acciones. Si el precio por acción nunca superara los 250 dólares, las opciones carecerían de valor. Por otro lado, si el precio aumentara a 1.000 dólares por acción, las opciones serían muy valiosas.

Para empezar, parto del supuesto de que hay 16 millones de acciones en circulación y que el coste de los *warrants* es un pasivo por valor de 100 millones de dólares, aún no reflejado en el balance. Con base en la información proporcionada en el informe anual, llego al siguiente cálculo del valor empresarial (VE):

Tabla 12.8

Precio de las acciones	172,50 $
Acciones en circulación	16,1 m
Capitalización bursátil	2.777,3 m $
Deuda financiera neta (incluido el coste de las opciones)*	2.027,9 m $
VE	4.805,2 m $

* Obsérvese que para la deuda financiera neta, he calculado la cifra basándome en el balance de 31 de diciembre de 1985 más la deuda adicional que se iba a asumir para financiar la fusión. El cálculo incluye 768,8 millones de dólares en efectivo e inversiones a corto plazo, menos 714,2 millones de dólares en deuda pendiente, menos 250 millones de dólares en efectivo utilizado, menos 1.375 dólares en deuda adicional, menos 357,5 millones de dólares en pagarés. A finales de 1984, ABC en sí misma no tenía una deuda significativa y supuse que la fusión no habría incluido ninguna asunción adicional de deuda que no estuviera cubierta por la financiación mencionada antes.

La segunda parte de la valoración se centra en los beneficios. Dado que en la fusión Capital Cities/ABC se desprendería de una parte significativa de su negocio combinado, los beneficios de explotación y las ganancias netas posteriores a la fusión serían, presumiblemente, inferiores a las cifras proforma basadas en los beneficios del ejercicio fiscal 1984 de ambos negocios. Como ya presentamos en la tabla 12.1, esa cifra era de 645,3 millones de dólares para las ganancias operativas. Además, habría ajustes basados en la amortización de intangibles e intereses para llegar al EBITA (del inglés *earnings before interest, taxes and amortization* [beneficios antes de intereses, impuestos y amortizaciones]), un parámetro que refleja el poder de los beneficios no apalancados de una empresa. La cifra de EBITA para el año fiscal 1985 habría sido de 677,6 millones de dólares.

Como se desconoce la cantidad exacta de desinversiones necesarias, yo habría calculado que aproximadamente el 26 por ciento del EBITA del negocio ABC, o unos 100 millones de dólares de EBITA, se habrían desinvertido después de la fusión, de manera coherente con el enfoque utilizado para calcular el valor empresarial. Esta suposición se basa en la declaración del

informe anual de 1985 de que gracias a las desinversiones previas a la fusión se recaudarían 920 millones de dólares en efectivo (información que un inversor habría conocido de forma
aproximada antes de la fusión). Esta cantidad representa el
26 por ciento del precio total de adquisición de ABC, que fue de
3.520 millones de dólares. Partiendo de la hipótesis de que las
desinversiones realizadas por Capital Cities/ABC se sitúan en
los mismos múltiplos que el negocio global, el EBITA resultante habría sido de 577,6 millones de dólares. Al ajustar los pagos
de intereses y al calcular el EBITA, habría que tener en cuenta
la carga adicional de deuda en la nueva empresa. Si supusiera
que el coste promedio de la deuda es del 10 por ciento (lo cual,
dadas las condiciones de la deuda pendiente, parece más o menos exacto), el coste de los intereses de la deuda neta de 2.027
millones de dólares sería de unos 200 millones. Una vez ajustado esto, el EBITA sería de 377,6 millones. Suponiendo un tipo
impositivo del 49 por ciento para el grupo en general (el tipo impositivo del ejercicio de 1984 fue del 50 por ciento para Capital
Cities y del 47 por ciento para ABC), la cifra ajustada de beneficios netos sería de 192,6 millones de dólares. En términos por
acción (contando con 16,1 millones de acciones en circulación),
la cifra es de 12 dólares por acción. Utilizo esta cifra para el
BPA ajustado.

Al observar el EV-EBITA, se aprecia lo siguiente:

Tabla 12.9

EV-EBITA	1984 PROFORMA
EBIT	577,6 m $
Margen EBIT	*14 %*
EV-EBITA	8,3×

Basándose en las cifras de EBITA-EV, Capital Cities/ABC
habría parecido algo infravalorada, pero no en exceso. En el
lado positivo, Capital Cities/ABC era, sin duda, una empresa de
calidad que podía crecer debido a su elevado ROTCE y a su tasa

de crecimiento anual superior al 10 por ciento. Sin embargo, en el lado negativo, cuando el tipo impositivo es de casi el 50 por ciento, un EBITA-EV de 8,3 veces no es un valor en particular bajo.

Al observar el PER, se aprecia lo siguiente:

Tabla 12.10

PER	1984 PROFORMA
BPA (ajustado)	12,00 $
PER	14,4×

Esto coincide con la evaluación de EBITA-EV en el sentido de que por un negocio intrínsecamente excelente, Buffett parecía estar pagando un múltiplo razonable, pero no barato. Se podría argumentar que el negocio resultante es mejor que la suma de las partes y que existen sinergias que no he tenido en cuenta. Eso es una decisión propia, ya que, por lo general, prefiero no valorar cosas que son posibles pero que aún no existen. Viéndolo por el lado negativo, también podría argumentarse que es evidente que el año 1984 incluye el efecto olímpico para ABC, lo que exagera un poco el poder intrínseco de ganancias de la empresa. Esto también es cierto y debemos tenerlo en cuenta al analizar el PER de 14,4 veces.

Dados los múltiplos razonables, pero no baratos pagados, parece que la razón de Buffett para adquirir Capital Cities/ABC fue la expectativa de que el negocio resultante sería de gran calidad. Ambas empresas tenían un historial sólido de crecimiento constante con un alto rendimiento del capital tangible. Además, como resultado de la fusión no harían más que fortalecerse la escala fundamental y la economía de liderazgo que hicieron que las dos empresas triunfaran. Buffett ya sabía que Tom Murphy, el CEO de Capital Cities que dirigiría la empresa fusionada, era un ejecutivo competente. En su carta anual a los accionistas de Berkshire Hathaway, fechada el 4 de marzo de 1986, Buffett elogia a Murphy: «Llevo muchos años dejando constancia de mi opinión sobre la gestión de Cap Cities: creo que es la mejor empresa de capital abierto del país». En términos numéricos, según una anécdota relatada por Alice Schroeder en su libro *La bola de nieve*, Charlie Munger escribió a Buffett que Murphy había sido capaz de componer el valor intrínseco de Capital Cities desde 1958 (durante veinticinco años) a una tasa anual del 23 por ciento.[104]

En resumen, en el caso de Capital Cities/ABC, Buffett confió en la calidad intrínseca del negocio y en la dirección al punto de pagar una valoración razonable. Esto quedó demostrado cuando adquirió un gran paquete de acciones a un precio de 175,25 dólares por acción. Como dato final interesante, no pareció preocuparle el movimiento del precio de las acciones antes de su adquisición, ya que la variación del precio de las acciones de Capital Cities en 1984 osciló entre 123,5 y 174,5 dólares, lo que indica que Buffett pagó cerca del máximo de 52 semanas del año.[105]

Tabla 12.11. Cuenta de resultados consolidada (Capital Cities/ABC, Inc. 1983-1985) (en miles de dólares, excepto datos por acción)

Cierre del ejercicio a 31 de diciembre

	1985	1984	1983
Ingresos netos **Costes y gastos**	1.020.880	939.722	762.295
Gastos directos de explotación	428.992	388.110	311.788
Gastos de venta, generales y admtvos.	256.687	232.383	189.870
Amortización	37.990	34.084	28.099
Amortización de activos inmateriales	19.710	17.633	12.174
Total costes y gastos	743.379	672.210	541.931

.../...

104. Schroeder, Alice, *op. cit.*, p. 898 n.12 del original en inglés publicado por Bantam.

105. La información sobre la cotización de las acciones figura en el resumen financiero de diez años del informe anual de Capital Cities/ABC de 1985.

.../...

	1985	1984	1983
Ingresos explotación **Otros ingresos/gastos**	277.501	267.512	220.364
Gastos por intereses	-22.738	-27.161	-14.633
Ingresos por intereses	19.033	27.352	16.418
Varios, neto	3.026	1.090	2.355
Total otros ingresos/gastos	-679	1.281	4.140
Ingresos antes de impuestos **Impuestos sobre la renta**	276.822	268.793	224.504
Federal	117.700	116.000	95.800
Estatal y local	16.900	17.600	14.000
Total impuestos sobre la renta	134.600	133.600	109.800
Ingresos antes de ganancia extraord.	142.222	135.193	114.704
Ganancia extraord., neta de impuestos	—	7.585	—
INGRESO NETO **Ingreso por acción**	142.222	142.778	114.074
Antes de ganancia extraordinaria	10,87	10,40	8,53
Ganancia extraordinaria	—	0,58	—
Ingreso neto	10,87	10,98	8,53
Promedio acciones en circulación	13.080	13.000	13.455

Fuente: Capital Cities/ABC, Inc., *Informe anual 1985*, p. 22.

Tabla 12.12. Estado de tesorería (Capital Cities/ABC, Inc. 1983-1985) (en miles de dólares, excepto datos por acción)

Cierre del ejercicio a 31 de diciembre

	1985	1984	1983
Efectivo proporcionado			
Operaciones			
Ingresos antes de ganancia extraord.	142.222	135.193	114.704
Amortización	37.990	34.084	28.099

.../...

.../...

	1985	1984	1983
Amortización de activos inmateriales	19.710	17.633	12.174
Otros, neto	23.374	9.690	14.386
Total efectivo de operaciones	223.296	196.000	169.363
Menos gastos de capital para operaciones	75.384	53.866	44.418
Flujo de caja disponible de operaciones	147.912	142.734	124.945
Ingresos por emisión de deuda a largo plazo	493.329	4.500	197.250
Acciones ordinarias vendidas bajo planes de acciones para empleados	15.662	15.127	12.559
Disposición de intereses en propiedades en explotación	7.222	5.000	3.200
Deuda a largo plazo emitida o asumida en adquisiciones	—	13.565	5.277
Ingresos por la venta de inversiones en acciones, neto de impuestos	—	17.769	—
TOTAL EFECTIVO PROPORCIONADO	664.125	198.695	343.231
Efectivo aplicado			
Adquisición de inmuebles en explotación	51.109	146.843	22.016
Adquisición de opciones de compra de acciones	53.000	—	—
Compra de acciones ordinarias para tesorería	484	46.135	43.619
Cambios en otras partidas del capital circulante	3.960	1.747	13.320
Reducción de deuda a largo plazo	7.872	16.030	32.766
Dividendos	2.595	2.570	2.656
Otros, neto	12.645	20.851	−2.558
TOTAL EFECTIVO APLICADO	131.665	234.176	111.819
Aumento/disminución de efectivo e inversiones	532.460	−35.481	231.412
Efectivo e inversiones en efectivo			
Comienzo del período	236.399	271.880	40.468
Fin del período	768.859	236.399	271.880

Fuente: Capital Cities/ABC, Inc., *Informe anual 1985*, p. 23.

Tabla 12.13. Balance consolidado (Capital Cities/ABC, Inc. 1984-1985) (en miles de dólares, excepto datos por acción)

Cierre del ejercicio a 31 de diciembre

ACTIVOS	1985	1984
Activo circulante		
Efectivo	8.031	7.737
Inversiones en efectivo a corto plazo	760.828	228.662
Cuentas y efectos por cobrar*	145.382	134.224
Inventario	9.791	10.744
Derechos de contratos cinematográficos	14.637	11.912
Opciones de compra de acciones	53.000	—
Otros activos corrientes	14.726	9.149
Total activo circulante	1.006.395	402.428
Inmovilizado material, al coste		
Terrenos	22.726	21.941
Edificios	77.419	74.716
Equipos de radiodifusión, impresión, TV por cable y otros	418.347	343.750
Total inmovilizado material	518.492	440.407
Menos amortización acumulada	200.596	166.014
Inmovilizado material neto	317.896	274.393
Activos inmateriales**	481.512	477.537
Otros activos	79.128	53.814
TOTAL ACTIVOS	1.884.931	1.208.172
Pasivo y fondos propios Pasivo corriente		
Cuentas por pagar	31.663	32.433
Remuneración devengada	30.041	28.838
Intereses acumulados	21.601	3.608
Gastos acumulados y otros pasivos corrientes	46.232	36.328

.../...

.../...

ACTIVOS	1985	1984
Contratos de cine	15.342	14.252
Impuestos sobre beneficios	24.446	38.094
Deudas a largo plazo con vencimiento inferior a un año	6.084	7.890
Total pasivo corriente	175.409	161.443
Compensación diferida	29.897	22.495
Impuestos diferidos	41.144	25.537
Ingresos de suscripción no acumulados	22.258	21.285
Otros pasivos	18.546	13.424
Deuda a largo plazo con vencimiento superior a un año	708.214	215.105
Total pasivo	995.468	459.289
Intereses minoritarios	203	14.428
Fondos propios:		
Acciones preferentes	—	—
Acciones ordinarias, 1 $ valor nominal (80 millones de acciones autorizadas)	15.394	15.394
Capital desembolsado adicional	37.844	26.111
Ganancias acumuladas	997.227	857.600
Total	1.050.465	899.105
Menos acciones ordinarias en tesorería, al coste***	161.205	164.650
Total fondos propios	889.260	734.455
TOTAL PASIVO Y FONDOS PROPIOS	1.884.931	1.208.172

* Menor provisión para cuentas de cobro dudoso de 6.745 $ en 1985 y 7.369 $ en 1984.
** Neto de amortización acumulada de 81.003 $ en 1985 y 61.497 $ en 1984.
*** 2.395.831 acciones en 1985 y 2.526.305 acciones en 1984.
Fuente: Capital Cities/ABC, Inc., *Informe anual 1985*, pp. 24-25.

Tabla 12.14. Cuenta de resultados consolidada y estado de ganancias retenidas (ABC, Inc. 1982-1984) (en miles de dólares, excepto datos por acción)

Cierre del ejercicio a 31 de diciembre

CUENTA DE RESULTADOS CONSOLIDADA	1984	1983	1982
Ingresos			
Radiodifusión	3.304.430	2.614.274	2.341.860
Edición	316.249	279.858	255.429
Empresas de vídeo	54.424	13.376	14.950
Películas, atracciones escénicas y otros	27.883	32.629	28.514
Ingresos por intereses	4.727	8.712	23.775
Ingresos totales	3.707.713	2.948.849	2.664.528
Gastos			
Gastos explotación y coste de las ventas	2.596.832	2.006.949	1.792.977
Gastos de venta, generales y administrativos	677.201	576.256	532.704
Amortización del inmovilizado material	58.998	53.193	44.895
Intereses	5.844	143	1.120
Gastos totales	3.338.875	2.636.541	2.371.696
Beneficios de explotación antes de impuestos y participaciones minoritarias	368.838	312.308	292.832
Provisión para impuestos sobre beneficios	−174.175	−152.474	−132.805
Intereses minoritarios	669	—	—
Beneficios netos	195.332	159.834	160.027
Beneficios por acción	6,71	5,45	5,54
Estado de ganancias retenidas consolidadas			
Balance al comienzo del ejercicio	1.012.228	899.060	785.250
Ganancias retenidas de la empresa común	—	125	—

.../...

.../...

CUENTA DE RESULTADOS CONSOLIDADA			
	1984	1983	1982
Beneficios netos	195.332	159.834	160.027
Dividendos en efectivo sobre acciones ordinarias (1,60 $ por acción)	−46.619	−46.791	−46.217
Balance al final del ejercicio	1.160.941	1.012.228	899.060

Fuente: American Broadcasting Companies Inc., *Informe anual 1984*, p. 53.

Tabla 12.15. Balance consolidado (ABC, Inc. 1982-1984) (en miles de dólares, excepto datos por acción)

ACTIVOS	1984	1983	1982
Activo circulante Efectivo y equivalentes de efectivo	154.480	52.336	66.474
Deudores menos provisiones de 32.957 $ en 1984, 25.309 $ en 1983 y 23.619 $ en 1982	422.532	368.958	359.558
Derechos de programas, costes de producción y anticipos menos amortización	409.940	543.099	383.362
Inventario de mercancías y suministros, al menor coste (principalmente según método *first-in-first-out*) o valor de mercado	24.861	24.315	24.190
Gastos pagados por anticipado	136.293	119.989	110.917
Total activo circulante	1.148.106	1.108.697	944.501
Inmovilizado material			
Terrenos y mejoras	40.551	36.880	36.536
Edificios y mejoras	322.901	269.880	228.896
Equipamiento operativo	448.926	423.827	369.073
Arrendamientos y mejoras	39.701	60.897	40.656
Total inmovilizado material	852.079	791.484	675.161
Menos depreciación y amortización acumuladas	288.805	267.927	221.035

.../...

.../...

ACTIVOS	1984	1983	1982
Inmovilizado material neto	563.274	523.557	454.126
Otros activos			
Intangibles, al coste, menos amortización	247.680	66.316	69.828
Derechos de programa, no corrientes	309.210	300.359	379.865
Cargos diferidos	19.535	7.646	11.116
Otros	47.577	83.963	62.856
Total otros activos	624.002	458.284	523.665
TOTAL ACTIVO	2.335.382	2.090.538	1.922.292
Pasivo y fondos propios Pasivo corriente			
Cuentas por pagar	73.175	64.291	50.651
Costes acumulados de programas	213.658	176.120	193.893
Indemnizaciones acumuladas	81.068	63.457	52.082
Impuestos federales sobre la renta	47.218	35.126	28.055
Impuestos estatales, locales y otros por pagar	28.276	26.870	19.610
Intereses acumulados	6.218	6.234	4.773
Otros gastos acumulados	122.725	94.829	80.925
Deudas a largo plazo a menos de un año	22.288	9.756	9.208
Total pasivo corriente	594.626	476.683	439.197
Pasivo a largo plazo			
Deuda a largo plazo	116.650	147.923	152.577
Derechos de programas	107.620	146.156	152.306
Arrendamiento financiero	23.807	23.083	23.176
Otros	62.591	50.260	34.982
Total pasivo a largo plazo	310.668	367.422	363.041
Ingresos diferidos	33.038	32.422	22.099
Total pasivo	938.332	876.527	824.337

.../...

.../...

ACTIVOS	1984	1983	1982
Intereses minoritarios	44.746	—	—
Fondos propios:			
Acciones ordinarias, valor nominal 1 $ por acción, autorizadas 50 millones de acciones	29.398	29.405	29.072
Capital por encima del valor nominal	179.729	174.813	172.280
Beneficios acumulados	1.160.941	1.012.228	899.060
Total	1.370.068	1.216.446	1.100.412
Menos acciones ordinarias en tesorería, al coste	17.764	2.435	2.457
Total fondos propios	1.352.304	1.214.011	1.097.955
TOTAL PASIVO Y FONDOS PROPIOS	2.335.382	2.090.538	1.922.292

Fuente: American Broadcasting Companies Inc., *Informe anual 1984*, pp. 54-55.

13

1987: Salomon Inc.: Inversiones en valor preferidas

La relación de Warren Buffett con Salomon comenzó una década antes de que invirtiera en la empresa. Salomon había desempeñado un papel clave en la recuperación de GEICO, y John Gutfreund, entonces ejecutivo y más tarde CEO de Salomon, había ayudado a conseguir la financiación que hizo posible esa recuperación. A causa de esta experiencia, como se describe en la carta de Buffett a los accionistas,[106] Buffett llegó a confiar en Gutfreund como un ejecutivo competente e intrépido.

En septiembre de 1987, Salomon recibió el aviso de que Ronald Perelman, uno de los reyes de las adquisiciones que en 1985 se hizo con Revlon, estaba en conversaciones para adquirir una participación importante en Salomon. Ante la preocupación de la dirección por una posible adquisición hostil, el CEO Gutfreund necesitaba capital para evitar que un inversor sudafricano vendiera a Perelman una participación de entre el 12 y el 14 por ciento de la compañía. Después de revisar varias ofertas, actuando como un caballero andante, Buffett acordó invertir en Salomon para impedir la entrada de Perelman.

El acuerdo de Buffett fue anunciado a finales de septiembre

---

106. Warren Buffett a los accionistas de Berkshire Hathaway, 29 de febrero de 1988.

de 1987 e implicaba una inversión de 700 millones de dólares en acciones preferentes convertibles de Salomon, con un dividendo anual del 9 por ciento. Después de un período de tenencia de tres años, estas acciones también tenían la opción de convertirse en acciones ordinarias a un precio de 38 dólares por acción. Si no se convertían, las acciones preferentes debían redimirse en un plazo de cinco años a partir de 1995. Se dice que Buffett le dijo a Gutfreund que estaría dispuesto a comprar «700 millones de dólares en acciones preferentes de Salomon, siempre y cuando rindieran un 15 por ciento». La característica de conversión se estableció de manera que se esperaba obtener una ganancia del 15 por ciento.[107] Las acciones preferentes convertibles podían verse como un producto de renta fija con un incentivo al alza o como una inversión en el capital de una empresa con una sólida protección a la baja en forma de un flujo de renta fija casi garantizado.

Dejando por un momento a un lado las noticias sensacionalistas de ofertas de adquisición hostiles o de inversiones de caballeros andantes, ¿cómo se veía en 1987 Salomon desde el punto de vista puramente inversor? Si echamos un vistazo al informe anual de 1986, el más reciente que habrían tenido disponible los inversores de entonces, la información por segmentos muestra que el negocio se dividía entonces en tres segmentos operativos principales.

Como se muestra aquí, los valores, fueron con diferencia el mayor segmento operativo. En la primera parte del informe anual, John Gutfreund comenta la evolución del negocio durante el año y revela que el segmento de valores estaba compuesto por numerosas entidades nacionales, además del negocio principal en Estados Unidos, entre ellas Salomon Brothers International Limited, con sede en Londres; Salomon Brothers AG, con sede en Fráncfort, y Salomon Brothers Asia Limited, con sede en Tokio. En cuanto a la actividad empresarial, el informe establece que Salomon Securities se centraba en una combinación de acti-

107. Schroeder, Alice, *op. cit.*, p. 541 del original en inglés publicado por Bantam.

Imagen 13.1

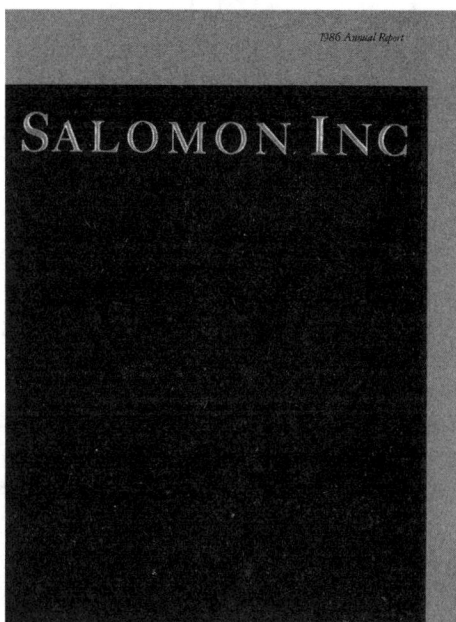

Fuente: Salomon Inc., *Informe anual 1986*.

vidades bancarias de inversión básicas, como la suscripción de deuda y acciones, junto con operaciones de *trading*/negociación, creación de mercados e investigación. El informe señala que, en 1986, Salomon gestionó o cogestionó 764 emisiones de empresas por un valor superior a los 100.000 millones de dólares en los mercados de capitales de Estados Unidos. Un total de 617 eran emisiones de deuda corporativa estadounidense por un valor de 86.200 millones de dólares, lo que refleja la experiencia de Salomon en deuda. Una gran parte del resto estaba relacionada con emisiones de acciones, área en la que Salomon afirmaba estar ganando liderazgo (imagen 13.1).

En el informe, describiendo su ejecución de la mayor operación en la historia de la Bolsa de Nueva York, una operación en bloque de 48,8 millones de acciones de Navistar International Corporation que ascendió a un total de 488 millones de dólares, Salomon enfatiza su experiencia en la creación de mercado y en

Tabla 13.1. Visión general de los segmentos operativos (1987)

SEGMENTO OPERATIVO	INGRESOS $	EBT $	ACTIVOS $
Valores mobiliarios	6.341 millones	787 millones	72.000 millones
Finanzas comerciales	190 millones	173 millones	2.500 millones
Materias primas	258 millones	52 millones	3.500 millones
Empresas en general		-219 millones	800 millones
Consolidado	**6.789 millones**	**793 millones**	**78.200 millones**

la gestión de transacciones. Gutfreund también habla de las capacidades de investigación de la firma, que se estaban reforzando a escala internacional para centrarse en empresas japonesas, en Tokio, y en acciones europeas, en Londres.

En líneas generales, el informe anual presenta a la empresa como centrada en transacciones, y destaca como sus principales activos su reputación, su equipo humano y sus relaciones. Si en 1987 yo hubiese sido un inversor potencial, habría llegado a la conclusión de que Salomon era una empresa bien administrada y global, pero sin muchas ventajas estructurales respecto a sus competidoras en Wall Street.

El informe ofrece menos detalles del segundo y tercer negocio de Salomon, mucho más pequeños. La financiación comercial es descrita como un negocio que otorga préstamos a corto plazo, principalmente a clientes europeos y asiáticos, que incluyen corporaciones, bancos, gobiernos e instituciones financieras. Al comparar 1986 con 1985, se observa que pasando de 182 a 173 millones de dólares, los beneficios antes de impuestos de esta actividad disminuyeron ligeramente.

El último negocio, Phibro Energy, tenía plantas de refinería reales con una capacidad total de refinado de más de 200.000 barriles diarios. De hecho, funcionaba como una refinería de petróleo de espectro completo con capacidad para satisfacer una amplia gama de demandas de los clientes, desde petróleo crudo hasta productos terminados. Además del refinado, Phibro tenía también un negocio de comercio de materias primas que abarcaba operaciones de cobertura, corretaje y comercio general de petróleo, así como de materias primas no petroleras. El informe revela una seria contracción del negocio energético con respecto al año anterior, con una caída de los beneficios antes de impuestos de 119 millones de dólares en 1985 a 33 millones en 1986. Sin embargo, Gutfreund comenta que el cuarto trimestre mostró cierta mejora secuencial con respecto al tercero y expresó su esperanza de que este negocio estuviera en camino hacia la recuperación (tabla 13.1).

Al evaluar la calidad intrínseca de los negocios de financiación comercial y de energía, es probable que un inversor potencial los hubiera considerado similares al negocio de valores. Si bien la financiación comercial y el comercio de energía tenían cierta ventaja por disponer de redes más amplias que la mayoría de sus competidores, en gran medida, más que de ventajas estructurales, sus resultados dependían de una ejecución eficaz.

Es hora de examinar los estados financieros de Salomon. Según los datos financieros seleccionados que se muestran en la tabla 13.2, Salomon experimentó un aumento constante en sus ingresos durante cinco años consecutivos, pasando de 2.900 millones de dólares en 1982 a 6.800 millones en 1986. Este incremento de tamaño se refleja en el crecimiento de los activos totales de Salomon, que ascendieron de 4.000 millones de dólares en 1982 a 78.000 millones en 1986.

Sin embargo, las ganancias fueron mucho más volátiles. Mientras que 1982 y 1983 fueron años bastante favorables, con márgenes de beneficios netos superiores al 11 y al 15 por ciento, respectivamente, 1984 fue un año a la baja, con un margen de beneficios netos de apenas el 5 por ciento. Al evaluar las entidades financieras, otro indicador crucial es el ROE; en este aspecto, Salomon obtuvo más del 20 por ciento en 1982 y 1983, pero menos del 10 por ciento en 1984. En 1986, el ROE se situó en el 16 por ciento. Teniendo en cuenta que el tipo de interés de los bonos del Estado a diez años oscilaba entre el 7 y el 8 por ciento durante ese período, un ROE del 16 por ciento es un resultado bastante propicio.

El retorno sobre los activos (ROA, por sus siglas en inglés) es otra métrica útil para evaluar un negocio financiero. No obstante, las cifras del balance general indican que muchos de los activos de Salomon se mantenían en inventario para venderlos o traspasarlos en operaciones bancarias con fines de inversión. En concreto, de un total de 78.200 millones de dólares en activos de Salomon, 42.500 millones correspondían a bonos, acciones y materia prima clasificada como inventario, y otros 18.800 millo-

Tabla 13.2. Resumen financiero quinquenal (1982-1986) (en millones de dólares, excepto datos por acción)

RESUMEN DE LAS OPERACIONES	1986	1985	1984	1983	1982
Ingresos	6.789	5.701	4.039	3.123	2.947
Beneficio neto	516	557	212	470	337
Beneficio primario por acción	3,45	3,78	1,48	3,35	2,48
Beneficios por acción totalmente diluidos	3,32	3,60	1,41	3,10	2,26
Activo total	78.164	88.601	58.370	42.017	39.669
Deuda a largo plazo	1.245	917	680	711	780
Fondos propios	3.454	2.954	2.406	2.240	1.769
Dividendos en efectivo por acción	0,64	0,54	0,54	0,52	0,47
Fondos propios por acción	22,72	19,93	16,62	15,73	12,84
Rendimiento medio de los fondos propios (%)	16,1	20,8	9,1	23,5	21,2

Fuente: Salomon Inc., *Informe anual 1986*, p. 1.

Nota: Los ingresos anteriores a 1986 se han reformulado para incluir las transacciones de materias primas sobre la base del beneficio bruto. Los ingresos de 1984 y el rendimiento de los fondos propios medios se han obtenido tras deducir partidas especiales por valor de 224 millones de dólares después de impuestos (1,55 dólares y 1,45 dólares, respectivamente, en concepto de beneficios primarios y totalmente diluidos por acción), resultantes en especial de una amortización de propiedades petrolíferas y gasísticas y de una reestructuración del negocio de materias primas no energéticas.

nes a valores adquiridos en virtud de acuerdos de reventa. Por lo tanto, el ROA no es tan útil, ya que no se esperaba que la mayoría de los activos de Salomon generaran un rendimiento de inversión para la empresa. (Más adelante, al tratar la inversión de Buffett en Wells Fargo, hablaré con más detalle de la métrica ROA, así como del ROE.)

En el caso de Salomon, la conclusión principal es que el negocio parecía estar centrado, ante todo, en las personas y las transacciones. El inmovilizado material neto total sólo representa 311 millones de dólares y está claro que la alta rentabilidad de la empresa se debe al trabajo de su personal. Una vez más, el informe sugiere que Salomon está bien gestionada, pero su éxito depende en gran medida de la habilidad de su ejecución empresarial.

En cuanto a la valoración, según el informe anual de Salomon, en el cuarto trimestre de 1986, el precio de la acción fluctuaba entre 38 y 44 dólares. A mediados de 1987 estaba claro que el año sería difícil para las instituciones financieras en general. El precio de cierre de Salomon el 25 de septiembre de 1987 —el viernes antes del anuncio de compra por parte de Buffet— fue de 32 dólares por acción.[108] Aunque, obviamente, hubo mucha volatilidad en torno al precio de las acciones (y, de hecho, como todas las demás acciones estadounidenses, en octubre de 1987, durante el Lunes Negro, Salomon se abarató mucho), el precio de las acciones que un inversor potencial habría visto en los tres primeros trimestres de 1987 habría oscilado aproximadamente entre 30 y 40 dólares por acción.

Basándose en la característica de conversión de 38 dólares por acción de la inversión de Buffett en Salomon, la valoración habría sido la siguiente (tabla 13.3):

108. Sterngold, James, «Salomon to sell 12 percent to Buffett», *The New York Times*, 28 de septiembre de 1987.

Tabla 13.3. Cálculo de la capitalización bursátil

Precio de la acción	38,00 $
Acciones en circulación*	156,3 millones
Capitalización bursátil	**5.939 millones $**

* Según el promedio de acciones en circulación para los beneficios diluidos por acción de 1986, que figuran en la página 29 del *Informe anual 1986* de Salomon.

Puesto que Salomon Inc. es una entidad financiera, el análisis del PER y la ratio precio/valor contable (P/B) son cruciales para evaluar el valor del negocio. Por su parte, debido a la naturaleza intrínseca de la deuda financiera e intereses en este tipo de empresas, la ratio valor empresarial sobre el beneficio antes de intereses e impuestos (EBIT-EV) es menos relevante (tabla 13.4).

Tabla 13.4

PER	1986	1985
Precio de la acción	38,00 $	38,00 $
BPA declarado	3,32 $	3,60 $
PER	**11,4×**	**10,5×**

Basándonos en los beneficios netos históricos de 1986, Salomon cotizaba a un múltiplo 11,4 veces las ganancias netas. Para una empresa bien gestionada, pero con pocas ventajas estructurales intrínsecas, este valor me habría parecido razonablemente bueno si me hubiese planteado invertir en ese momento. Si partimos de un precio de 30 dólares por acción, el PER basado en los beneficios del año 1986 habría sido de nueve veces, un valor muy favorable si el ROE del 16 por ciento alcanzado en 1986 fuera representativo del negocio.

En términos de P/B, la capitalización bursátil era de 5.900 millones de dólares sobre la base del precio de 38 dólares por acción. Dado que los fondos propios ascendían a 3.500 millones de dólares, la relación precio/beneficio de Salomon habría sido de 1,7 veces. Una vez más, para una empresa que obtiene un ROE del 16 por ciento, se trata de un precio justo. Por supuesto, habría sido más atractivo un P/B de 1,4 veces, correspondiente a un precio por acción de 30 dólares.

Al considerar tanto la valoración según el PER como según el P/B, yo habría tenido en cuenta el crecimiento histórico de Salomon, que había sido sustancial en términos de ingresos, pero mucho menos impresionante en cuanto a beneficios por acción. Al evaluar la valoración razonable de Salomon, además del complicado entorno empresarial, habría considerado sólo un crecimiento limitado. A la vista de todo esto, si me hubiese planteado invertir en 1987, habría tenido dudas de hacerlo al precio de 38 dólares por acción, pero es posible que hubiera optado por invertir a 30 dólares por acción. Nótese que en este caso hipotético, me refiero específicamente al capital ordinario de la empresa.

Parece que sobre todo Buffett debe de haber sopesado esta inversión por sus características de renta fija, como las acciones preferentes, y que sólo tuvo en cuenta el potencial de renta variable de una empresa bien gestionada en el contexto de la característica convertible de esas acciones preferentes. Buscando alguna pista en la carta a los accionistas de Berkshire, parece que Buffet veía la inversión de Salomon en primer lugar como un producto similar a los bonos cuando dijo: «Desde la mayoría de los puntos de vista, este compromiso encaja en la categoría de valores de renta fija a medio plazo. Además, tenemos una interesante posibilidad de conversión».[109]

Esta inversión en Salomon reflejaba la tendencia generalizada de Buffett a invertir en empresas a través de acciones preferentes (convertibles). Este enfoque difería no sólo de la norma del sector, sino también de las inversiones históricas de Buffett en acciones ordinarias que hasta ese momento habían definido su forma de invertir. En la carta a los accionistas de 1989 indicaba que, aunque las acciones preferentes convertibles no igualaban los rendimientos posibles, al invertir en negocios con perspecti-

109. Warren Buffett a los accionistas de Berkshire Hathaway, 29 de febrero de 1988, p. 17.

vas económicas maravillosas no apreciadas por el mercado seguía esperando que estas inversiones lograran buenos rendimientos por encima de las carteras de renta fija. Además, estas inversiones encajaban con la idea de Benjamin Graham, mentor de Buffett, de que «una verdadera inversión debe tener dos cualidades: cierto grado de seguridad del principal y una tasa de retorno satisfactoria».[110]

Después de la inversión de Buffett, el caso Salomon se convirtió en una fascinante historia repleta de altibajos. Primero, poco después de que Buffett anunciara la compra, se produjo el desplome del mercado bursátil en octubre de 1987. Al principio, Warren no tenía motivos importantes para preocuparse por su inversión. Aunque parecía menos probable que las acciones preferentes se convirtieran, mediante la función de conversión, en acciones a medida que los precios de las acciones caían en picado, la posición de renta fija seguiría garantizando un saludable pago del 9 por ciento anual en concepto de dividendos. Sin embargo, en los años siguientes sobrevino el caos de forma inesperada. En agosto de 1991, Salomon anunció que la empresa había infringido las normas del Tesoro de Estados Unidos relacionadas con las subastas de bonos y, como consecuencia, los altos cargos directivos dimitieron. Lo que comenzó como ofertas falsas por parte de un empleado sin escrúpulos, Paul Mozer, se convirtió en un encubrimiento llevado a cabo por la dirección, llegando incluso a Gutfreund. La situación llegó a ser tan grave que en un momento dado, el Departamento del Tesoro amenazó con destituir a Salomon de su papel como el principal agente de bonos del Estado. La saga se detalla en numerosos libros, entre ellos *Nightmare on Wall Street* [pesadilla en Wall Street], de Martin Mayer, pero la esencia es que Salomon estuvo a punto de desaparecer debido a las presiones del escándalo. Unos años más tarde, Buffett asumió el control de la empresa como presidente interino y reestructuró todo el negocio con la integridad como principio número uno. Al final, Salomon fue multada con 290 millones de dólares y Gutfreund dejó la em-

110. Hagstrom, Robert G., *op. cit.*

presa. En 1997, Travelers Group compró la totalidad de Salomon Brothers por 9.000 millones de dólares. Tras pasar nueve meses dirigiendo Salomon en 1991 y 1992, Buffett se marchó para retomar sus responsabilidades habituales en Berkshire Hathaway. En 1998, Travelers Group se fusionó con Citicorp para formar Citigroup, entidad que aún existe e incluye lo que fue el negocio de Salomon.

Desde el punto de vista financiero, la inversión en Salomon resultó ser un engorro enorme, pero al final para Berkshire fue rentable. Además de recibir un dividendo constante del 9 por ciento hasta la conversión, Buffett pudo ejercer el derecho de conversión. En general, quizás éste fue un caso en el que el análisis inicial de Buffett, aunque tal vez acertado, no se desarrolló como se esperaba. Sin embargo, en última instancia, la estructuración del acuerdo y su capacidad posterior para influir en la situación mitigaron cualquier pérdida financiera que tuviera que sufrir.

Tabla 13.5. Cuenta de resultados (1984-1986) (en millones de dólares, excepto datos por acción)

Tres ejercicios finalizados el 31 de diciembre de 1986	1986	1985	1984
Ingresos*	6.789	5.701	4.039
Gastos financieros	−4.484	−3.622	−2.504
Gastos de venta, administración y generales	−1.512	−1.132	−875
Partidas especiales**	—	−4	−400
Beneficios antes de impuestos	793	943	260
Impuestos sobre beneficios	−277	−386	−48
GANANCIAS NETAS	516	557	212
Por acción ordinaria:			
Beneficios primarios***	3,45	3,78	1,48
Beneficios totalmente diluidos****	3,32	3,60	1,41
Dividendos en efectivo	0,64	0,54	0,54

.../...

.../...

Tres ejercicios finalizados el 31 de diciembre de 1986	1986	1985	1984
Media de acciones en circulación (en miles):			
Para los beneficios primarios por acción	149.529	147.205	143.479
Para beneficios por acción totalmente diluidos	156.349	155.853	154.745

Fuente: Salomon Inc., *Informe anual 1986*, p. 38.

* Los ingresos anteriores a 1986 se han recalculado para incluir las transacciones de materias primas sobre la base del beneficio bruto.

** Las partidas especiales de 1986 incluyen costes de 54 millones de dólares relacionados con una reestructuración del negocio de materias primas no energéticas y una ganancia de 50 millones de dólares por la rescisión de un plan de jubilación. En 1984, las partidas especiales proceden principalmente de una amortización de 307 millones de dólares de propiedades petrolíferas y gasísticas y de costes asociados a una reestructuración del negocio de materias primas no energéticas.

*** Basado en el promedio de acciones ordinarias en circulación aplicado a los beneficios netos.

**** Basado en el número proforma promedio de acciones ordinarias en circulación suponiendo la conversión completa de los valores convertibles y el ejercicio de las opciones sobre acciones con efectos dilusivos, aplicado a los beneficios netos más el efecto después de impuestos de los intereses sobre los valores convertibles (1986, 4 millones de dólares; 1985, 5 millones de dólares; 1984, 7 millones de dólares).

Tabla 13.6. Balance (1985-1986) (en millones de dólares, excepto datos por acción)

31 de diciembre de 1986 y 1985	1986	1985
Activos		
Efectivo	1.224	931
Existencias		
Títulos en propiedad:		
Gobierno de EE. UU. y agencias federales	25.611	30.253
Aceptaciones bancarias, certificados de depósito y pagarés	2.628	3.494
Deuda corporativa	7.768	8.110
Hipotecas	3.008	5.360
Acciones, deuda municipal y otros	2.309	1.932

.../...

.../...

31 de diciembre de 1986 y 1985	1986	1985
Total valores	41.324	49.149
Materias primas	1.138	631
Valores adquiridos bajo acuerdos de reventa	18.797	22.424
Préstamos y partidas por cobrar	10.972	11.343
Inmovilizado material neto	311	140
Activos que garantizan obligaciones hipotecarias colateralizadas	3.586	3.333
Otros activos	812	650
TOTAL ACTIVOS	78.164	88.601
Pasivo y fondos propios		
Pasivo		
Valores cedidos bajo acuerdos de recompra	31.140	37.959
Empréstitos a corto plazo:		
Bancos	7.469	8.844
Pagarés	3.993	4.294
Valores vendidos, pero aún no comprados:		
Gobierno de EE. UU. y agencias federales	15.397	18.543
Deuda corporativa	1.218	685
Acciones, deuda municipal y otros	314	400
Total de títulos vendidos, pero aún no recomprados	16.929	19.628
Acreedores y devengos	10.360	10.683
Obligaciones hipotecarias colateralizadas	3.574	3.322
Deuda a largo plazo	1.245	917
Total pasivo	74.710	85.647
Fondos propios		
Acciones preferentes, sin valor nominal: autorizadas, 5.000.000 acciones; ninguna emitida	—	—
Acciones ordinarias, valor nominal 1 $ por acción: autorizadas, 250.000.000 acciones; emitidas, 1986, 152.512.432 acciones; 1985, 149.061.380 acciones	153	149

.../...

.../...

31 de diciembre de 1986 y 1985	**1986**	**1985**
Capital desembolsado adicional	264	211
Ganancias acumuladas	3.055	2.635
Ajustes de conversión acumulados	−11	−29
Acciones ordinarias en autocartera, al coste:		
1986: 485.108 acciones	−7	−12
1985: 856.588 acciones		
Total fondos propios	3.454	2.954
Total pasivo y fondos propios	78.164	88.601

Fuente: Salomon Inc., *Informe anual 1986*, pp. 36-37.

14

1988: Coca-Cola

En otoño de 1988, Roberto Goizueta y Donald Keough, presidente y director general, respectivamente, de Coca-Cola, se dieron cuenta de que alguien estaba comprando grandes cantidades de acciones de la empresa. Como se sabría más tarde, esa persona resultó ser Warren Buffett. Desde su máximo anterior a la caída del Lunes Negro de 1987, las acciones habían caído alrededor de un 25 por ciento, y Buffett estaba acumulando lo que podía. En la primavera de 1989, ya había adquirido aproximadamente el 7 por ciento de la empresa a un precio medio por acción de unos 42 dólares.[111] Lo curioso era que para Buffett, auténtico fanático de la Cherry Coke (Coca-Cola de cereza), esto supuso un ejemplo de que hay que aplicarse el cuento.

En 1988, Coca-Cola era un nombre familiar para un posible inversor. Se trataba de una empresa con una historia fascinante y algunos desarrollos recientes notables (imagen 14.1). Originaria de la década de 1880 como una bebida medicinal patentada, en la década de 1940, la empresa se había convertido en un icono nacional. Coca-Cola empezó a cotizar en bolsa en 1919, y en la década de 1980 ya era una empresa internacional consolidada. Según el informe anual de Coca-Cola de 1985, ese año el

111. Warren Buffett a los accionistas de Berkshire Hathaway, 1988 y 1989.

62 por ciento de las ventas de refrescos por volumen se realizaron fuera de Estados Unidos.

Imagen 14.1

Las décadas de 1970 y 1980 fueron también los años en que Coca-Cola libró la parte más llamativa de la «guerra de las colas» con Pepsi. En 1975, Pepsi introdujo el «desafío Pepsi», en el que realizaba catas a ciegas con Pepsi y Coca-Cola en centros comerciales de todo Estados Unidos. Aprovechando que la gente suele optar en estas pruebas por las bebidas más azucaradas, Pepsi salía siempre victoriosa en el desafío con la mayoría de los participantes. En los años ochenta, esta victoria publicitaria había empañado la imagen de Coca-Cola y había llevado a Pepsi a ganarle cuota de mercado. La batalla culminó en 1985 con la introducción de New Coke, una reformulación bastante radical de la Coca-Cola original que en las catas a ciegas superó tanto a la original como a Pepsi. Una razón probable era que la New Coke era mucho más dulce que su predecesora, lo cual, irónicamente, contradecía la campaña previa de Coca-Cola para diferenciar su producto como menos dulce que la Pepsi. Si bien la aceptación inicial de New Coke fue justa, una gran minoría de clientes muy ruidosos empezó con rapidez a exigir el regreso de la Coca-Cola original. En un caso que se ha convertido en una lección estándar en los libros de texto de marketing, la imagen de la Coca-Cola original estaba tan arraigada que, al margen del sabor de la New Coke en las catas a ciegas, había una demanda innegable para que volviera el producto original. El 10 de julio de 1985, la Coca-Cola original, renombrada Coca-Cola Classic, volvía a los estantes de las tiendas. En diciembre de 1985, se decía que Coca-Cola Classic se vendía más que New Coke y que Pepsi. La opinión pública parecía ser que aunque la introducción de la New Coke había sido claramente un error de marketing, la marca era lo bastante fuerte como para superarlo.[112]

Éste era el contexto de la empresa cuando Buffett invirtió en ella en 1988. Con toda probabilidad, otros dos hechos habrían sido relevantes en aquel momento para un inversor: en 1982, Coca-Cola había introducido la Coca-Cola Light y, en 1985, la Cherry Coke. En 1988, la Coca-Cola Light era un producto que por sí solo se había convertido en una potencia.

De los documentos públicos disponibles para los inversores en aquella época, el más informativo habría sido el informe anual de 1987, que era el informe de un año completo más reciente para alguien que analizara la empresa en 1988. En la página seis, Roberto Goizueta, presidente y CEO, afirma que la actividad principal de Coca-Cola era la venta de refrescos, que representaba el 95 por ciento de los ingresos de explotación. En la tabla 14.1 mostramos el resumen de la estructura del negocio global de Coca-Cola en aquel momento.

Como vemos, la mayor parte de la rentabilidad operativa de Coca-Cola proviene de la división de refrescos. Es probable que alguien interesado en invertir en la empresa centrara su análisis en esta división.

112. Kilpatrick, Andrew, op. cit., pp. 241-264.

Tabla 14.1. Visión general de los segmentos operativos

SEGMENTO	INGRESOS	% DE INGRESOS TOTALES	MARGEN OPERATIVO	COMENTARIOS
Refrescos	6.229 m $	82 %	23,0 %	Coca-Cola, Coca-Cola Light, Cherry Coke
Alimentos	1.414 m $	18 %	7,3 %	Zumos Minute Maid
Inversiones de capital	No consolidados	N/D	N/D	Participaciones en filiales embotelladoras y Columbia Pictures
Total	7.658 m $	100 %	17,8 %	Las cifras incluyen los gastos de venta, generales y administrativos

Fuente: Cifras obtenidas a partir de información financiera procedente del *Informe anual 1987* de Coca-Cola Company.

A partir de la página ocho del informe anual, la dirección describe que en su negocio principal de refrescos, Coca-Cola se centra en 1) vender siropes y concentrados de refrescos a embotelladoras y clientes fuentes, y 2) construir una marca en la franquicia de Coca-Cola que facilite la compra por parte del consumidor final. La dirección también ofrece datos operativos claros para 1987: un crecimiento global del volumen del 6 por ciento. Dado que el crecimiento de los ingresos del segmento de los refrescos fue del 10 por ciento,[113] podemos deducir que en 1987 también se produjo un aumento medio de los precios del 4 por ciento. Un negocio que es capaz de conseguir tanto un aumento de las ventas unitarias como una subida de los precios tiene una economía empresarial maravillosa, así que no es de extrañar que como se indica en el mismo análisis, en 1987 la división de refrescos de Coca-Cola lograra un aumento del 21 por ciento en los ingresos de explotación.

El equipo directivo de Coca-Cola no sólo ofrece datos que evidencian su habilidad para aumentar las ventas y los precios, sino que también presenta un desglose detallado de cómo ha evoluciona-

113. The Coca-Cola Company, *Informe anual 1987*, p. 48.

do el volumen de ventas en cada país (para consultar la información de la página ocho del informe anual de 1987, véase el gráfico 14.1).

Gráfico 14.1. Consumo mundial de Coca-Cola

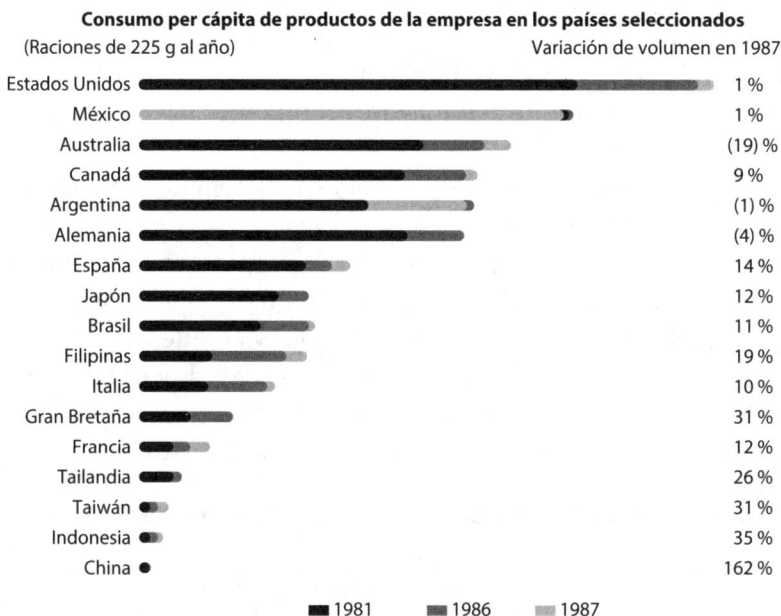

Consumo per cápita de productos de la empresa en los países seleccionados
(Raciones de 225 g al año)   Variación de volumen en 1987

País		Variación de volumen en 1987
Estados Unidos		1 %
México		1 %
Australia		(19) %
Canadá		9 %
Argentina		(1) %
Alemania		(4) %
España		14 %
Japón		12 %
Brasil		11 %
Filipinas		19 %
Italia		10 %
Gran Bretaña		31 %
Francia		12 %
Tailandia		26 %
Taiwán		31 %
Indonesia		35 %
China		162 %

■ 1981   ■ 1986   ▨ 1987

Por sí solo, este gráfico habría facilitado al inversor potencial de ese momento comprender el importante crecimiento de los mercados internacionales de Coca-Cola. La deducción está clara: en 1987, en comparación con los estadounidenses, la gente fuera de Estados Unidos consumía bastante menos Coca-Cola y había un enorme margen para nuevos aumentos. Así lo indican las cifras, que en muchos de los países con un consumo absoluto más bajo de Coca-Cola muestran aumentos de volumen de dos dígitos: España, Japón, Brasil y China. El potencial de estos mercados no se le habría pasado por alto a un inversor perspicaz.

En la tabla 14.2 se presentan las cifras para la división de refrescos entre 1985 y 1987,[114] y suponiendo que el crecimiento

114. Basado en la información presentada en los apéndices del *Informe anual 1987* de Coca-Cola Company.

de los ingresos nacionales e internacionales entre 1985 y 1987 continuara hasta 1990, estimo cómo habrían sido dichas cifras entre 1987 y 1990. Obsérvese que estoy haciendo estas estimaciones sin considerar ningún aumento en el margen con respecto al de 1987. Personalmente, creo que estas proyecciones son muy cautelosas, ya que cualquier negocio de este tipo, con una red de distribución y capacidad para aumentar los precios, tiene escalas intrínsecas que con mayores volúmenes llevarían a márgenes más altos.

Como se puede observar, incluso sin el beneficio de márgenes más altos, que debería haber sido el caso, en los siguientes años, el negocio principal de refrescos de Coca-Cola habría aumentado el EBIT en alrededor de un 20 por ciento anual debido al crecimiento del negocio internacional, que ya era el dominante y crecía a más del 20 por ciento basado en ingresos y EBIT. Sin entrar en detalles sobre los aspectos financieros (cosa que haré más adelante en este capítulo), un inversor de la época

Tabla 14.2. Cifras de la división de refrescos (1985-1987)

REFRESCOS								
INGRESOS	1985	1986	1987	CRECIM. 1985-1987	1988E*	1989E	1990E	CRECIM. 1987-1990E
EE. UU.	1.864,7	2.016,3	2.120,1	6,6 %	2.260,6	2.410,5	2.570,3	6,6 %
EBIT	217,2	293,3	323,6	22,1 %	345,1	367,9	392,3	6,6 %
Margen EBIT	11,6 %	14,5 %	15,3 %		15,3 %	15,3 %	15,3 %	
Internacional	2.676,7	3.628,6	4.109,2	23,9 %	5.091,4	6.308,3	7.816,2	23,9 %
EBIT	672,8	888,0	1.108,9	28,4 %	1.374,0	1.702,4	2.109,3	23,9 %
Margen EBIT	25,1 %	24,5 %	27,0 %		27,0 %	27,0 %	27,0 %	
Total ingresos	4.541,4	5.644,9	6.229,3	17,1 %	7.352,0	8.718,8	10.386,4	18,6 %
Total EBIT	890,0	1.181,3	1.432,5	26,9 %	1.719,0	2.070,3	2.501,6	20,4 %

* Estimación.

Fuente: Datos basados en la información presentada en los apéndices del *Informe anual 1987* de Coca-Cola Company.

debería haber tenido muy claro que Coca-Cola era un negocio magnífico para el que soplaban vientos muy favorables. La dirección completa el análisis de la actividad principal de refrescos comentando la evolución positiva de las operaciones en países de todo el mundo: algunas reestructuraciones en Alemania, un fuerte crecimiento orgánico en Japón, Filipinas y Brasil. También mencionan que la continua consolidación de las embotelladoras ha impulsado el aumento de la eficiencia en la distribución. Todo esto es positivo, pero es probable que hubiese parecido la guinda del pastel: un dato bonito, pero que sólo refuerza la conclusión de que Coca-Cola era un negocio superior.

Aunque la importancia financiera de la división de refrescos para el negocio global de Coca-Cola es evidente, la dirección presenta una imagen menos detallada cuando habla de las otras dos líneas de negocio: alimentación e inversiones de capital. En el caso de los alimentos, un posible inversor descubre que la empresa se dedica principalmente a la comercialización y producción de zumos de fruta bajo la marca Minute Maid. En concreto, históricamente la empresa se ha centrado en la venta de concentrado congelado, pero ahora está llevando a cabo una reestructuración para reorientar el negocio hacia la venta de zumo de naranja refrigerado. La dirección señala que si bien Minute Maid es líder en el segmento de concentrado congelado, ocupa el segundo lugar en la categoría de refrigerados, que es el segmento que más está creciendo para los consumidores estadounidenses.

Por ello, la dirección está invirtiendo grandes recursos para reorientar el negocio y apoyar el lanzamiento de nuevos productos. Desde el punto de vista financiero, pese a que los ingresos de la división comercial crecieron un 7 por ciento, pasando de 1.320 millones de dólares a 1.410 millones, los ingresos de explotación disminuyeron de 120 millones a 67 millones. Si se ajustan las provisiones relacionadas con la reestructuración de la división, de 36 millones de dólares, la cifra de beneficios de explotación es menos negativa, pero aun así mostraría un descenso de 17 millones. En resumen, esta división parecía estar obteniendo malos resultados, pero la estrategia de gestión para revertirla parece bastante sensata.

La última división, las inversiones de capital, comprende un conjunto de participaciones en empresas en las que Coca-Cola posee una participación minoritaria. La más importante es la participación del 49 por ciento en sus principales socios embotelladores: Coca-Cola Enterprises (CCE) en Estados Unidos y T. C. C. Beverages en Canadá. También incluye participaciones minoritarias en socios embotelladores como Coca-Cola Bottling Co., Johnston Coca-Cola Bottling Group y New York Coca-Cola Bottling Company, así como en varias embotelladoras extranjeras. Además de esto, Coca-Cola poseía una participación del 49 por ciento en Columbia Pictures Entertainment, la empresa surgida de la fusión, en septiembre de 1987, entre Columbia Pictures, una corporación propiedad al cien por cien de Coca-Cola desde 1982, y Tri-Star, en la que Coca-Cola tenía una participación parcial. La compañía ya era entonces uno de los principales estudios cinematográficos y poseía una cadena de 300 salas de cine. Aunque todas estas empresas eran filiales no consolidadas, lo que significa que sus cifras financieras no se reflejaban en los ingresos y beneficios atribuidos a Coca-Cola, era evidente que se trataba de negocios prósperos y de gran valor.

Antes de adentrarnos en los detalles financieros, quiero explicar brevemente cómo habría percibido en ese momento un posible inversor al equipo directivo de Coca-Cola. Roberto Goizueta había sido CEO y presidente de Coca-Cola desde 1980, y Donald Keough, director de operaciones y presidente desde 1981. Así pues, a principios de 1988, Coca-Cola contaba con un equipo directivo claramente probado y con un historial financiero fantástico, a pesar de que el torrente de noticias durante su mandato no siempre fuera positivo. De los informes financieros emitidos entre 1985 y 1987 se desprende claramente que el equipo directivo se centró con intensidad en el rendimiento para los accionistas y en las métricas operativas clave. Las tres métricas de las que hablan en concreto en su evaluación general de sus propios resultados, por ejemplo, dejan claro que se preocupan por la rentabilidad del capital para los accionistas y en términos de efectivo tangible (véase el gráfico 14.2).

Gráfico 14.2. Principales indicadores financieros

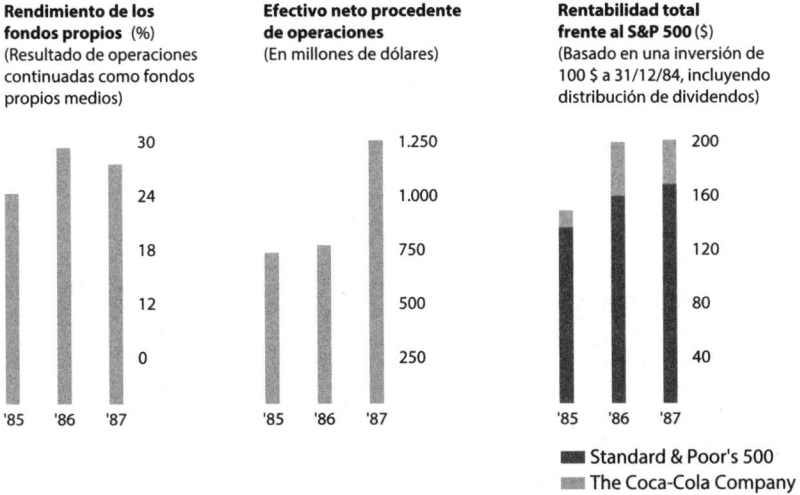

Rendimiento de los fondos propios (%)
(Resultado de operaciones continuadas como fondos propios medios)

Efectivo neto procedente de operaciones
(En millones de dólares)

Rentabilidad total frente al S&P 500 ($)
(Basado en una inversión de 100 $ a 31/12/84, incluyendo distribución de dividendos)

30	1.250	200
24	1.000	160
18	750	120
12	500	80
0	250	40

'85 '86 '87   '85 '86 '87   '85 '86 '87

■ Standard & Poor's 500
■ The Coca-Cola Company

Al analizar los estados financieros de 1987 de la empresa, los datos financieros seleccionados de los últimos diez años, disponibles en las páginas 34 y 35 del informe anual, muestran que Coca-Cola había aumentado sus ingresos durante cada uno de los últimos diez años, con una sola excepción en 1982. En relación con los ingresos operativos, de nuevo se registró un crecimiento todos los años excepto uno, que fue 1984. En cuanto a los beneficios por acción, se observa un historial impecable de incremento del BPA en cada uno de los últimos diez años. Estos datos financieros evocan a los de la inversión en American Express, y para cualquier analista de esa época deberían haber sido señales claras de la extrema solidez de la empresa. Las cifras reales demuestran que entre 1977 y 1987, Coca-Cola experimentó un crecimiento promedio anual del 12 por ciento tanto en ingresos como en beneficios por acción. Estos cálculos no tienen en cuenta las participaciones minoritarias ni los desembolsos de *spin-offs* durante el intervalo.

En el contexto del ejercicio de 1987, no resulta sorprendente que Coca-Cola haya logrado un crecimiento interanual del 10 por ciento en los ingresos totales y del 12 por ciento en los ingresos operativos,[115] en especial considerando los resultados de cada división por separado, como ya hemos mencionado. Sin embargo, lo importante radica en analizar la capacidad de acumulación del negocio en términos de rendimientos sobre el capital empleado. A finales de 1987, si examinamos el balance, Coca-Cola presenta la siguiente base de capital tangible:

Tabla 14.3

CATEGORÍA	CANTIDAD EN $	% DE LOS INGRESOS
Inmovilizado material	1.598 m $	20,9 %
Existencias	777 m $	10,1 %
Cuentas por cobrar	672 m $	8,8 %
Cuentas por pagar	−1.430 m $	−18,7 %
Total capital empleado (TCE)	1.617 m $	21,1 %

El cálculo del NOPAT es el siguiente:

Tabla 14.4

Ingresos de explotación* (EBITA)	1360 m $
Ajuste por impuestos** (tipo del 34 %)	−462 m $
NOPAT	**898 m $**

* Dado el importe limitado de la amortización, he tomado los ingresos de explotación declarados por Coca-Cola como EBITA, ajustados una vez más por partidas excepcionales.
** En octubre de 1986 se aprobó la Ley de Reforma Fiscal de 1986 (TRA86), que redujo el tipo máximo del impuesto de sociedades del 46 por ciento al 34 por ciento. El año 1987 fue de transición, y un posible inversor sabía que en 1988 el tipo impositivo máximo sería del 34 por ciento.

115. He ajustado los ingresos de explotación de 1986 y 1987 para excluir los costes excepcionales relacionados con las provisiones y los costes de reestructuración, y he basado mi cálculo del crecimiento en estas cifras. El crecimiento de los ingresos de explotación sobre la base de las cifras declaradas (sin ajustar) habría sido del 48 por ciento.

Según estas cifras, el ROTCE es del 55,5 por ciento, significativamente superior al 20 por ciento, que es mi referencia interna personal para un negocio con un ROTCE alto. Esto demuestra que Coca-Cola es capaz de administrar tanto una empresa que necesita poco capital como una que es muy rentable en relación con la intensidad de su capital. Coca-Cola se beneficia claramente de no tener que consolidar las necesidades de capital de sus embotelladoras. Desde el punto de vista de la capitalización interna, Coca-Cola logra muy buenos resultados gracias a su crecimiento superior al 10 por ciento y a su elevado ROTCE. Como posible inversor, a partir del análisis previo habría sabido que Coca-Cola era un gran negocio fundamental, pero aquí los números me habrían demostrado que Coca-Cola es realmente uno de esos negocios asombrosos.

Por último, es importante considerar la valoración que un posible inversor habría observado en ese momento. Coca-Cola publica en su informe anual los precios mínimo, máximo y anual de sus acciones en 52 semanas. En 1987, el mínimo fue de 29 dólares, el máximo de 53,13 dólares y el precio de cierre de ejercicio fue de 38,13 dólares. Suponiendo que a principios de 1988 el precio se mantuviera en torno al valor de cierre de ejercicio, alguien interesado en invertir habría visto las acciones de Coca-Cola a un precio aproximado de 40 dólares por acción. De hecho, aunque un inversor en ese momento no hubiera leído la carta de Buffett a los accionistas de cierre de 1988, las cifras del precio de las acciones que acabamos de mencionar coinciden con la base de coste de las acciones de Coca-Cola que Buffett pagó en 1988. Según se detalla en su carta, pagó 41,8 dólares por acción.[116]

Teniendo en cuenta el resto de la información proporcionada en el informe anual, el cálculo del VE sería el siguiente:

116. Warren Buffett a los accionistas de Berkshire Hathaway, 28 de febrero de 1989, p. 10.

Tabla 14.5. Cálculo del valor de la empresa

Precio de la acción	40,00 $
Acciones en circulación*	375 millones $
Capitalización bursátil	15.000 millones $
Deuda financiera neta**	1.237 millones $
VE	16.237 millones $

* Al final del año 1987 se declararon 372 millones de acciones en circulación y 5,6 millones de opciones sobre acciones. Dado que los precios del ejercicio se situaban en un margen entre 10 y 45 dólares, he supuesto que debían contabilizarse 3 millones de acciones.
** La deuda financiera neta se calculó sobre la base de 1.685 millones de dólares de préstamos corrientes y deudas, 213 millones de dólares de la parte corriente de la deuda a largo plazo, 803 millones de la deuda a largo plazo, 1.017 millones de dólares de saldo en efectivo, 451 millones de dólares de valores negociables y 4 millones de dólares de pasivo por pensiones.

Como ya hemos calculado previamente en el análisis de los resultados financieros, el EBITA ajustado por partidas excepcionales fue de 1.360 millones de dólares. Si observamos el cociente EBITA-EV, obtenemos lo siguiente:

Tabla 14.6. Múltiplo EBITA-EV

EBITA-EV	1987
EBITA	1.360 millones $
Margen EBIT	*17,8 %*
EBITA-EV	11,9×

Sobre la base de las cifras EBITA-EV de 1987, Coca-Cola cotizaba a 11,9 veces el EBITA-EV, una cifra, a todas luces, elevada. Pero al evaluar este múltiplo, no se atribuye ningún valor a los diversos negocios no consolidados. Permíteme abordar este problema a continuación.

Lo ideal para valorar los negocios no consolidados, sobre todo cuando algunos de ellos cotizan en bolsa, es realizar una valoración por la suma de las partes basada en los valores de mercado de esas entidades no consolidadas. Dado que esos números no están disponibles con facilidad, consideraré sus valores en el balance tal como los atribuye Coca-Cola, a sabiendas de que es probable que estos valores subestimen el verdadero valor de las entidades no consolidadas.[117] Como prueba de ello, obsérvese que en el informe anual de 1987, en la nota tres de las notas a los estados financieros consolidados, durante la discusión de la salida parcial a bolsa de la empresa se produjo una ganancia contable cuando Coca-Cola revalorizó el negocio desde la base del coste histórico hasta el precio de mercado.

Según los valores del balance, las entidades no consolidadas tienen un valor de 2.548 millones de dólares. Si ajustamos el VE teniendo en cuenta este valor, el VE desciende a 13.689 millones de dólares. Entonces, el múltiplo ajustado EBITA-EV es:

Tabla 14.7. Múltiplo EBITA- EV ajustado

EBITA- EV	1987 AJUST.
EBITA	1.360 m $
Margen EBIT	*17,8 %*
EBITA- EV ajustado	**10,1×**

El precio del EBITA-EV de 10,0 veces no es extremadamente bajo, pero parece ser muy favorable, dada la calidad del negocio. Suponiendo que haya incluso más valor oculto en las entidades no consolidadas que se contabilizan a precio de coste, el múltiplo EBITA-EV ajustado sería aún más bajo.

En cuanto al múltiplo PER, he calculado tanto las cifras declaradas como las ajustadas, restando el valor de las entidades no consolidadas de la capitalización bursátil. La capitalización de mercado ajustada es de 12.452 millones de dólares, lo que resulta en un precio ajustado por acción de 33,21 dólares basado en los 375 millones de acciones en circulación.

117. Esto se debe a que algunas de las entidades no consolidadas se valoran a valor de mercado, pero otras se valoran a precio de coste.

El múltiplo PER coincide aproximadamente con el múltiplo EBITA-EV. Hay que señalar que debido al tipo impositivo más bajo introducido en Estados Unidos en 1988 en comparación con 1987, se habría esperado que en 1988 el BPA fuera mayor, aunque los beneficios de explotación fueran idénticos; así pues, sin tener en cuenta ningún crecimiento adicional, un posible inversor habría podido calcular para 1988 un PER inferior a 13,7 veces.

Aun así, para una empresa excelente como Coca-Cola, un múltiplo PER de 13,7 veces, al igual que el cociente EBITA-EV de 10,1 veces, representa un precio considerable. En aquel momento, al igual que hoy en día, es probable que un inversor prudente estuviera dispuesto a pagar por un negocio que no estuviese creciendo no más de aproximadamente siete veces el EBITA-EV o diez veces el PER. Dado esto, debo concluir que aquí Buffett está pagando por el crecimiento. En el negocio principal de las bebidas gaseosas había múltiples vientos favorables que parecían casi obvios: 1) la expansión internacional respaldada por un mayor consumo por onza en mercados no desarrollados, y 2) las continuas ganancias de eficiencia derivadas de la consolidación y la mayor densidad de las redes de distribución. Además, el crecimiento exhibía tanto una constancia histórica muy prolongada como una visión clara para las décadas futuras. En última instancia, Coca-Cola parece ser un caso claro en el que el señor Buffett paga lo que la mayoría de los inversores considerarían un precio muy razonable por un gran negocio.

El resto de la historia de esta legendaria inversión de Buffett incluye la colocación de más de mil millones de dólares en Coca-Cola entre 1988 y 1989. Esto representaba aproximadamente el 25 por ciento del valor de mercado de Berkshire en ese entonces.

Tabla 14.8. Múltiplo PER

PER	1987	1987 AJUST.
Precio acción	40,00 $	33,21 $
BPA (ajustado)	2,43 $	2,43 $
PER	16,5×	13,7×

Es fácil mirar en retrospectiva y ver la inversión milagrosamente acertada y rentable de Buffett en Coca-Cola. Sin embargo, si se mira sin el beneficio de la retrospectiva, otra lección que extraigo de este caso es la importancia de discernir entre los riesgos reales y los falsos. A pesar de los relatos publicados en los medios de comunicación y algunos datos sobre cuotas de mercado que en la década de 1980 sugerían que Coca-Cola se enfrentaba a una competencia feroz con Pepsi-Cola, Buffett fue capaz de ver más allá de estos desafíos y reconocer el valor duradero de la empresa. Sin embargo, las cifras históricas no cuentan la historia de una guerra competitiva paralizante. Desde la perspectiva de la empresa matriz de Coca-Cola, parecía que la mayor parte del negocio era internacional, y ese negocio en general, así como Coca-Cola en su conjunto, lo estaban haciendo de maravilla a lo largo de la década. Si bien se podría argumentar que Buffett esperó a 1988 para invertir, después del episodio de la New Coke, la lección más importante para mí parece ser que fue capaz de centrarse en los datos concretos y en el panorama general: Coca-Cola era un gran negocio, tenía mucho éxito y seguiría teniendo éxito en el futuro.

Tabla 14.9. Resumen financiero (1977-1987)
(en millones de dólares, excepto datos por acción)

EJERCICIO A 31 DE DICIEMBRE	UNIDAD	1987	1986	1985	1984	1983	1982	1981	1980	1979	1978	1977
Resumen de operaciones												
Ingresos netos de explotación		7.658	6.977	5.879	5.442	5.056	4.760	4.836	4.640	3.895	3.423	2.733
Coste de mercancía		3.633	3.454	2.909	2.738	2.580	2.472	2.675	2.594	2.101	1.854	1.531
Beneficio bruto		4.025	3.523	2.970	2.704	2.476	2.288	2.161	2.046	1.794	1.569	1.222
Gastos de venta, administrativos y generales		2.665	2.446	2.163	1.855	1.648	1.515	1.441	1.366	1.150	967	694
Provisiones para reestructuraciones y desinversiones		36	180	—	—	—	—	—	—	—	—	—
Ingresos explotación		1.324	897	807	849	828	773	720	680	644	602	528
Ingresos por intereses		207	139	145	131	90	119	85	56	46	41	32
Gastos por intereses		279	197	190	127	77	76	34	30	10	7	6
Ingresos de capital		118	156	164	117	84	46	20	14	18	17	19
Otros ingresos (deducc.), netos		—	33	66	12	2	11	-20	-13	-7	-18	-12
Beneficio por venta de acciones de antiguas filiales		40	375	—	—	—	—	—	—	—	—	—
Ingresos de operaciones continuas antes de impuestos		1.410	1.403	992	982	927	873	771	707	691	635	561
Impuestos sobre la renta		494	469	314	360	374	379	339	313	306	284	251
Aumento de las operaciones continuas		494	469	314	360	374	379	339	313	306	284	251
Ingresos netos	Mill. $	916	934	722	629	559	512	482	422	420	375	331
Datos por acción												
Ingresos de operaciones continuas	$	2,43	2,42	1,72	1,57	1,35	1,27	1,17	1,06	1,04	0,95	0,84

EJERCICIO A 31 DE DICIEMBRE	UNIDAD	1987	1986	1985	1984	1983	1982	1981	1980	1979	1978	1977
Datos por acción												
Dividendos												
Efectivo	$	1,12	1,04	0,99	0,92	0,89	0,83	0,77	0,72	0,65	0,58	0,51
En especie	$	0,90	—	—	—	—	—	—	—	—	—	—
Situación al cierre del ejercicio												
Efectivo y valores negociables	Mill. $	1.468	869	835	734	559	254	344	235	153	325	351
Inmovilizado material, neto	Mill. $	1.598	1.538	1.482	1.284	1.247	1.233	1.160	1.045	976	833	688
Activos totales	Mill. $	8.356	7.484	6.246	5.211	4.550	4.212	3.373	3.152	2.710	2.439	2.144
Deuda a largo plazo	Mill. $	803	908	739	631	428	423	132	121	22	15	15
Deuda total	Mill. $	2.702	1.610	1.139	1.229	520	493	227	213	130	69	57
Fondos propios	Mill. $	3.224	3.515	2.979	2.778	2.921	2.779	2.271	2.075	1.919	1.740	1.578
Total de capital	Mill. $	5.926	5.125	4.118	4.007	3.441	3.272	2.498	2.288	2.049	1.809	1.635
Ratios financieros												
Ingresos de operaciones continuas sobre media de fondos propios	%	27,2	23,8	23,5	21,8	19,4	19,6	19,9	19,7	21,1	21,2	20,6
Deuda total sobre capital total	%	45,6	31,4	27,7	30,7	15,1	15,1	9,1	9,3	6,3	3,8	3,5
Pago dividendos en efectivo	%	46	43,1	53,7	58	65,3	62,8	59,5	63,2	57,6	57,4	57,5
Otros datos												
Promedio acciones en circulación	Mill. $	377	387	393	396	408	390	372	372	372	372	369
Gastos de capital	Mill. $	300	346	412	300	324	273	279	241	309	234	203
Amortización		152	151	130	119	111	104	94	87	77	61	55
Precio de mercado por acción a 31 de diciembre	$	38,13	37,75	28,17	20,79	17,83	17,33	11,58	11,13	11,5	14,63	12,42

Fuente: The Coca-Cola Company. *Informe anual 1987*, pp. 34-35.

Tabla 14.10. Balance consolidado (1986-1987)
(en miles de dólares)

Cierre del ejercicio a 31 de diciembre		
ACTIVOS	**1987**	**1986**
Activos corrientes		
Efectivo	1.017.624	606.848
Valores negociables, al coste (aprox. al mercado)	450.640	261.785
Deudores comerciales, menos provisiones de 13.429 $ y 11.657 $	672.160	672.568
Inventarios	776.740	695.437
Gastos pagados por anticipado y otros activos	674.148	932.630
Efectos por cobrar: Columbia Pictures Entertainment, Inc.	544.889	—
Total activos corrientes	4.136.201	3.169.268
Inversiones y otros activos		
Inversiones en filiales	—	—
Columbia Pictures Entertainment, Inc.	989.409	1.436.707
Coca-Cola Enterprises Inc.	749.159	709.287
T.C.C. Beverages Ltd.	84.493	87.696
Otras	435.484	212.194
Cuentas por cobrar y otros activos	289.000	217.046
Total inversiones y otros activos	2.547.545	2.662.930
Inmovilizado material		
Terreno	112.741	98.842
Edificios y mejoras	763.317	695.029
Maquinaria y equipamiento	1.488.464	1.390.689
Contenedores	275.120	287.672
Total	2.639.642	2.472.232
Menos provisiones por depreciación	1.041.983	934.679
Total inmovilizado material	1.597.659	1.537.553
Fondo de comercio y otros activos inmateriales	74.155	114.377
TOTAL ACTIVOS	8.355.560	7.484.128

.../...

.../...

Cierre del ejercicio a 31 de diciembre		
ACTIVOS	1987	1986
Pasivo y fondos propios Pasivo corriente		
Cuentas por pagar y gastos acumulados	1.430.193	1.198.407
Préstamos y efectos por pagar	1.685.408	697.743
Vencimientos corrientes de deuda a largo plazo	213.609	4.628
Dividendos por pagar en especie	335.017	—
Impuestos acumulados, incluidos imp. sobre la renta	454.313	344.141
Total pasivo corriente	4.118.540	2.244.919
Deuda a largo plazo	803.352	907.676
Impuestos diferidos	209.880	239.813
Deudas con Columbia Pictures Entertainment, Inc.	—	576.741
Total pasivo	5.131.772	3.969.149
Fondos propios Acciones preferentes, 1 $ valor nominal: autorizadas, 100.000.000 de acciones; no hay acciones emitidas y en circulación Acciones ordinarias, 1 $ valor nominal: autorizadas, 700.000.000 de acciones; emitidas, 415.977.479 acciones en 1987 y 414.491.987 acciones en 1986		
Excedente de capital	338.594	299.345
Beneficios reinvertidos	3.783.625	3.624.046
Ajuste por conversión de moneda extranjera	−5.047	−118.087
Total	4.533.149	4.219.796
Menos acciones propias, al coste (43.621.336 acciones en 1987; 29.481.220 acciones en 1986)	1.309.261	704.817
Total fondos propios	3.223.888	3.514.979

Fuente: The Coca-Cola Company, *Informe anual 1987*, pp. 36-37.

Tabla 14.11. Cuenta de resultados (1985-1987)
(en miles de dólares, excepto datos por acción)

Cierre del ejercicio a 31 diciembre	1987	1986	1985
Ingresos netos de explotación	7.658.341	6.976.558	5.879.160
Coste de mercancía	3.633.159	3.453.891	2.909.496
Beneficio bruto	4.025.182	3.522.667	2.969.664
Gastos de venta, admnvos. y grales.	2.665.022	2.445.602	2.162.991
Provisiones para reestructuraciones y desinversiones	36.370	180.000	—
Ingresos de explotación	1.323.790	897.065	806.673
Ingresos por intereses	207.164	139.348	144.648
Gastos por intereses	279.012	196.778	189.808
Ingresos de capital	118.533	155.804	164.385
Otros ingresos, netos	34	33.014	66.524
Beneficios por venta de acciones de antiguas filiales	39.654	375.000	—
Ingresos de operaciones continuas antes de impuestos	1.410.163	1.403.453	992.422
Impuestos sobre beneficios	494.027	469.106	314.856
Ingresos de operaciones continuas	916.136	934.347	677.566
Ingresos de actividades discontinuas (neto de impuestos sobre beneficios de 7.870 $)	—	—	677.566
Resultado de la enajenación de actividades discontinuas (neto de impuestos aplicables de 20.252 $)	—	—	35.733
INGRESOS NETOS	916.136	934.347	722.299
Por acción			
Operaciones continuas	2,43	2,42	1,72
Operaciones discontinuas	—	—	0,12
Ingresos netos	2,43	2,42	1,84
Promedio acciones en circulación	377.372	386.831	393.354

Fuente: The Coca-Cola Company, *Informe anual 1987*, p. 38.

Tercera parte

La última etapa (1990-2014)

A medida que Berkshire Hathaway crecía, entró en la década de 1990 con un valor en libros de varios miles de millones de dólares. Para entonces, Warren Buffett ya era un inversor conocido, primero entre otros inversores y luego como el nombre familiar que es hoy en día. Durante este período, Buffett continuó invirtiendo en más operaciones privadas y en empresas grandes y conocidas. Un aspecto clave de esta etapa fue que debido al enorme tamaño que había alcanzado Berkshire, invertir grandes sumas presentaba desafíos, pero también ventajas. La dificultad radicaba en manejar cantidades tan considerables, pero también ofrecía la ventaja de tener más oportunidades de inversión y la capacidad de proporcionar capital cuando otros no podían hacerlo. En los últimos años de este período, Buffett se preocupaba por encontrar buenas oportunidades para invertir grandes cantidades de capital, o como él mismo decía: «Descargar el rifle de cazar elefantes». También siguió centrándose en el crecimiento orgánico de los principales negocios de Berkshire, sobre todo en el sector de los seguros.

Entre 1990 y 2014 el contexto económico fue muy variado y,

como mínimo, agitado. A finales de 1990, Estados Unidos entró en la primera guerra del Golfo y experimentó una recesión en toda regla, aunque breve. Los precios de las acciones se desplomaron, incluidas las de Berkshire, que bajaron mucho en comparación con su valor del año anterior. Era el momento ideal para hacer grandes compras en el sentido clásico de aprovechar las crisis, y Buffett lo hizo al adquirir Wells Fargo. Sin embargo, pronto la década pasó del pesimismo a un gran júbilo. En el año 2000 se produjo un mercado alcista de valores como no se había presenciado en muchas décadas. El principal impulsor de este auge fue el desarrollo de internet y la revolución tecnológica que trajo consigo. A pesar de que muchas empresas del sector resultaron ser más creativas que rentables, esto no impidió que un mercado eufórico proclamara una nueva era de innovación y valoraciones justificables.

Como todas las locuras, ésta también terminó en pánico, y la burbuja de internet estalló a principios de la década de 2000. En 2002, tanto la economía estadounidense como la del resto del mundo se encontraban inmersas en otra recesión. El año anterior, en septiembre de 2001, los atentados terroristas contra las Torres Gemelas de Nueva York habían sacudido los cimientos del mundo entero. Los años posteriores a 2002 fueron de recuperación. Liderando esa recuperación se formó una nueva burbuja en los precios de la vivienda. En 2007, el índice Dow Jones superó los 14.000 puntos, una cifra bastante superior a la del año 2000, cuando había estado ligeramente por encima de los 11.000 puntos.

En segundo plano, sin embargo, empezaron a surgir problemas arraigados relacionados con el endeudamiento de los Estados soberanos, así como las consecuencias de las políticas de crédito flexible de los bancos comerciales en relación con las hipotecas. Enseguida las cosas se pusieron feas y, desde las alturas alcanzadas en 2007, la economía cayó en una profunda recesión en 2008. Este dolor financiero vino acompañado de una gran agitación en los mercados bursátiles. Una de las instituciones financieras más grandes, Lehman Brothers, sería una de las víctimas que caerían en la refriega. Tras sucesivas rondas de rescates de instituciones financieras en el mundo desarrollado y masivas inyecciones de capital para evitar una depresión como la de los años treinta, la recuperación económica se produjo con mayor rapidez de lo previsto. El Dow superaría los 10.000 puntos a finales del año 2009. No obstante, algunos de los problemas arraigados, así como las secuelas de las enormes inyecciones de papel moneda, no desaparecieron en 2010. En 2011 aún persistía una gran incertidumbre financiera. Uno de los acontecimientos destacados de este período fue el aumento de los precios de los productos básicos, en especial en oro y petróleo. Durante este tiempo, en la medida de lo posible, Buffett intentó aprovechar con sensatez las oportunidades de inversión, y una de sus últimas grandes adquisiciones, Burlington Northern, se llevó a cabo durante la convulsión económica de 2009.

15

1989: US Air Group

Como ocurrió en el caso del acuerdo con Salomon, la inversión
de Warren Buffett en US Air en 1988 incluía acciones preferentes: adquirió 358 millones de dólares en acciones preferentes con
un reembolso obligatorio en diez años a un tipo de dividendo del
9,25 por ciento y el derecho a convertirlas en acciones ordinarias
a un precio de 60 dólares por acción. En ese momento, la acción
ordinaria estaba valorada en unos 35 dólares, lo que reflejaba
una capitalización bursátil total para US Air de aproximadamente 1.500 millones de dólares. Aunque al final la inversión resultó
rentable, el acuerdo de US Air se cita a menudo como ejemplo de
un error de inversión de Buffett. Incluso en sus propias cartas
anuales comenta las deficiencias de la inversión y su incapacidad
para identificar correctamente sus perspectivas. Por ejemplo, en
la carta anual a los accionistas de finales de 1996, Buffett afirma:

> Me caía bien Ed Colodny y lo admiraba, el CEO de la compañía en
> aquel entonces, y aún lo hago. Pero mi análisis del negocio de US
> Air fue superficial y equivocado. Estaba tan impresionado por el
> largo historial de operaciones rentables de la compañía y por la supuesta protección que me ofrecía la propiedad de un alto valor que
> pasé por alto el punto crucial: los ingresos de US Air se verían cada
> vez más afectados por un mercado sin regulación y altamente com-

petitivo, mientras que su estructura de costes era un vestigio de los tiempos en que la regulación protegía los beneficios. Si no se controlaban, estos costes auguraban un desastre, por muy tranquilizador que pareciera el historial de la aerolínea.

Vista en retrospectiva, es fácil criticar una decisión de inversión. Sin embargo, es más interesante preguntarse qué habría visto en aquel momento un posible inversor en US Air. Para responder a esta pregunta, debemos recurrir al informe anual de US Air de 1988, el último informe completo antes de la compra de Buffett (imagen 15.1).

Imagen 15.1

El informe comienza con los datos financieros más destacados, que muestran que en 1988, US Air obtuvo unos beneficios netos de 165 millones de dólares sobre unos ingresos de 5.710 millones de dólares. El año anterior también fue rentable para la compañía, con un beneficio neto de 194 millones de dólares sobre unos ingresos de 3.000 millones. Según estos datos financieros y la revisión operativa del presidente, Ed Colodny, el panorama general mostraba que US Air era un negocio rentable que estaba experimentando grandes cambios en su alcance. La compañía acababa de completar la integración de su adquisición de Pacific Southwest Airlines (PSA) y estaba comenzando a integrar Piedmont Airlines, cuya fusión se completaría en 1989. Juntas, estas dos adquisiciones habían duplicado con creces el tamaño de las operaciones de US Air, añadiendo rutas por todo Estados Unidos. A finales de 1988, orgánicamente, US Air había confirmado pedidos de 83 aviones nuevos, con un valor de 2.000 millones de dólares, que se entregarían entre 1989 y 1991, además de tener la opción de adquirir 108 aviones adicionales, valorados en 3.000 millones de dólares. Sólo los pedidos confirmados añadirían un 20 por ciento a la flota total de aviones a reacción de US Air.

Además del rápido crecimiento, hay otros tres aspectos destacables en el informe anual. En primer lugar, si bien en 1988 los ingresos aumentaron de manera exponencial (un 90 por ciento respecto a 1987), los ingresos netos en realidad disminuyeron. Parte de esta divergencia puede atribuirse a costes excepcionales relacionados con la integración de la fusión y a una amortización única de los aviones BAC-1-11 (aviones obsoletos en su flota), pero incluso ajustando estos costes, los beneficios de explotación de US Air (antes de costes excepcionales) aumentaron sólo un 36 por ciento, mucho más lento que el crecimiento de los ingresos. Un análisis más detallado de la cuenta de resultados muestra que los culpables eran los gastos de explotación, que habían aumentado incluso más rápido que los ingresos: un 97 por ciento. En la categoría de gastos operativos, los costes de personal, alquileres y tasas de aterrizaje, así como los costes de mantenimiento de las aeronaves fueron los que más crecieron. Aunque un aumento espectacular de los gastos de explotación en un año no indica una inflación permanente de los costes, sin duda suscita preocupación sobre hasta qué punto eran controlables algunos de estos costes. ¿Estaban aumentando sin control las tasas de aterrizaje que cobraban los aeropuertos y los salarios de los pilotos a medida que el rápido crecimiento del tráfico aéreo restringía los recursos? ¿Qué riesgo había de que aumentara el precio del combustible? ¿Había algún control de esos precios?

El segundo aspecto deriva del primero, ya que plantea aún más riesgos e incertidumbres que deberían haber sido evidentes para un posible inversor: la deuda y los arrendamientos operativos. Para financiar las dos grandes adquisiciones (PSA y Piedmont), en 1987, US Air emitió 1.000 millones de dólares de deuda nueva mediante un acuerdo de crédito. Una parte de esta deuda se pagó en 1988 emitiendo pagarés, pero a finales de ese año, US Air aún tenía una deuda financiera significativa de aproximadamente 1.500 millones de dólares[118] que incluía cláusulas, calendarios de pago y todos los riesgos asociados con una deuda considerable. Para hacer las cosas aún más arriesgadas, además de la deuda financiera (como se detalla en la página 23 del informe), US Air tenía arrendamientos operativos no cancelables por valor de 6,4 dólares. Se trata de las obligaciones que US Air se había comprometido a pagar en el futuro por el arrendamiento de aviones, instalaciones en tierra y otros equipos. En comparación con los beneficios de explotación de US Air de 434 millones de dólares, el valor bruto de esta cantidad era enorme. Al igual que los intereses de la deuda financiera, estos costes no supondrían ningún problema si la actividad funcionara bien. Sin embargo, si la situación empeorara, estas obligaciones de pago podrían convertirse en un problema serio y la empresa correría el riesgo de tener que declararse insolvente.

El tercer aspecto notable se refiere a la economía del negocio de US Air, que presenta dos aspectos: 1) incertidumbre, y 2) mediocridad.

1) Incertidumbre: Al evaluar la calidad de la empresa, un elemento clave es el rendimiento del capital empleado que puede generar. Para calcularlo, primero hay que ser capaz de calcular con precisión unos beneficios estables. En el caso de US Airways, esto no es nada fácil. El primer reto es el carácter cíclico de los beneficios. Los datos financieros seleccionados de US Air que figuran en la tabla 15.1 muestran que en los años buenos el mar-

---

118. US Air Group, *Informe anual 1988*, pp. 21-22.

Tabla 15.1. Datos financieros seleccionados
(en miles de dólares, excepto datos por acción)

	1988	1987	1986	1985	1984	1983	1982	1981	1980	1979	1978
Cuenta de resultados											
Ingresos de explotación	5.707	3.001	1.835	1.765	1.630	1.432	1.273	1.110	972	729	567
Gastos de explotación	5.273	2.682	1.666	1.597	1.483	1.304	1.194	1.052	880	677	533
Ingresos operativos	434	319	169	168	192	128	79	58	92	52	34
Beneficio neto	165	195	98	117	122	81	59	51	60	33	32
Beneficio por acción totalmente diluido	3,81	5,27	3,33	3,98	4,46	3,22	2,88	2,66	3,59	2,24	2,82
Dividendos por acción ordinaria	0,12	0,12	0,12	0,12	0,12	0,12	0,12	0,12	0,09	–	–
Balance											
Activos totales	5.349	5.257	2.147	1.951	1.621	1.318	1.062	881	715	533	404
Deuda a largo plazo	1.419	1.870	454	474	430	350	334	303	236	184	144
Fondos propios	2.070	1.895	1.058	956	737	615	459	353	272	216	167
Acciones ordinarias en circulación	43,8	43,2	27,3	26,9	23,0	22,8.	19,8	17,1	12,0	11,9	9,9
Valor contable por acción	47,28	43,90	38,77	35,44	31,89	26,77	22,89	20,34	18,43	13,85	11,82

Fuente: US Air Group, *Informe anual 1988*, pp. 30-31.

gen de beneficios netos puede ser más del doble (alrededor del 7,5 por ciento) que en los malos (alrededor del 3 por ciento).

Para suavizar el carácter cíclico, un posible inversor podría utilizar el margen de beneficio neto promedio de los tres últimos años, que es del 4,9 por ciento. Esto puede ser adecuado para una empresa que presenta un carácter cíclico de un año a otro, pero que por lo demás es estable. Sin embargo, US Air no tenía ninguna de estas características. Por el contrario, se enfrentaba a una ciclicidad general del negocio que no tenía un calendario predecible y era difícil de pronosticar. Lo cierto es que no se encontraba en una situación estable, ya que su rápida sucesión de adquisiciones enmascaraba tanto los costes excepcionales de integración como los márgenes potencialmente diferentes inherentes al negocio original de US Air y a los negocios adquiridos. Aunque todos estos factores añaden mucha incertidumbre, un inversor aún podría estimar de manera aproximada una cifra de beneficios sostenibles (suponiendo márgenes históricos medios con algunos ajustes y calculando los nuevos ingresos estables a partir de la suma de los ingresos de US Air y sus adquisiciones). Sin embargo, existe una complicación aún más importante: toda la industria de la aviación se encontraba inmersa en un estado de cambio fundamental. La tabla de estadísticas de explotación del informe de US Air muestra esto de manera más clara (véase la tabla 15.2).

Cada vez había más pasajeros que viajaban en avión y la distancia media recorrida aumentaba. Al mismo tiempo, los ingresos por pasajero y milla disminuían con rapidez, ya que las aerolíneas se esforzaban por reducir el coste por pasajero y milla y aumentar los factores de carga. Si bien el incremento en la demanda de pasajeros era positivo para US Air, la presión para reducir costes era sin duda un factor negativo. A la incertidumbre se sumaba que los costes del combustible habían disminuido de manera constante desde principios de los años ochenta, pero los precios futuros se desconocían. Esta complejidad de fuerzas fundamentales y opuestas hacía casi imposible determinar con precisión los futuros beneficios sostenibles.

2) Mediocridad: Si se le otorgara a US Air el beneficio de la duda y diéramos por sentado que el próspero año 1987 reflejaba

Tabla 15.2. Estadísticas operativas (1982-1988)

		1988*	1987	1986	1985	1984	1983	1982	1981	1980	1979	1978
Pasajeros	mill. $	32,5	24,8	21,7	19,3	17,0	16,2	14,6	13,4	14,2	14,1	12,8
Promedio viaje por pasajero	millas	533,3	527,7	513,5	504,8	480,5	446,5	415,2	404,6	385,3	359,1	318,1
Ingresos por pasajero y milla	mill.	17.315	13.072	11.155	9.732	8.191	7.245	6.078	5.424	5.476	5.049	4.083
Asientos disponibles	mill.	28.234	20.014	18.254	16.433	14.098	12.235	10.666	9.383	8.992	7.853	6.721
Factor de carga de pasajeros	%	61,3	65,3	61,1	59,2	58,1	59,2	57,0	57,8	60,9	64,3	60,8
Ingresos por pasajero milla	cent.	15,33	14,91	14,93	16,71	18,57	18,42	19,51	18,93	16,26	12,88	12,29
Coste por asiento milla disponible	cent.	9,34	8,90	8,74	9,45	9,98	10,50	11,07	11,07	9,65	8,46	7,67
Distancia media entre paradas	Millas	437,7	425,2	405,8	395,4	374,3	354,5	339,3	325,6	306,1	284,2	242,6
Factor de carga de equilibrio	%	58,7	57,3	56,4	54,2	51,7	54,6	54,1	54,9	55,6	60,2	56,9
Galones de combustible consumidos	mill.	617	463	435	404	367	327	301	276	273	262	239
Coste por galón de combustible	cent.	52,58	54,74	53,85	79,74	84,80	89,08	97,30	103,14	86,74	55,83	39,65
Empleados a final del ejercicio	#	24.337	16.509	14.976	13.789	12.524	11.899	11.046	10.765	10.379	9.741	8.745
Flota aviones al final del ejercicio	#	226	162	149	143	133	127	119	106	95	90	93

Fuente: US Air Group, *Informe anual 1988*, pp. 30-31.
* PSA se fusionó con US Air el 9 de abril de 1988.

su capacidad intrínseca para generar rendimientos del capital, el cálculo del ROTCE sería el siguiente (obsérvese que para ofrecer una visión absoluta y relativa de su importancia, cada cifra del balance se proporciona tanto en dólares como en porcentaje de los ingresos):

a. PPE: 3.520 millones de dólares (117 por ciento de los ingresos).
b. Otros activos intangibles: 202 millones de dólares (7 por ciento de los ingresos).
c. Inventarios: 240 millones de dólares (8 por ciento de los ingresos).
d. Cuentas por cobrar: 343 millones de dólares (11 por ciento de los ingresos).
e. Cuentas por pagar: 283 millones de dólares (9 por ciento de los ingresos).
f. Capital tangible empleado (TCE): 4.022 millones de dólares (134 por ciento de los ingresos).

Basándonos en un beneficio operativo o de explotación (EBIT) de 319 millones de dólares en 1987, el rendimiento antes de impuestos del capital tangible empleado fue del 7,9 por ciento. Basada en un tipo impositivo continuo del 34 por ciento, la cifra después de impuestos fue del 5,2 por ciento. (En 1988, el tipo de impuesto de sociedades vigente fue del 34 por ciento, por lo que se utiliza para calcular el rendimiento intrínseco del capital de la empresa.) En cualquier caso, el punto clave es que el negocio de US Air era muy intensivo en capital, con un inmovilizado material (aeronaves e instalaciones/equipos) que superaba sus ingresos. El rendimiento resultante del capital, incluso en un buen año, no era superior a su coste de capital, que era inferior al 8 por ciento (en 1988, los pagarés comerciales emitidos por US Air tenían unos tipos de interés del 9,5 al 9,9 por ciento). Esto parece indicar que se trata de un negocio con pocas ventajas estructurales intrínsecas. Se diferencia de otras empresas de calidad en las que Buffett invirtió en la misma época, como Coca-Cola y Wells Fargo, ambas con un rendimiento superior sobre el capital tangible empleado.

Aunque un posible inversor debería haber considerado US Air como un negocio cíclico con pocas ventajas estructurales y significativos riesgos financieros, también había muchos aspectos positivos. En primer lugar, US Air contaba con Edwin Colodny, un CEO muy respetado y con un historial impecable. A finales de los ochenta, Colodny había conseguido que US Air pasara de ser una pequeña aerolínea regional con unos ingresos de 500 millones de dólares a convertirse en una de las mayores aerolíneas de Estados Unidos (véase la tabla 15.1). Logró este avance sin registrar un solo año de pérdidas, a pesar de que a veces los beneficios fueran volátiles. Desde el punto de vista operativo, con la dirección de Colodny, el negocio de US Airways mejoró en varios parámetros, como el factor de carga de pasajeros y la distancia promedio por pasajero (véase la tabla 15.2). Si US Airways era un negocio basado puramente en la ejecución más que en ventajas competitivas estructurales, entonces era un negocio bien ejecutado.

Además de una buena gestión, US Air tenía muchas cosas a su favor. Si tenemos en cuenta los parámetros operativos y la realidad de la situación, en 1988, US Air era una de las principales compañías aéreas de Estados Unidos. Tenía más salidas de aviones que cualquier otra aerolínea del país, y había establecido potentes conexiones o *hubs* en ciudades como Baltimore, Cleveland, Filadelfia y Los Ángeles. Como pionera en la fidelización de clientes, también presumía de tener una de las redes de clubes más grandes, con 28 salones para miembros preferentes en 24 aeropuertos distintos. Gozaba de una buena reputación y de ventajas de densidad local derivadas de su tamaño y de su sistema radial.

La lista de aspectos positivos no termina aquí. A finales de 1988, US Air tenía una de las flotas de aviones a propulsión más nuevas del sector, con una edad promedio de 8,9 años. Como los reactores más nuevos requieren menos mantenimiento y consumen menos combustible, los costes eran menores que los de sus competidores. La integración tanto con PSA como con Piedmont parecía ir por buen camino, y aunque US Air estaba incurriendo en costes excepcionales que enmascaraban sus verdaderos beneficios por acción, existían razones convincentes para esperar sinergias y una mejora natural de los márgenes a medida que esos costes excepcionales desaparecieran. Para un inversor que buscara el lado positivo de la empresa, sería justo resumir que US Air era un negocio bien ejecutado en una industria en rápido crecimiento y parecía estar en vías de consolidar su fuerte posición en ciertos mercados regionales. También habría sido correcto concluir que en 1988 los márgenes se vieron penalizados por costes excepcionales.

Finalmente, este análisis nos lleva a la valoración, empezando por la de las acciones ordinarias de US Air. En 1989, las acciones cotizaron entre un mínimo de 28 dólares y un máximo de 40,25 dólares. Tomando 35 dólares como punto intermedio en torno al cual cotizaron las acciones durante la mayor parte del año, el múltiplo de beneficios se presenta en la tabla 15.3:

Tabla 15.3

	Ejercicio 1988 real	1987 real
BPA (diluido)	3,81	5,27 $
PER	**9,2×**	**6,6×**
EBIT	434 mill. $	319 mill. $
EBIT-EV*	**6,6×**	**9,0×**

* El cálculo del EV se basa en una capitalización bursátil de 1.530 millones de dólares más una deuda neta de 1.340 millones de dólares = 2.870 millones de dólares.

Dejando a un lado la discusión anterior sobre la imposibilidad de estimar con precisión los beneficios futuros sostenibles de US Air, las métricas de valoración históricas parecen ser poco exigentes para un negocio bien ejecutado y en expansión, incluso con ventajas estructurales limitadas. Ajustado a los costes excepcionales asociados a la integración de la fusión y a la amortización de los aviones BAC 1-11, el múltiplo PER para el ejercicio 1988 habría sido de sólo 7,2 veces. Dado que US Air tenía una deuda elevada, la ratio PER parecía en general más barata que el múltiplo EBIT-EV, aunque en términos absolutos un múltiplo EBIT-EV de 6,6 veces tampoco es caro. Así era la valoración de las acciones ordinarias.

Sin embargo, Buffett invirtió en una colocación privada adquiriendo acciones preferentes convertibles con las siguientes características: un rendimiento fijo del 9,25 por ciento, el derecho de convertir cada acción en acciones ordinarias a 60 dólares cada una y un reembolso obligatorio a los diez años de la emisión. Como en el acuerdo en el caso de Salomon, el perfil de riesgo de este valor es completamente distinto al de las acciones ordinarias. El principal valor de este título proviene de su cualidad de renta fija, ya que paga dividendos preferentes, que deben abonarse antes que cualquier otro dividendo ordinario de la empresa. La característica de conversión es una bonificación en caso de que US Air tenga mucho éxito y su capital ordinario aumente de valor desde los actuales 35 dólares hasta los 60 dólares por acción. Lo que diferencia este caso del de Salomon es que la característica de conversión se fijó a un precio mucho más alto que el precio prevaleciente de las acciones ordinarias. Esto implica que el componente de renta fija era comparativamente más importante, puesto que alcanzar la conversión en acciones sería más difícil. Por lo tanto, un inversor podría considerar que en esta inversión específica, Buffett adquirió un valor de renta fija con un rendimiento del 9,25 por ciento, comparable a la deuda emitida por US Air. Este valor tenía más riesgos que los bonos reales de US Air (porque éstos tienen prioridad sobre las acciones preferentes), pero también ofrecía un valor opcional en caso de que US Air tuviera aún más éxito en los diez años sucesivos. Específicamente, al retroceder y observar la valoración del capital ordinario, la característica de conversión de 60 dólares valoraría a US Air con un múltiplo PER ajustado de 12,4 veces basado en el BPA de 1988. A simple vista, este valor no parece en especial caro, y si US Air fuera capaz de continuar su crecimiento y rentabilidad históricos, sería más que alcanzable.

Teniendo en cuenta todo lo anterior, la inversión de Buffett en US Air difería mucho de la elección que habría hecho un inversor común. Él invirtió en una acción preferente convertible con un mecanismo de conversión a 60 dólares por acción, mientras que el inversor común se enfrentaba a una acción ordinaria que costaba alrededor de 35 dólares. Al centrarnos específica-

248 · Las inversiones de Warren Buffett

mente en el análisis de las acciones ordinarias, un posible inversor habría notado tanto aspectos positivos como negativos. Por un lado, US Air parecía ser un líder en la industria, una empresa bien gestionada con un equipo directivo eficaz. Por otro lado, los inversores deberían haber sido conscientes de que sería difícil predecir los beneficios futuros debido a los importantes cambios en la empresa y su sector, así como a los riesgos significativos derivados de la deuda financiera y los arrendamientos operativos. Es probable que un inversor prudente hubiese considerado las acciones ordinarias de US Air «demasiado difíciles de evaluar». Pero, una vez más, no era en esto en lo que Buffett invertía.

Las consecuencias de la inversión en US Air están bien documentadas en las cartas de Buffett a los accionistas. Casi inmediatamente después de que Buffett invirtiera en US Air, la continua competencia en las rutas y la creciente presión sobre los precios de las tarifas aéreas llevaron a la calma a todo el sector aéreo estadounidense. Cuando se produjo la recesión económica de 1990 y 1991, durante la primera guerra del Golfo, la industria aérea estadounidense quedó devastada. Entre 1991 y 1992, algunos de los mayores competidores de US Air, como Midway Airlines, Pan Am, America West, Continental y TWA, se declararon en bancarrota. Para complicar aún más las cosas, estas aerolíneas, que ya no estaban sujetas a sus obligaciones financieras históricas, continuaron operando en bancarrota con planes de precios aún más bajos y una competencia despiadada. Entre 1990 y 1994, US Air perdió un total de 2.400 millones de dólares, destruyendo todo su capital social. En 1994, el dividendo preferente de las acciones propiedad de Buffett fue suspendido. Éste dio por perdidas tres cuartas partes de su inversión de 358 millones de dólares en acciones preferentes de US Air, e intentó, sin éxito, vender las acciones en 1995 al 50 por ciento de su valor nominal.[119]

Por suerte para Buffett, el negocio mejoró de forma gradual, y cuando en 1995 US Air tuvo por fin un buen año completo, se reanudó el dividendo de las acciones preferentes. De hecho,

119. Warren Buffett a los accionistas de Berkshire Hathaway, 28 de febrero de 1997.

como Buffett había sido tan cauteloso como para estructurar su acuerdo inicial de manera que incluyera una penalización por los dividendos preferentes no percibidos, recibió incluso pagos adicionales por encima de los dividendos impagados del 9,5 por ciento. En 1997, el negocio había mejorado y las acciones ordinarias, que habían llegado a cotizar a 4 dólares, subieron a 73 dólares, lo suficiente como para que la conversión de las acciones preferentes de Buffett tuviera valor.[120] Posteriormente, en marzo de 1998, las acciones fueron amortizadas. En total, durante los ocho años que las tuvo en su poder, la inversión de Buffett en US Air generó más de 250 millones de dólares en dividendos y fue rentable gracias a la característica de conversión de los títulos. A pesar de los graves problemas subyacentes y de ser considerado uno de los errores más tristemente célebres de Buffett, la inversión en US Air fue rentable.

Tabla 15.4. Balance consolidado (1987-1988)
(en miles de dólares)

Cierre de ejercicios a 31 de diciembre

	1988	1987
Activo		
Activo circulante		
Efectivo y equivalentes	78.000	232.577
Deudores, neto	381.127	343.170
Materiales y suministros, neto	265.310	239.838
Gastos pagados por anticipado	97.088	80.530
Total activo circulante	821.525	$896.115
Inmovilizado material		
Equipos de vuelo	3.117.121	3.162.995
Terrenos y equipo	824.230	642.444
Menos depreciación acumulada	778.100	591.800
Total inmovilizado material	3.163.251	3.213.639

.../...

120. Warren Buffett a los accionistas de Berkshire Hathaway, 27 de febrero de 1998.

.../...

	1988	1987
Depósitos de compra	405.448	306.440
Total inmovilizado material, neto	3.568.699	3.520.079
Otros activos		
Fondo de comercio, neto	623.889	576.857
Otros intangibles, neto	189.678	202.463
Otros activos	145.087	61.239
Total otros activos	958.654	840.559
TOTAL ACTIVO	5.348.878	5.256.753
Pasivo y fondos propios Pasivo corriente		
Vencimientos corrientes de la deuda a largo plazo	85.643	71.402
Cuentas por pagar	371.146	283.437
Débitos por tráfico y billetes no utilizados	318.883	297.485
Gastos acumulados	433.381	341.086
Total pasivo corriente	1.209.053	993.410
Deuda a largo plazo, neta de vencimientos corrientes	1.332.872	1.798.226
Créditos diferidos y otros pasivos		
Impuestos sobre beneficios	340.769	344.508
Ganancias diferidas y otros pasivos	396.672	225.691
Total créditos diferidos y otros pasivos	737.441	570.199
Total pasivo	3.279.366	3.361.835
Fondos propios:		
Acciones preferentes*	—	—
Acciones ordinarias**	44.411	43.801
Capital desembolsado	1.068.958	1.050.637
Ganancias acumuladas	982.904	823.111
Acciones ordinarias en autocartera***	−26.761	−22.631
Total fondos propios	2.069.512	1.894.918
TOTAL PASIVO Y FONDOS PROPIOS	5.348.878	5.256.753

* Sin valor nominal ni par, un millón de acciones autorizadas emitibles en serie.
** Valor par 1 $ por acción; autorizadas 75 millones de acciones, emitidas 44.411.000 acciones y 43.801.000 acciones, respectivamente.
*** 635.000 y 632.000 acciones, respectivamente, y otros.
Fuente: US Air Group, *Informe anual 1988*, p. 17.

Tabla 15.5. Cuenta de resultados consolidada (1986-1988) (en miles de dólares, excepto datos por acción)

Cierre de ejercicios a 31 de diciembre

		1988	1987	1986
Ingresos de explotación				
Transporte de pasajeros		5.273.955	2.775.581	1.709.050
Otros		433.037	225.503	126.149
Total ingresos explotación	'000 $	5.706.992	3.001.084	1.835.199
Gastos de explotación				
Gastos de personal		1.944.428	1.039.471	687.389
Combustible de aviación		638.453	377.602	237.946
Comisiones de agencias de viajes		382.718	203.623	124.154
Alquileres y tasas de aterrizaje		510.740	200.397	83.778
Mantenimiento de aeronaves		337.564	155.782	73.140
Depreciación y amortización		229.729	127.630	93.191
Otros		1.229.768	577.361	366.237
Total gastos explotación	'000 $	5.273.400	2.681.866	1.665.835
Ingresos de explotación	'000 $	433.592	319.218	169.364
Otros ingresos/gastos				
Ingresos por intereses		12.573	22.474	22.633
Gastos por intereses, netos de intereses capitalizados		−123.206	−88.828	−31.488
Amortización del avión BAC 1-11 y repuestos		−33.000	—	—
Otros		−20.445	3.501	9.393
Total otros ingresos/gastos	'000 $	−164.078	−62.853	538
Ingresos antes de impuestos y participación neta de Piedmont	'000 $	269.514	256.365	169.902

.../...

.../...

		1988	1987	1986
Provisión para impuestos		104.150	101.080	71.550
Ingresos antes de participación en beneficios netos de Piedmont		165.004	155.285	98.352
Participac. en ingresos netos de Piedmont		—	39.364	—
INGRESOS NETOS	'000 $	165.004	194.649	98.352
Beneficios por acción				
Principal	$	3,81	5,28	3,34
Totalmente diluidas	$	3,81	5,27	3,33
Acciones usadas para el cómputo:				
Primarias		43.304	37.728	31.560
Totalmente diluidas		43.315	37.802	31.695

Fuente: US Air Group, *Informe anual 1988*, p. 16.

Tabla 15.6. Estado de flujos de tesorería (1986-1988) (en miles de dólares)

Cierre de ejercicios a 31 de diciembre

	1988	1987	1986
Flujos de caja de las actividades de explotación			
Ingresos netos	232.577	336.158	349.667
Ajustes para conciliar los ingresos netos con el efectivo generado por las actividades de explotación			
Depreciación y amortización	165.004	194.649	98.352
Impuestos diferidos	229.729	127.630	93.191
Amortización del avión BAC-11 y repuestos	–3.739	57.294	65.020
Participación en los ingresos netos de Piedmont, neta de dividendos	33.000	—	—
Pérdida/ganancia por venta de bienes	—	–37.508	—
Otros	2.119	–6.184	–7.213

.../...

.../...

	1988	1987	1986
Cambios en determinados activos y pasivos netos de los efectos de la compra de filiales	3.299	9.339	609
Disminución/aumento de los títulos de crédito	-37.957	64.512	10.597
Disminución/ aumento de materiales, suministros y gastos anticipados	-43.483	-7.028	-23.532
Aumento / disminución en débitos de tráfico y billetes no utilizados	21.398	-37.530	27.485
Aumento / disminución de las cuentas por pagar y los gastos devengados	139.209	-8.915	18.290
Efectivo neto procedente de actividades de explotación	508.579	356.259	282.799
Flujos de caja procedentes de actividades de inversión			
Pago por compra de filiales, neto el efectivo adquirido:			
Piedmont	—	-1.476.705	—
PSA	—	-313.291	—
Suburban	—	—	-8.432
Adiciones al material inmovilizado	-544.985	-503.251	-266.614
Disminución / aumento de los depósitos de compra	-99.008	27.805	-25.054
Ingresos por enajenación de bienes	564.433	353.607	24.076
Inversión en Covia Partnership	-113.133	—	—
Otros	-15.285	19.052	5.715
Efectivo neto utilizado en actividades de inversión	-207.978	-1.892.783	-270.309
Flujos de tesorería procedentes de actividades de financiación			
Emisión de deuda	127.241	1.905.450	5.799
Reembolso de deuda	-591.510	-965.085	-35.507
Emisión de acciones ordinarias	14.302	517.268	7.048
Acciones propias	—	-20.043	—
Dividendos	-5.211	-4.647	-3.339
Efectivo neto procedente de/utilizado en actividades de financiación	-455.178	1.432.943	25.999
Aumento / disminuc. Neta tesorería y equivalentes	-154.577	-103.581	-13.509
Efectivo y equivalentes al final del ejercicio	78.000	232.577	336.158

Fuente: US Air Group, *Informe anual 1988*, p. 18.

16

1990: Wells Fargo

Después de que Irak atacara Kuwait en agosto de 1990, Estados Unidos entró de lleno en una recesión. Como resultado, el precio de las acciones, incluidas las de Berkshire, se desplomó, cayendo más del 25 por ciento desde su máximo del año anterior. Además, después del gran auge del mercado alcista de los años ochenta, las valoraciones volvieron por fin a niveles más realistas. También en 1990, el sector inmobiliario de California estaba empeorando y todo indicaba que los bancos que concedían hipotecas se enfrentarían a un prolongado y duro período de dificultades. Esto era en especial preocupante para Wells Fargo porque era el banco que más hipotecas había otorgado en California. Sin embargo, también era uno de los bancos más rentables del país, con una franquicia en particular arraigada en California. Su presidente, Carl Reichardt, tenía la reputación de ser un ejecutivo eficiente.

En su informe anual de 1989,[121] el equipo directivo de Wells Fargo, encabezado por el presidente Paul Hazen y el presidente y CEO Carl Reichardt, ofrecía desde la primera página una descripción clara de sus principales divisiones comerciales. (Cabe desta-

---

121. Wells Fargo, *Informes anuales 1986-1992*, microficha por cortesía de la London Business School Library.

car que para un posible inversor a principios o mediados de 1990, el informe anual de 1989, fechado el 6 de marzo de 1990, habría sido el último informe anual completo disponible.) Wells Fargo estaba organizado en cuatro divisiones. Aunque en el informe anual las cifras financieras no se desglosan según estas divisiones de negocio, el análisis de la dirección proporcionaba suficiente información como para comprender qué negocios estaban funcionando y, más importante si cabe, cómo (imagen 16.1).

Imagen 16.1

La primera división era la de banca minorista y sucursales. Se describía como la más grande y la que generaba la mayor parte de los 36.400 millones de dólares en depósitos del banco, así como aproximadamente el 40 por ciento de su cartera de préstamos pendientes, que ascendía a 41.700 millones de dólares. Los préstamos concedidos en esta división eran préstamos al consumo, a pequeñas empresas e hipotecarios. En 1989, la empresa se centró en construir una red central de sucursales en California y siguió una estrategia denominada «fortalecimiento de los vínculos con los clientes». Esto implicaba adquirir redes de sucursales, como el Bank of Paradise en el condado de Butte, el Valley National Bank en Glendale, el American National Bank en Bakersfield y el Torrey Pines Group en el condado de San Diego. También supuso desprenderse de muchas de las oficinas internacionales de Wells Fargo y crear en su lugar empresas asociadas en el extranjero.

La segunda división, banca comercial y corporativa, otorgaba préstamos a empresas comerciales. También ofrecía servicios basados en tarifas a clientes comerciales, incluyendo la gestión de efectivo y el procesamiento de transacciones. Durante el año, esta división también se centró en aumentar su presencia en California. Esto abarcaba a empresas comerciales tradicionales, además de una parte relevante de empresas agrícolas.

La tercera división concedía préstamos inmobiliarios tanto hipotecarios como para la construcción. Junto con los préstamos otorgados por la división comercial y corporativa, estos préstamos representaban el 60 por ciento restante de la cartera de préstamos pendientes del banco, que ascendía a un total de 41.700 millones de dólares. Esta división también se ocupaba del desarrollo comunitario y financiaba algunos proyectos destacados, incluidos algunos de los mayores proyectos de vivienda social de Los Ángeles en ese momento.

La última actividad era la gestión de inversiones. Incluía una gestora de fondos indexados llamada Wells Fargo Investment Advisors y una división de banca privada que gestionaba el patrimonio de particulares y fideicomisos. La primera tenía unos activos gestionados de 80.000 millones de dólares y la segunda, de 34.000 millones. Algunas de las nuevas ofertas de productos que se estaban introduciendo en esta división incluían Product Maximizer, que ofrecía a los inversores con cuentas superiores a 250.000 dólares servicios completos de corretaje de valores y asesoramiento.

En general, a partir del análisis del informe anual, lo que queda claro es que las cuatro divisiones de Wells Fargo funcionaban como un negocio global integrado. Esta entidad única se veía respaldada por sucursales minoristas que ofrecían una variedad de servicios para particulares y empresas. Por eso, el análisis de los resultados financieros de Wells Fargo se centraba en el negocio en su conjunto.

Según estos datos financieros, en 1989 los ingresos netos fueron de 601,1 millones de dólares con un beneficio por acción de 11,02 dólares. En comparación con el año anterior, los ingresos netos aumentaron un 17 por ciento y el BPA, un 20 por ciento. La rentabilidad sobre activos (ROA) fue del 1,26 por ciento y la rentabilidad sobre fondos propios (ROE), del 24,5 por ciento. En comparación con un ROA del 1,14 por ciento y un ROE del 24 por ciento en 1988, las cifras de 1989 representan mejoras. En términos absolutos, estos rendimientos estuvieron bastante por encima de la media del sector bancario. Para ponerlo en perspectiva: un rendimiento del 24 por ciento sobre los fondos propios significa que, en ese año, por 100 dólares de capital del banco se obtuvieron 24 dólares de ganancias. Es una rentabilidad excelente desde cualquier punto de vista.

A continuación, la junta directiva desglosa cómo se generaron los 601,1 millones de dólares de ingresos netos diferenciando entre los ingresos netos por intereses e ingresos no procedentes de intereses. El mayor contribuyente a los ingresos por intereses fueron los préstamos concedidos por el banco. En cuanto a los costes por intereses, la mayor parte estuvo relacionada con las diversas formas de depósitos de ahorro. Los principales generadores de ingresos no procedentes de intereses incluían diversas comisiones por transacciones, cargos por servicios en cuentas de depósito e ingresos procedentes de la gestión de fideicomisos e inversiones. Según estas cifras, a un posible inversor Wells Fargo le habría parecido un banco de depósitos cuya actividad principal consistía en servir a los depositantes y otorgar préstamos. No había negocios importantes relacionados con derivados ni modelos de negocio alternativos.[122]

---

122. Los únicos activos que podían parecer algo más arriesgados que los préstamos ordinarios se cuantificaron como préstamos para transacciones altamente apalancadas (HLT, por sus siglas en inglés), que eran predominantemen-

Después, el equipo directivo analiza las cifras del balance y detalla los activos y préstamos que constituyen el núcleo de la generación de ingresos del banco. En cuanto a los activos, los préstamos fueron el centro de atención y representaron 41.000 millones de dólares de los 48.700 millones de dólares de activos totales al cierre del ejercicio. Los saldos promedio correspondientes durante el año fueron de 39.400 millones de dólares en préstamos y 47.800 millones de dólares en activos totales. Por categorías, la dirección comenta la evolución positiva de varias de estas categorías de préstamos. He resumido esta información en la tabla 16.1.

Tabla 16.1. Evolución de los préstamos por categoría (en miles de millones de dólares)

CATEGORÍA	SALDO MEDIO	VARIACIÓN INTERANUAL	COMENTARIOS
Préstamos comerciales	14,2 $	+14 %	Crecimiento de los préstamos a empresas y medianas empresas
Construcción inmobiliaria	4,4 $	−4 %	
Hipoteca inmobiliaria	11,7 $	+19 %	Crecimiento de las primeras hipotecas para 1-4 familias
Consumidor	7,6 $	+6 %	
Otros	1,5 $	−48 %	Importante disminución de los préstamos exteriores
Total	**39,4 $**	**+7 %**	

Como puede verse, el crecimiento global de los activos se debe principalmente al aumento de los préstamos corporativos y para medianas empresas, así como al crecimiento de las hipotecas inmobiliarias de una a cuatro familias. La mayoría de estos préstamos fueron concedidos en el estado de California porque Wells Fargo tenía un interés primordial allí.

---

te deuda sénior garantizada utilizada en compras, adquisiciones y otras transacciones corporativas. En 1989, el riesgo total era de 4.200 millones de dólares.

A este respecto, es conveniente examinar brevemente el entorno inversor del sector bancario en aquella época, ya que un posible inversor consideraría el contexto bastante importante. En 1989, la industria bancaria de Estados Unidos se encontraba en un período de consolidación y «depuración» significativas. A raíz de una desaceleración económica general propiciada por los elevados tipos de interés (endurecimiento de los mercados crediticios) de la década de 1980, junto con una recesión inmobiliaria (1986-1991), muchas asociaciones de ahorro y préstamo, así como los bancos más débiles, tuvieron graves problemas. Las instituciones que no habían sido prudentes en sus prácticas crediticias solían aparecer en noticias negativas, de hecho, muchas quebraron. Aunque este período también estuvo marcado por bancos más fuertes que fueron capaces de consolidar los activos de estos actores más débiles (a menudo a valoraciones desfavorables), era difícil distinguir a los buenos de los malos. En total, entre 1980 y 1990, el número de asociaciones de ahorro y préstamo se redujo aproximadamente en un 50 por ciento y el de los bancos comerciales, en un 20 por ciento.

Como resultado de esta agitación, los activos bancarios en general se vendieron fuertemente a la baja. Se temía que Wells Fargo corriera la misma suerte que algunos de los bancos menos importantes. Si observamos la cotización de las acciones de Wells Fargo en 1990, durante el período en que un posible inversor habría estudiado las acciones, se habrían notado fluctuaciones muy bruscas en los precios, con una fuerte caída en el tercer y cuarto trimestre de 1990 (casualmente, fue entonces cuando Warren Buffett compró sus acciones).[123] Estos temores no eran del todo infundados. Como ya se ha dicho, Wells Fargo estaba bastante expuesto a préstamos inmobiliarios tanto en construcción como en hipotecas. La mayoría de estos préstamos se habían concedido en California, que, después de años de subidas de los precios inmobiliarios, corría el riesgo de sufrir una corrección en dichos precios.

123. Wells Fargo, *Informe anual 1990*, p. 24. La empresa informa de la variación y el precio de cierre de sus acciones en cada trimestre de 1989 y 1990.

Sin embargo, las cifras económicas que presentó Wells Fargo en el informe anual de 1989 mostraban una evolución financiera positiva. Un posible inversor también habría tenido en cuenta los indicadores de riesgo facilitados por Wells Fargo, que se presentaron en forma de ratios de capital y evolución de las reservas para pérdidas de préstamos. Wells Fargo declaró una ratio de capital de nivel 1 basado en el riesgo del 4,95 por ciento a finales del año 1989. El capital de nivel 1 se basa en los fondos propios y en las acciones preferentes calificadas. Se observa una mejora en comparación con la ratio del 4,57 por ciento de finales de 1988. También estaba muy por encima del nivel estipulado entonces por la Junta de la Reserva Federal (FRB, por sus siglas en inglés), que era del 4 por ciento.[124] Al examinar los préstamos vencidos y de cobro dudoso, se observa en la tabla 16.2 que el importe total de los préstamos vencidos a 90 días o más era de 126,8 millones de dólares, que en 1989 representaban el 0,32 por ciento de los préstamos.

Tabla 16.2. Préstamos de 90 días o más vencidos y aún pendientes (en millones de dólares)

Cierre del ejercicio a 31 de diciembre

	1989	1988	1987	1986	1985
Comercial, financiero y agrícola	**46,4 $**	34,6 $	51,5 $	71,1 $	46,1 $
Construcción inmobiliaria	2,3	30,7	6,1	11,2	14,3
Hipoteca inmobiliaria	**28,6**	26,9	41,3	65,4	42,0
Consumidores	**47,8**	35,9	35,3	62,9	43,5
Arrendamiento financiero	**1,7**	2,1	1,3	1,7	0,2
Extranjeros	—	—	—	3,7	1,5
Total	**126,8 $**	**130,2 $**	**135,5 $**	**216,0 $**	**147,6 $**

Fuente: Basado en Wells Fargo, *Informe anual 1989*, p. 15, tabla 12.

124. Basándonos en las directrices de 1992 de la Reserva Federal, Wells Fargo ya cumplía, por lo tanto, las pautas dadas, pero no impuestas hasta 1992 para el sector.

Tanto en términos absolutos como en porcentaje del total de préstamos, esta cifra era inferior a los 130,2 millones de dólares de 1988. Todo esto habría parecido bastante tranquilizador. Se habría llegado a la misma conclusión al analizar las provisiones para pérdidas por préstamos. A finales de 1989, la provisión para préstamos fallidos ascendía al 1,77 por ciento del total de los préstamos, cifra inferior al 2 por ciento de 1988. Esto se basaba en el mejor criterio de la dirección. Al final, por lo que pude comprobar, los temores a un colapso de Wells Fargo debido a su exposición a los préstamos inmobiliarios no se reflejaron en los datos financieros reportados por Wells Fargo a principios de 1990. Esto no quiere decir que Wells Fargo nunca fuera a tener problemas con su exposición al sector inmobiliario californiano, pero si se creía en el equipo directivo y en los datos financieros de la empresa, no se habrían observado indicios de deterioro del negocio en ese momento a partir de las cifras presentadas. Wells Fargo parecía ser un banco bien gestionado, con métricas superiores a la media tanto en términos de ingresos como de perfil de riesgo. Además, año tras año parecía mejorar esos parámetros, ya de por sí impresionantes, en los últimos años.

Pasemos a la valoración. Sabiendo que en 1990, Buffett pagó una media de 57,88 dólares por acción en su compra de Wells Fargo,[125] se pueden sacar dos conclusiones. Por un lado, Buffett adquirió la mayor parte de su participación en Wells Fargo en el tercer y cuarto trimestre de 1990, ya que los precios durante el año cayeron por debajo de 60 dólares por acción sólo durante esos trimestres. Por otro lado, el precio osciló entre 42,75 dólares y 80,13 dólares; si suponemos que el precio que un posible inversor tenía en ese momento era de 58 dólares por acción (aproximadamente el precio promedio para Buffett), la valoración habría sido la que se describe en los párrafos siguientes.

125. Warren Buffett a los accionistas de Berkshire Hathaway, 1 de marzo de 1991.

Tabla 16.3. Cálculo de la capitalización bursátil

Precio por acción	58,00 $
Acciones en circulación*	54,98 m
Capitalización bursátil	**3.189 m $**

* Según se publicó al cierre de 1987, las acciones en circulación incluían 51,10 millones de acciones ordinarias y 4,5 millones de acciones preferentes. He supuesto un precio de 50 dólares por acción para las acciones preferentes, ya que la empresa podía rescatarlas a un precio aproximado de 50 dólares por acción y en aquel momento tenían un rendimiento ligeramente inferior al del tipo de los bonos a diez años. La valoración resultante equivale a 3,88 millones de acciones ordinarias. No he considerado las opciones sobre acciones porque la empresa las considera «no materiales».

Según los estados financieros consolidados presentados en el informe anual de 1989, que se incluyen al final de este capítulo, la capitalización bursátil de Wells Fargo habría sido de 3.200 millones de dólares.

Dado que Wells Fargo es un banco, al valorar la empresa me habría centrado en las métricas PER (precio-beneficio) y P/B (precio-valor contable). Dado el elevado apalancamiento (en términos de activos financieros y deuda) inherente al balance de un banco, consideraría menos relevante el valor empresarial.

Basándonos en los beneficios netos históricos de 1989, Wells Fargo habría cotizado aproximadamente a cinco veces los beneficios netos. Esto es muy barato si se confía en la credibilidad del balance presentado por la dirección; es decir, si no hubiera que realizar amortizaciones muy elevadas de los activos por préstamos fallidos. Si en 1990 un inversor hubiera comprado Wells Fargo a su precio mínimo —esto es, 42,75 dólares—, la ratio PER se habría situado en unas aún más increíbles 3,9 veces los beneficios netos del año anterior. Por último, aunque como inversor en valor no me habría preocupado por el rendimiento en sí mismo de los dividendos, el hecho de que en 1990 la dirección tuviera la intención de pagar casi 4 dólares por acción en dividendos me habría parecido una señal de gran confianza en las perspectivas de la empresa. Además, en ese momento Wells Fargo también estaba comprando sus propias acciones.

Tabla 16.4. Múltiplos PER

PER	1988	1989
Precio por acción	58,00 $	58,00 $
BPA declarado	9,20 $	11,02 $
PER	6,3×	5,3×

Pasando a la valoración P/B, se observa que a finales de 1989 los fondos propios ascendían a 2.861 millones de dólares. Como la capitalización bursátil era de 3.189 millones, la ratio P/B a finales de 1989 habría sido de 1,1 veces. Esto significaba que el negocio estaba valorado apenas por encima de su valor contable, basado en un valor de 58 dólares por acción. Aunque no necesariamente representaba un precio de ganga para un banco, sin duda era muy barato para un banco que obtiene un ROE superior al 20 por ciento. Un posible inversor podría planteárselo de la siguiente manera: si un banco obtiene un ROE igual a su coste de capital, el valor neto justo debería ser aproximadamente igual al valor contable; pero si un banco o una empresa obtiene, digamos, una rentabilidad del 16 por ciento cuando el coste medio del capital es del 8 por ciento, entonces debería valer aproximadamente el doble del valor contable. Suponiendo que su ROE del 24 por ciento fuera sostenible, un negocio como Wells Fargo debería valer incluso más que eso. Por lo tanto, dado su historial demostrado de obtener una rentabilidad superior al 20 por ciento, una valoración de 1,1 veces el valor contable es muy barata para Wells Fargo.

Para calibrar la valoración real de Wells Fargo, consideremos que para que la empresa tenga un PER de diez veces o un P/B de dos veces, que es más razonable (pero sigue siendo prudente), a un precio de 58 dólares por acción, sus beneficios tendrían que reducirse aproximadamente a la mitad, de 601 a 300 millones de dólares. Dado que los préstamos dudosos pendientes ascendían a 126 millones de dólares, esto significaría que para deteriorar los beneficios de 1989 en una cantidad suficiente para justificar el precio de las acciones, dichos préstamos tendrían que multiplicarse por más de tres. Además, este deterioro tendría que prolongarse de forma indefinida en el futuro, un escenario que parece bastante improbable. Por lo tanto, yo habría pensado que había un *margen de seguridad* suficiente.

Antes de concluir, un último comentario sobre la calidad de la actividad principal: cabe mencionar que además de lo que se refleja en las cifras, Wells Fargo parecía tener ciertas ventajas y puntos fuertes específicos. En primer lugar, su equipo directivo no sólo era muy competente, sino que también llevaba muchos años en la empresa. También habían pasado por las recesiones inmobiliarias de 1973-1975 y 1981-1982, lo que les daba confianza en que sus prácticas crediticias eran moderadas. La dirección también se expresaba de manera inteligente y sensata en su informe anual, lo que me habría parecido una señal de que era un equipo directivo competente. En segundo lugar, si bien en cuanto a activos totales en California, Wells Fargo ocupaba el tercer puesto entre todos los bancos, era el mayor prestamista del mercado medio, el mayor prestamista de bienes raíces comerciales y el segundo en términos de depósitos minoristas. En efecto, contaba con un área de especialización competitiva y bien conocida, y la dirección planeaba aprovechar esos puntos fuertes.

En resumen, para alguien interesado en invertir a principios o mediados de 1990, Wells Fargo parecía ser un banco muy bien gestionado, con unos indicadores financieros claramente mejores que el promedio del sector y que mejoraban año tras año. Su estrategia se centraba en servir mejor a sus clientes de California. Si bien esto representaba un enfoque sensato y una mejora de las operaciones, también implicaba una exposición a préstamos inmobiliarios en California que podría haber preocupado a algunos inversores. Sin embargo, según sus ratios de capital, métricas de pérdidas por préstamos y comentarios sobre las provisiones para insolvencias, en ese momento había pocos hechos que debieran haber preocupado en serio a los inversores. Teniendo en cuenta su capacidad de generación de beneficios y los riesgos del negocio vistos en ese entonces, la valoración de las acciones de Wells Fargo a alrededor de cinco veces el PER y 1,1 veces el P/B parecía ser un gran descuento.

Partiendo de estos conocimientos, parece que en el caso de la inversión en Wells Fargo, Buffett compró un buen negocio que históricamente había superado a sus homólogos, dirigido por un equipo directivo en el que confiaba, a una valoración excepcional. Este caso es distinto a sus inversiones en Coca-Cola y American Express porque la calidad intrínseca del negocio y su economía de crecimiento estaban quizás asociadas a un riesgo mucho mayor y a unos fundamentos menos favorables, aunque en el caso de Wells Fargo tampoco pagó por un crecimiento. También parece que Buffett confió en las métricas financieras claves positivas proporcionadas por la dirección en los informes anuales y al evaluar el futuro de Wells Fargo no se dejó influir por las pruebas circunstanciales negativas de las quiebras de otros bancos. Es probable que su criterio sobre los riesgos de Wells Fargo incluyera una investigación más a fondo de las pérdidas por préstamos, pero sin duda su conclusión estuvo en línea con los datos positivos y el panorama presentado por la dirección de Wells Fargo en ese momento.

Tras la compra de Buffett en 1990, y después de presentar unas buenas cifras para el ejercicio de ese año, en 1991 Wells Fargo sufrió una presión creciente sobre las pérdidas de los préstamos. En concreto, los problemas relacionados con los préstamos concedidos en el sector inmobiliario comercial hicieron que la empresa aumentara su provisión para pérdidas a 1.650 millones de dólares; es decir, el 3,73 por ciento del total de los préstamos (casi el doble de la provisión de 1989). Sin embargo, el informe anual de 1991 también mostraba que ese año el precio de las acciones de Wells Fargo osciló entre 48 y 97 dólares, una media mucho más alta que la del año anterior. La realidad era que a pesar de que había algunos riesgos que el mercado percibía de manera correcta, el margen de seguridad presentado en la valoración de 1990 ya había absorbido cualquier noticia negativa futura. A medio plazo, Wells Fargo se recuperó y se convirtió en un banco muy próspero, y sigue siendo una de las mayores posiciones de Berkshire Hathaway, con enormes ganancias sin materializar hasta la actualidad.

Tabla 16.5. Cuenta de resultados (1987-1989)
(en millones de dólares, excepto datos por acción)

Cierre del ejercicio a 31 de diciembre

	1989	1988	1987
Ingresos por intereses			
Préstamos	4.582,5	4.889,5	3.602,5
Depósitos remunerados	3,7	10,2	99,4
Valores de inversión	281,0	268,7	250,8
Valores de la cuenta de negociación	0,1	3,8	7,6
Fondos federales vendidos	2,9	5,3	7,7
Total ingresos por intereses	4.870,2	4.177,5	3.967,5
Gastos por intereses			
Depósitos	1.810,1	1.560,3	1.463,5
Empréstitos a corto plazo	645,3	370,2	364,8
Deuda preferente y subordinada	256,2	274,9	337,6
Total gastos por intereses	2.711,6	2.205,4	2.165,9
Ingresos netos por intereses	2.158,6	1.972,1	1.801,6
Provisión para insolvencias	362,0	300,0	892,0
Ingresos netos por intereses después de la provisión para insolvencias	1.796,6	1.672,1	909,6
Ingresos no financieros			
Comisiones y tarifas nacionales	283,7	278,2	270,8
Cargos por servicios en cuentas de depósito	246,7	219,6	180,6
Ingresos por servicios fiduciarios y de inversion	178,2	153,7	156,5
Pérdidas en valores de inversión	−2,7	−4,3	−12,9
Otros	72,8	35,0	5,0
Total ingresos no financieros	778,7	682,2	600,0
Gastos no financieros			
Salarios	631,3	619,8	599,3
Prestaciones a los empleados	149,2	152,4	151,5
Ocupación neta	178,5	166,8	178,7
Equipamiento	137,3	135,8	132,9
Otros	478,2	444,3	458,1
Total gastos no financieros	1.574,5	1.519,1	1.520,5

.../...

.../...

	1989	1988	1987
Ingresos netos no financieros	−795,8	−836,9	−920,5
Ingresos/pérdidas antes de gastos/beneficios por impuesto sobre beneficios	1.000,8	835,2	−10,9
Gastos/beneficios por impuestos	399,7	322,7	−61,7
Ingresos netos	601,1	512,5	50,8
Beneficio neto aplicable a las acciones ordinarias Por acción ordinaria	573,6	486,7	28,0
Beneficio neto	11,02	9,20	0,52
Dividendos declarados	3,30	2,45	1,67
Promedio de acciones ordinarias en circulación	52,1	52,9	53,8

Fuente: Wells Fargo, *Informe anual 1989*, p. 22.

Tabla 16.6. Balance general (1988-1989) (en millones de dólares)

Cierre del ejercicio a 31 de diciembre

	1989	1988
Activo		
Caja y depósitos bancarios	2.929,8	2.563,2
Depósitos remunerados	5,1	322,1
Títulos de inversión (valor mercado 1.704,9 $ 3.799,8 $)	1.737,7	3.970,4
Fondos federales vendidos	6,3	27,0
Préstamos	41.726,9	37.670,0
Provisión para fallidos	738,6	752,1
Préstamos netos	40.988,3	36.917,9
Locales y equipos, neto	679,6	688,0
Créditos sobre clientes y aceptaciones	211,0	244,9
Fondo de comercio	352,6	373,4
Intereses acumulados por cobrar	389,9	365,7
Otros activos	1.436,3	1.143,9
TOTAL ACTIVO	48.736,6	46.616,5
Pasivo y fondos propios Depósitos		
No remunerados-nacionales	8.003,2	7.105,5

.../...

.../...

	1989	1988
Sin intereses en el extranjero	—	7,0
Con intereses nacionales	28.153,7	26.580,3
Con intereses en el extranjero	273,4	1,376,0
Total depósitos	36.430,3	35.068,8
Empréstitos a corto plazo:		
Fondos federales tomados en préstamo y operaciones con pacto de recompra	2.706,7	2.207,2
Pagarés en circulación	3.090,4	2.747,7
Otros	44,3	47,4
Total empréstitos a corto plazo	5.841,4	5.002,3
Aceptaciones pendientes	211,0	244,9
Intereses acumulados por pagar	100,8	110,1
Servicio de la deuda	695,2	923,0
Otros pasivos	751,2	693,9
Total	44.029,9	42.043,0
Deuda subordinada	1.845,8	1.994,1
TOTAL PASIVO	45.875,7	44.037,1
Fondos propios		
Acciones preferentes	405,0	405,0
Acciones ordinarias: 5 $ valor par, autorizadas 150 millones, emitidas y en circulac. 51.074.971 y 52.546.310 acciones	255,4	262,7
Capital desembolsado adicional	274,1	389,7
Ganancias acumuladas	1.930,7	1.528,2
Ajustes acumulados por conversión de moneda extranjera	−4,3	−6,2
Total fondos propios	2.860,9	2.579,4
TOTAL PASIVO Y FONDOS PROPIOS	48.736,6	46.616,5

Fuente: Wells Fargo, *Informe anual 1989*, p. 23.

17

1998: General Re

El 21 de diciembre de 1998, Berkshire Hathaway adquirió el cien por cien de General Re Corporation por 22.000 millones de dólares, pagados tanto en efectivo como en acciones. Desde un punto de vista estratégico, la lógica de la adquisición era que Berkshire, una empresa con una generación de efectivo extremadamente sólida proveniente de sus negocios operativos, era la candidata ideal para absorber la volatilidad inherente a un negocio de reaseguros a gran escala.[126] El argumento era que en un segmento de negocio, Berkshire no tenía que preocuparse por la volatilidad financiera a corto plazo, y después de ser adquirida, General Re podría suscribir más negocios de forma rentable que como entidad independiente. Además, Berkshire tendría acceso al capital de General Re para invertir mejor esos activos. Por último, Berkshire ganaría más experiencia en el sector de los seguros y una red de distribución internacional más amplia.

Antes de adentrarnos en los detalles de la adquisición, es importante tener en cuenta el entorno financiero en el que se pro-

---

126. Para quienes no estén familiarizados con el término, una empresa de reaseguros es aquella que asume los riesgos que otras compañías de seguros le transfieren; por lo tanto, es una compañía de seguros que asegura parte o la totalidad de un riesgo de otras aseguradoras.

dujo. En los años inmediatamente anteriores a 1998, el mercado de valores había estado en auge: en 1995, 1996 y 1997, el índice S&P se revalorizó más de un 20 por ciento interanual y 1998 iba camino de ser igual. En consonancia con los años alcistas del mercado en general, el sector de los seguros también había disfrutado de varios años buenos. Como se indicaba en la carta anual de 1997 de Warren Buffett a los accionistas, fechada en febrero de 1998,[127] el negocio de seguros de Berkshire había generado cinco años consecutivos de suscripción rentable.

Para profundizar en el caso de la inversión en General Re, es necesario empezar por sus fundamentos. En la descripción del negocio que figura en su informe anual de 1997, General Re se presenta como una empresa global con cuatro divisiones principales:

Tabla 17.1. Resumen de las operaciones

SEGMENTO	INGRESOS	% INGRESOS TOTALES	% TOTAL DE INGRESOS DE EXPLOTACIÓN
Propiedad y siniestros en América del Norte	3.967 m $	48 %	63 %
Propiedad y siniestros internacionales	2.706 m $	33 %	23 %
Seguros de vida y salud	1.277 m $	15 %	6 %
Servicios financieros	301 m $	4 %	8 %
Total	8251 m $	100 %	100 %

Como se muestra en la tabla 17.1, el negocio de seguros de General Re se centraba en reasegurar riesgos inmobiliarios y siniestros, y el segmento más rentable de la empresa era América del Norte.

El informe proporciona más detalles del segmento norteamericano de daños a bienes y accidentes, afirmando que se centraba principalmente en la suscripción directa de reaseguros

127. Carta de Warren Buffett de 1997 a los accionistas de Berkshire Hathaway, 28 de febrero de 1998, p. 5.

tanto contractuales como facultativos. El reaseguro contractual
se refiere al reaseguro establecido por un contrato marco que cu-
bre de forma automática todos los riesgos de una clase en concreto transferidos por la aseguradora primaria al reasegurador.
El reaseguro facultativo consiste en la suscripción de riesgos individuales mediante contratos específicos. (Hay otros dos tipos
de reaseguro: el reaseguro a prorrata, que reasegura una proporción definida del riesgo global por parte del reasegurador; y el
reaseguro de exceso, que describe el riesgo no proporcional asu-
mido cuando un reasegurador asegura un riesgo por encima de
un límite especificado que debe pagar la aseguradora primaria.) Al centrarse en estos dos tipos de reaseguro, General Re
asumía riesgos suscritos como contratos marco o como suscripción por riesgo individual. El porcentaje en esta división entre
siniestros y daños era aproximadamente del 60 y el 30 por ciento, respectivamente, mientras que el 10 por ciento restante co-
rrespondía a líneas especiales.

La segunda división, el reaseguro de propiedad y siniestros
internacionales, era de naturaleza muy similar a la primera: el
61 por ciento de las primas brutas suscritas de este ramo correspondían al reaseguro de propiedad y el 39 por ciento al reaseguro de siniestros. La principal diferencia radicaba en el carácter
internacional de este segmento, que suscribía reaseguros en 150
países. Este segmento internacional fue el resultado de la adquisición en 1994 de una participación mayoritaria en Cologne Re,
con sede en Alemania.

La tercera división empresarial, el reaseguro global de vida
y salud, también fue, en parte, resultado de la adquisición de
Cologne Re y también operaba a escala internacional. Un 38 por
ciento de las primas suscritas provenían de Europa, un 47 por ciento de Norteamérica y el resto, del resto del mundo. A diferencia
de los dos primeros segmentos, el reaseguro principal en esta
división se basaba en pólizas individuales y colectivas de vida
y salud. La mayor parte del negocio de vida se suscribía sobre
una base proporcional, mientras que la mayor parte del negocio
de salud se suscribía sobre una base de exceso (no proporcional).

La última división, la de servicios financieros, era un negocio pequeño que prestaba numerosos servicios profesionales, como corretaje y gestión inmobiliaria, además de negociar con productos derivados y estructurados. El segmento de productos derivados y estructurados ofrecía a grandes corporaciones, compañías de seguros e instituciones financieras soluciones personalizadas para gestionar riesgos.

En líneas generales, como posible inversor, no habría encontrado nada en especial destacable en la estructura del negocio. Es probable que General Re estuviera más expuesta a ciertos tipos de riesgos por participar en seguros de propiedad, siniestros globales y algunos seguros de vida y salud, pero sería difícil juzgar la calidad de su negocio sin examinar más de cerca sus parámetros financieros. En mi experiencia con empresas de seguros, el juicio clave sobre el rendimiento de una empresa se reduce a si está gestionada de manera prudente y con fines de lucro o con ánimo de crecer. Para determinarlo, es crucial examinar las cifras que presenta la compañía y las hipótesis que las respaldan. Llegados a este punto, es necesario explicar más a fondo cómo se utiliza esta información en el caso de General Re.

El informe anual de General Re del año 1997, que abarca de 1987 a 1997, ofrece un detallado historial de once años de los principales datos financieros. Se observa que los ingresos aumentaron de 3.100 millones de dólares en 1987 a 8.300 millones de dólares en 1997, lo que representa una tasa de crecimiento anual compuesto (CAGR, por sus siglas en inglés) del 10,2 por ciento en diez años. Asimismo, los ingresos netos pasaron de 511 millones de dólares a 968 millones de dólares, aunque con una CAGR del 6,6 por ciento. En General Re, como en la mayoría de las compañías de seguros, la mayor parte de los ingresos provenía de las primas devengadas, que son los ingresos procedentes de los clientes a medida que sus pólizas vencen y, por lo tanto, se reconocen a lo largo del tiempo. Por ejemplo, si Juan Pérez paga una póliza de seguro de automóvil por un año y han transcurrido siete meses, se contabilizan los ingresos correspondientes a esos siete meses.

Desde el punto de vista de los costes, el primer coste importante proviene de las reclamaciones interpuestas y que deben pagarse. Por ejemplo, si Juan Pérez necesita que se repare su coche tras un accidente. El coste total de las reclamaciones se denomina *gasto de siniestralidad*, y esta cifra, como porcentaje del total de primas devengadas, se denomina *índice de siniestralidad*. Además del coste de los siniestros en sí, la compañía aseguradora también tiene costes asociados a la gestión del negocio de seguros, como la venta y la suscripción. La suma de estos costes, dividida por el total de primas devengadas, se denomina *índice de gastos*. Si se suman el coste de los siniestros y el de las operaciones, se obtiene el coste total de suscripción, el cual, dividido por el total de las primas devengadas, se denomina *índice combinado*. Cuanto más bajo sea el índice combinado, mejor. Esto implica que se han tomado mejores decisiones de suscripción, lo que se traduce en menos siniestros por cantidad devengada, o que la operación de seguro se gestiona con eficacia y los gastos de explotación son bajos, o ambas cosas.

En la jerga de los seguros, un índice combinado inferior al cien por cien significa que las primas devengadas fueron suficientes para cubrir los costes totales de suscripción. Cuando el índice combinado es superior a 100, significa que a la compañía de seguros le cuesta más pagar los siniestros y otros gastos de lo que gana con las primas. La diferencia debe compensarse con los ingresos por inversiones u otras formas de beneficios; de lo contrario, la empresa sufrirá pérdidas globales.[128] En el sector de los seguros, un índice combinado de 100 o inferior se considera bueno.

Puede parecer extraño afirmar que lograr un coste total equivalente a los ingresos totales de las primas es «un buen desempeño». Sin embargo, casi siempre las empresas de seguros reciben sus primas antes de tener que pagar los siniestros. En algunos negocios de reaseguros, en los que los riesgos suscritos son a largo plazo, pueden pasar años entre el momento en que

---

128. Téngase en cuenta que se trata de una descripción genérica de las ratios y la contabilidad de seguros. Si bien por lo general estas métricas y descripciones se calculan como se ha descrito, existen variaciones tanto en la descripción como en la contabilidad.

un cliente paga su prima y el momento en que se produce un siniestro. De este modo, una compañía de seguros puede retener efectivo que es esencialmente del cliente. Esta cantidad, que aparece en el balance y se denomina *capital flotante*, está a disposición de la compañía de seguros para que la invierta y genere ingresos por inversiones. Como tal, el rendimiento total de la suscripción (ingresos menos costes) es simplemente el coste de generar el capital flotante para la compañía de seguros. Si la empresa puede generar un rendimiento de inversión superior a este coste total de suscripción, será rentable como negocio. Por consiguiente, el listón de lo que se considera aceptable en términos de rendimiento de suscripción está por debajo de un índice combinado del cien por cien, lo que significa que la compañía está generando capital flotante gratis. Dado que puede obtener cualquier rendimiento de inversión, una compañía de seguros no tiene que funcionar tan bien para generar un rendimiento positivo. Por ello, el sector en su conjunto suele operar con un índice combinado por encima del cien por cien, ya que el rendimiento de las inversiones compensa el déficit en el rendimiento de la suscripción.

Gráfico 17.1

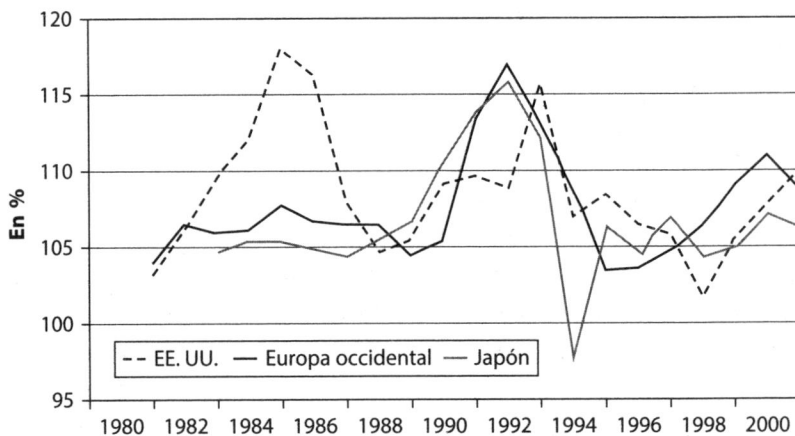

El gráfico 17.1 muestra un estudio de Swiss Re sobre los resultados globales de suscripción de las compañías de seguros entre los años 1980 y 2000.[129] Este gráfico presenta el índice combinado del sector general de seguros no de vida en Estados Unidos, Europa occidental y Japón.

Como puede observarse, aunque el índice varió con los ciclos de seguros, con picos máximos en torno a 1984 y 1993 y mínimos alrededor de 1988 y 1993, la ratio combinada media a largo plazo del sector en cada región fue significativamente superior al cien por cien.

Entonces, ¿qué resultados ha obtenido General Re? En su informe de 1997, la compañía comunicó los índices de siniestralidad, gastos y combinados de sus dos divisiones más importantes, la de seguros patrimoniales norteamericana y la internacional. Los he resumido en la tabla 17.2.

Como puede apreciarse, en general, los resultados de suscripción de General Re en la división de propiedad/siniestros de América del Norte fueron bastante constantes, con un índice combinado medio de once años del 100,6 por ciento. Esto quiere decir que los costes totales de suscripción fueron aproximadamente equivalentes a las primas netas y, además, que los resultados de suscripción de General Re estuvieron por encima de la media del sector.

Analizando con más detalle el desglose de los costes de siniestralidad y los operativos, se observa que durante el período de once años, General Re fue capaz de reducir su índice de siniestralidad del 75 al 68 por ciento. Sin embargo, gran parte de esta mejora fue anulada por el aumento de los costes operativos, que como porcentaje de las primas emitidas aumentaron en ese período del 25 al 31 por ciento. Así, pese a que las decisiones de suscripción habían sido buenas y habían mejorado en el negocio norteamericano, operativamente el negocio se había vuelto un poco más costoso. Es probable que Buffett viera en ello un área de posible mejora.

En cuanto a la división internacional de propiedad y siniestros, General Re (que en este segmento antes de 1994 era sobre todo Cologne Re) tuvo resultados más volátiles, con un índice combina-

129. Swiss Re, «World insurance in 2000», *Sigma*, 6 (2001), p. 13, fig. 5.

Tabla 17.2. Resumen de las operaciones

Propiedad y siniestros en América del Norte	1997	1996	1995	1994	1993	1992	1991	1990	1989	1988	1987	MEDIA 11 AÑOS
Índice de siniestralidad	68,4 %	69,0 %	67,3 %	71,4 %	70,0 %	78,8 %	72,0 %	67,5 %	69,7 %	70,7 %	74,5 %	70,8 %
Índice de gastos	30,8 %	30,1 %	32,3 %	30,5 %	31,1 %	29,3 %	29,3 %	31,5 %	28,3 %	28,8 %	24,7 %	29,8 %
Índice combinado	99,2 %	99,1 %	99,6 %	101,9 %	101,1 %	101,3 %	101,3 %	99,0 %	98,0 %	99,5 %	99,2 %	100,6 %

Propiedad y siniestros internacionales	1997	1996	1995	1994	1993	1992	1991	1990	1989	1988	1987	Media 11 años
Índice de siniestralidad	72,1 %	73,2 %	77,0 %	69,2 %	75,1 %	80,2 %	75,8 %	71,5 %	62,4 %	64,4 %	64,2 %	71,4 %
Índice de gastos	30,3 %	28,9 %	25,8 %	29,4 %	30,9 %	32,8 %	35,2 %	37,5 %	33,4 %	31,3 %	31,9 %	31,6 %
Índice combinado	102,4 %	102,1 %	102,8 %	98,6 %	106,0 %	113,0 %	111,0 %	109,0 %	95,8 %	95,7 %	96,1 %	103,0 %

do medio del 103 por ciento durante el período. Entre 1990 y 1993 hubo una etapa en especial débil, cuando el índice combinado superó el 109 por ciento de media. Si se analizan por separado el índice de siniestralidad y el de gastos, un inversor en ese momento podría haber llegado a la conclusión de que esto se debía a una combinación de una suscripción menos moderada y una baja eficiencia operativa a partir de 1990. Aunque en 1997 la eficiencia operativa, representada por el índice de gastos, volvió a bajar, el índice de siniestralidad del 72 por ciento en 1997 seguía siendo muy superior al de finales de los años ochenta. Esta pérdida podría haber sido el resultado de haber tomado malas decisiones de suscripción o simplemente de un entorno asegurador muy favorable a finales de los años ochenta.

En conjunto, según se refleja en sus dos divisiones principales de reaseguros de siniestros y bienes, General Re parece un negocio decente, pero no sorprendente. Como posible inversor, habría notado que la historia no era exactamente la misma en las divisiones norteamericana e internacional: la primera mejoraba en suscripción, pero no en eficiencia operativa, mientras que la segunda estaba recuperándose de algunos años difíciles.

En cambio, como ya he mencionado, no sólo son importantes las cifras, sino también las hipótesis en las que se basan. Como muchas pólizas de reaseguro tienen riesgos de reclamaciones poco frecuentes pero importantes, a menudo los siniestros reales asociados a una póliza no se producirán hasta muchos años después de que se haya emitido la póliza y se hayan devengado las primas. Por lo tanto, la dirección o el equipo de suscripción tienen que hacer estimaciones de los futuros siniestros vinculados a un determinado conjunto de pólizas suscritas. Esto significa que muchas de las cifras presentadas antes, en particular los índices de siniestralidad y los índices combinados, dependen en gran medida de las suposiciones de la dirección. Si el equipo directivo quisiera, en un año concreto podría estimar muy pocas pérdidas, aumentando la probabilidad de que en los años siguientes necesiten ajustar al alza las estimaciones. Por esta razón, al analizar una compañía de seguros, un posible inversor depende en gran medida de la prudencia de la dirección al estimar las pérdidas y de su capacidad para suscribir operaciones de acuerdo con esas estimaciones.

Sin entrar en todos los detalles esotéricos sobre la constitución de reservas y la contabilidad de seguros, observar la evolución de cada año de suscripción a medida que avanza en el tiempo es una de las pocas formas que tiene un inversor de determinar si la dirección ha sido realmente cautelosa en sus suscripciones. Esto se refleja en lo que se denomina tabla de evolución de las reservas para siniestros. Para el negocio de América del Norte de General Re, esta tabla de su formulario 10K se resume en la tabla 17.3. Las dos filas superiores de números representan la mejor estimación de pasivos para cada año de suscripción en el año en que se hicieron; es decir, 1987 se basa en la estimación hecha en 1987, y 1997, en la de 1997. A continuación, se sigue la evolución de esas estimaciones para cada año de suscripción en cada columna a medida que pasan los años. Para el año 1987, hay diez años de cifras. En cambio, para 1997 sólo hay una estimación.

Si se observa la tabla 17.3, se aprecia que para los años de suscripción comprendidos entre 1987 y 1991, todas las estimaciones de pasivo registraron evoluciones negativas considerables desde su estimación inicial. Por ejemplo, la estimación del pasivo asociado a las pólizas suscritas en 1987 se calculó inicialmente en unos 4.700 millones de dólares. En los diez años siguientes, esta cifra aumentó casi un 30 por ciento hasta alcanzar los 6.100 millones de dólares. Es evidente que la dirección no había sido tan prudente al hacer sus primeras estimaciones de pasivo y, con el tiempo, tuvieron que aumentar las reservas para cubrir esta brecha. Para los pasivos asociados con el año de suscripción de 1987, se añadieron unos 250 millones de dólares en el sexto año (1993) y en el séptimo (1994) y unos 300 millones en el octavo (1995). Es probable que esta información hubiera sido una señal de alarma para una persona interesada en invertir en 1997, ya que indica que en años como 1987, la dirección no había sido tan moderada al hacer sus primeras estimaciones de pasivo.

Si me planteara invertir en General Re en 1997, querría estar convencido de que a) el equipo directivo era mucho más cauteloso de lo que había sido en 1987; y b) que para los años en los que no se habían constituido suficientes reservas, las adiciones de reservas ya se habrían completado; es decir, que no sería necesario añadir más reservas. Los peligros de la falta de reservas se han puesto de manifiesto en numerosos ejemplos a lo largo de la historia. El que me resulta más familiar es el reciente de las aseguradoras de automóviles en el Reino Unido entre 2002 y 2010. Durante ese período, el sector británico de seguros de automóviles atravesó una etapa tumultuosa, con un índice combinado que comenzó por debajo de 100 en 2002 y terminó en torno a 115 en 2010. Durante esos ocho años, muchas empresas se vieron obligadas a aumentar sus reservas en repetidas ocasiones y algunas tuvieron que abandonar su línea de negocio. La lección que se extrae de este caso es que cuando una compañía de seguros añade reservas, a menudo sólo se trata del primer paso para rectificar un problema que para ser corregido requiere varios ajustes. Además, algunas empresas pueden ocultar su falta de reservas durante varios años tratando de «superar» su problema a base de generar ingresos adicionales y flotación.

A veces, las empresas lo hacían suscribiendo pólizas baratas de forma prudente, con lo que creaban un problema a largo plazo mientras intentaban resolver uno a corto plazo. Por supuesto, un inversor que analizara General Re en 1987 no habría tenido acceso a este estudio de caso exacto, pero habría podido anticipar este tipo de problemas como el resultado lógico de una suscripción imprudente.

Dado que los costes de los siniestros deben estimarse, las aseguradoras tienen un enorme margen de maniobra para calcular sus resultados de suscripción, lo que hace muy difícil para los inversores determinar el verdadero coste de flotación de una empresa. Por lo general, un observador experimentado puede detectar errores a gran escala en las reservas, pero el público en general no puede hacer más que aceptar lo que se le presenta.

Buffett a los inversores de Berkshire Hathaway,
27 de febrero de 1998.

Tabla 17.3. Análisis de la evolución de la siniestralidad neta y de los gastos de siniestralidad en América del Norte (en millones de dólares)

		1987	1988	1989	1990	1991	1992	1993	1994	1995	1996	1997
Pasivo neto por siniestros y gastos de siniestros impagados	Mio $	4.738	5.217	5.549	5.842	6.230	6.635	6.803	7.029	7.385	8.741	8.881
Pasivo neto reestimado a partir de:	Mio $											
1 año después		4.903	5.185	5.537	5.856	6.286	6.775	6.767	7.042	7.337	8.563	
2 años después		4.927	5.247	5.481	5.778	6.352	6.850	6.845	6.868	7.055		
3 años después		4.991	5.166	5.502	5.906	6.475	6.994	6.739	6.731			
4 años después		4.983	5.236	5.683	6.091	6.638	6.935	6.703				
5 años después		5.044	5.420	5.900	6.319	6.635	6.979					
6 años después		5.284	5.642	6.173	6.326	6.720						
7 años después		5.528	5.958	6.190	6.442							
8 años después		5.855	5.979	6.319								
9 años después		5.882	6.139									
10 años después		6.066										

	1987	1988	1989	1990	1991	1992	1993	1994	1995	1996	1997
Redundancia acumulada (por deficiencia)	-1.328	-922	-770	-600	-490	-344	100	298	330	178	—
Importe acumulado del pasivo neto pagado hasta: *Mio $*											
Mio $1 año después	747	812	927	905	1.044	1.291	1.207	1.176	1.253	1.584	—
2 años después	1.354	1.436	1.584	1.613	1.955	2.195	2.063	1.959	2.142		
3 años después	1.846	1.903	2.115	2.332	2.570	1.850	2.617	2.677			
4 años después	2.209	2.320	2.689	2.769	3.071	3.300	3.179				
5 años después	2.546	2.814	3.025	3.184	3.437	3.754					
6 años después	2.965	3.085	3.362	3.481	3.808						
7 años después	3.203	3.375	3.618	3.806							
8 años después	3.472	3.611	3.890								
9 años después	3.695	3.858									
10 años después	3.923										

**Tabla 17.4. Análisis de la evolución de la siniestralidad neta
y de los gastos de siniestralidad internacionales
(en millones de dólares)**

	1994	1995	1996	1997
Pasivo neto por siniestros y gastos de siniestros impagados	3.289	4.352	4.664	4.560
Pasivo neto reestimado a partir de:				
1 año después	3.545	4.134	4.141	
2 años después	3.316	3.776		
3 años después	3.100			
Aumento/disminución acumulado/a del pasivo neto, incluido el cambio de divisas	-189	-576	-523	
Menos: aumento/disminución por cambio de divisas	285	591	533	
(Déficit) acumulado ajustado por cambio de divisas	-96	-15	-10	
Importe acumulado del pasivo neto pagado hasta:				
1 año después	408	800	1.060	
2 años después	704	1.569		
3 años después	1.571			

No obstante, hay algunos aspectos de General Re que habrían tranquilizado a un inversor nervioso. La evolución de la suscripción en los años comprendidos entre 1993 y 1996 parecía mucho más positiva, pues hubo más bien liberación de reservas en lugar de incrementos. E incluso en los años anteriores, en los que faltaron reservas, en cierta medida su ritmo de incremento se estabilizó. Esto indica que en los últimos años el negocio se gestionó de forma mucho más moderada.

Una vez cubiertos los aspectos de la suscripción, hay que centrarse en los ingresos de General Re. En 1997, la compañía obtuvo unos ingresos por inversiones antes de impuestos de 1.290 millones de dólares y de 969 millones de dólares después de impuestos. Este rendimiento se generó a partir de inversiones en seguros por un total de 24.600 millones de dólares, lo que supone un rendimiento antes de impuestos del 5,2 y del 3,9 por ciento después de impuestos. Al cierre del ejercicio, los fondos propios de la empresa ascendían a 8.160 millones de dólares, lo que representa un ROE antes de impuestos del 15,8 y del 11,9 por ciento después de impuestos. También son cifras bastante decentes, pero no sobresalientes. Wells Fargo, por ejemplo, tuvo un ROE del 24 por ciento el año anterior a la inversión de Buffett.

Como se muestra en el balance consolidado disponible en la tabla 17.9, como cabría esperar de un negocio de seguros que intenta minimizar el riesgo y ajustar la duración de los activos y pasivos, la mayor parte de las inversiones, unos 16.000 millones de dólares, se destinaron a productos de renta fija. Aunque no se detalla formalmente, cabe destacar que también hay 352 millones de dólares de ingresos asociados a actividades no relacionadas con seguros e inversiones, presumiblemente de servicios financieros. Con unos 100 millones de dólares de beneficios de explotación antes de impuestos, parece tratarse de una actividad secundaria muy rentable para General Re.

Antes de pasar a la valoración, conviene decir unas palabras sobre el equipo directivo de General Re. Dado que me preocupaban las anteriores prácticas de suscripción de la empresa, me habría interesado saber si a partir de 1993 hubo un cambio significativo hacia una suscripción más prudente, quizás impulsado por la llegada de un nuevo equipo directivo. Según la descripción del equipo directivo que figura en el informe anual de 1997, no se produjo ningún cambio real en la dirección; el CEO, Ronald Ferguson, ocupaba su cargo desde 1987, y el director financiero, Joseph Brandon, llevaba en la empresa desde 1989 (aunque sólo desde 1997 en ese puesto). Por lo tanto, el inversor no puede identificar con claridad a qué se debe el drástico cambio de la dirección hacia un espíritu más moderado. En cuanto a la valoración, el inversor tiene una fuente clara de cómo era la situación cuando Buffett compró la empresa entera. En el documento con el que Berkshire Hathaway anunció la adquisición de General Re, del 19 de junio de 1998, se cita un precio total de adquisición de 22.000 millones de dólares, que representan 276,50 dólares por acción. Si se compara con la información que contiene el documento 10-K de General Re de 1997, se observa que el precio de sus acciones osciló entre 151 y 219 dólares por acción, con un precio de cierre de 212 dólares por acción al final del ejercicio. Por consiguiente, Buffett pagó una prima de aproximadamente el 30 por ciento sobre el precio de cierre de las acciones de General Re en 1997.

Como General Re es una institución financiera, es pertinente analizar el PER y el P/B basados en las métricas al cierre de 1997:

Tabla 17.5. Múltiplos PER

PER	1997	1996
Precio por acción	276,50 $	276,50 $
BPA declarado (diluido)	11,76 $	10,78 $
PER	**23,5×**	**25,6×**

Tomando como referencia los beneficios históricos de 1997, General Re cotizaba a un múltiplo de veintitrés veces, que parece muy alto incluso para una empresa sobresaliente. El precio que Buffett pagó por Wells Fargo, otra compañía financiera, fue de apenas seis veces los beneficios netos por acción del año completo anterior.

Si se examina la relación P/B, se observa lo siguiente:

Tabla 17.6. Múltiplos P/B (en millones de dólares)

P/B	1997	1996
Capitalización bursátil	22.000 $	22.000 $
Fondos propios	8.160 $	7.330 $
P/B	**2,7×**	**3,0×**

Una vez más, a 2,7 veces el valor contable basado en los fondos propios al cierre de 1997, General Re parece bastante cara. Wells Fargo cotizó a una relación P/B de 1,1 veces, y en el año completo anterior a la inversión tuvo un ROE del 24 por ciento. En comparación, General Re cotizaba a una relación P/B de 2,7 veces y tenía un ROE del 12 por ciento después de impuestos. Todo ello sugiere que General Re era significativamente más cara.

Si yo me hubiera planteado invertir en General Re en ese momento, lo habría visto como una operación de reaseguro por encima de la media, pero me habría preocupado mucho el carácter moderado del equipo directivo en cuanto a la suscripción. A 23,5 veces el PER de 1997 y 2,7 veces el valor contable, dada su capacidad para generar un ROE del 12 por ciento en 1997, General Re me habría parecido muy cara. Considerando General Re al precio al cierre de 1997, 212 dólares por acción, la valoración habría sido un PER de 18 y un P/B de 2. A mí me habría parecido una valoración más razonable, pero no atractiva para una empresa que había aumentado sus ingresos netos un 7 por ciento anual durante los últimos diez años. Como negocio independiente, no me habría parecido asombroso. En el caso de la inversión real, parece que la lógica de inversión de Buffett debió de centrarse en parte en la experiencia que General Re aportaría, junto con el gran capital flotante que tenía, que es probable que Buffett hubiera podido reinvertir con rendimientos saludables. Como caso de inversión, si buscaban empresas de seguros bien gestionadas, los posibles inversores habrían podido encontrar a General Re e invertir en ella.

La propia explicación de Buffett sobre la adquisición de la empresa, proporcionada en una carta a los accionistas de Berkshire al cierre de 1998, muestra que adoptó una postura algo distinta a la que yo deduje al basarme en las cifras mencionadas. Buffett afirma: «Durante muchas décadas, el nombre de General Re ha sido sinónimo de calidad, integridad y profesionalidad en los reaseguros, y bajo el liderazgo de Ron Ferguson, esa reputación se ha visto aún más reforzada... Pueden enseñarnos muchas cosas». Además de su opinión positiva sobre el equipo directivo y el negocio en general en ese momento, Buffett explica que la combinación General Re/Berkshire daría al negocio combinado una ventaja estructural única: la capacidad de absorber con confianza cualquier volatilidad de los beneficios. Esta capacidad es esencial para un buen negocio de reaseguros que suscribe pólizas basadas en los rendimientos esperados en lugar de en la estabilidad

Tabla 17.7. Resumen financiero de 11 años (1987-1997)
(en millones de dólares, excepto datos por acción)

RESUMEN DE OPERACIONES	1997	1996	1995	1994	1993	5 AÑOS CAGR	1992	1991	1990	1989	1988	1987	10 AÑOS CAGR
CONSOLIDADO													
Ingresos totales	8.251	8.286	7.210	3.837	3.560	19,5 %	3,387	3.207	2.954	2.742	2.719	3.115	10,2 %
Primas netas	6.545	6.661	6.102	3.001	2.524	22,7 %	2,349	2.249	2.150	1.898	1.903	2.365	10,7 %
Ingresos netos	968	894	825	665	711	8,1 %	657	657	614	599	480	511	6,6 %
Por acción básica	12,04	11,00	9,92	7,97	8,28	9,8 %	7,55	7,46	6,89	6,52	5,04	5,04	9,1 %
Por acción diluida	11,76	19,78	9,74	7,86	8,16	9,6 %	7,45	7,32	6,76	6,40	5,03	5,03	8,9 %
Beneficios después de impuestos, excluidas las ganancias/pérdidas realizadas	965	877	788	621	604	15,7 %	465	563	566	559	518	458	7,7 %
Por acción básica	12,00	10,79	9,47	7,43	7,01	17,8 %	5,30	6,37	6,35	6,08	5,44	4,52	10,3 %
Por acción diluida	11,72	10,57	9,30	7,33	6,91	17,4 %	5,25	6,25	6,23	5,97	5,44	4,52	10,0 %
Ingresos inversiones antes de impuestos	1.288	1.205	1.017	749	755	11,3 %	755	752	706	673	570	506	9,8 %
Ingresos inversiones tras impuestos	969	909	787	622	619	9,3 %	620	618	581	558	494	435	8,3 %
Inversiones en seguros	24.576	23.168	21.061	17.237	12.012	17,5 %	10,986	10.471	9.291	8.758	7.831	6.945	13,5 %
Total activos	41.459	40.161	34.263	28.116	19.419	23,0 %	14.700	12.416	11.033	10.390	9.394	8.902	16,6 %
Deuda a largo plazo	285	286	150	150	184	8,4 %	190	290	290	250	100	100	11,0 %

Fondos propios ordinarios	8.161	7.326	6.587	4.859	4.761	14,1 %	4.227	3.911	3.270	3.084	2.695	2.563	12,3 %
Rendimiento operat. fondos propios (%)	16,9	16,2	16,5	14,5	15,4	—	13,1	17,7	20,0	21,9	21,9	20,4	—
Rendimiento total fondos propios (%)	23,4	14,5	32,9	9,5	18,3	—	15,8	23,6	17,4	24,7	19,5	21,2	—
OPERACIONES INMOBILIARIAS Y DE SEGUROS EN AMÉRICA DEL NORTE													
Primas netas emitidas	3.058	3.081	2.964	2.581	2.275	7,0 %	2.177	2.122	2.040	1.789	1.780	2.251	3,1 %
Ingresos inversiones antes de impuestos	814	727	711	986	705	3,0 %	703	703	662	638	539	479	5,45
Ingresos antes de imp., excluidas pérdidas/ganancias realizadas	849	741	716	599	644	11,7 %	489	647	649	612	511	449	6,6 %
Excedente legal	6.309	5.326	4.607	3.770	3.836	12,8 %	3.452	3.363	2.902	2.684	2.319	2.009	12,1 %
Inversiones	15.995	14.879	13.481	11.177	11.601	8,8 %	10.477	10.003	8.848	8.417	7.532	6.666	9,1 %
Siniestros netos y gastos de siniestros	8.881	8.741	7.385	7.029	6.803	6,0 %	6.635	6.230	5.816	5.535	5.218	4.739	6,5 %
Índice de siniestralidad (%)	68,4	69,0	67,3	71,4	70,0	—	78,8	72,0	67,5	69,7	70,7	74,5	—
Índice de gastos (%)	30,8	30	32,3	30,5	31,3	—	29,9	29,3	31,5	28,3	28,8	24,7	—
Índice combinado de suscripción (%)	99,2	99,1	99,6	101,9	101,1	—	108,7	101,3	99,0	98,0	99,5	99,2	—

.../...

...//...

OPERACIONES INMOBILIARIAS Y DE SEGUROS INTERNACIONALES

Primas netas emitidas	2.268	2.505	2.429	420	249	67,5 %	172	127	110	109	123	114	34,9 %
Ingresos inversiones antes de impuestos	369	394	247	52	43	51,0 %	47	44	39	31	27	24	31,4 %
Ingresos antes de imp., excluidas pérdidas/ganancias realizadas	315	320	200	46	25	67,3 %	24	30	25	35	33	26	28,3 %
Inversiones	8.581	8.290	7.535	6.060	589	75,9 %	509	469	442	342	299	279	40,9 %
Siniestros netos y gastos de siniestros	4.560	4.664	4.352	3.289	253	86,5 %	202	164	156	121	109	105	45,8 %
Índice de siniestralidad (%)	72,1	73,2	77,0	69,2	75,1	—	80,2	75,8	71,5	62,4	64,4	64,2	—
Índice de gastos (%)	30,3	28,9	25,8	29,4	30,9	—	32,8	35,2	37,5	33,4	31,3	31,9	—
Índice combinado de suscripción (%)	102,4	102,1	102,8	98,6	106,0	—	113,0	111,0	109,0	95,8	95,7	96,1	—
OPERACIONES GLOBALES DE VIDA/SALUD													
Primas netas emitidas	1.219	1.075	709	—	—	—	—	—	—	—	—	—	—
Ingresos inversiones antes de impuestos	73	59	40	—	—	—	—	—	—	—	—	—	—
Ingresos antes de imp., excluidas pérdidas/ganancias realizadas	83	53	50	—	—	—	—	—	—	—	—	—	—
Prestaciones netas de los contratos de vida/	637	523	379	330	—	—	—	—	—	—	—	—	—

Ingresos sin pérdidas/ganancias netas realizadas	11,0 %	106	101	90	88	100	115	21,1 %	211	229	250	269	300
Ingresos antes de imp., excluidas pérdidas/ganancias realizadas	13,3 %	30	27	14	6	1	10	60,0 %	58	85	100	100	105

INFORMACIÓN PARA ACCIONISTAS COMUNES

Promedio acciones ordinarias en circulación

Básicas	—	101,4	95,3	91,3	88,0	87,1	85,7	—	84,5	82,1	82,1	80,3	79,5
Diluidas	—	101,5	95,3	93,2	89,9	89,0	87,6	—	86,6	84,0	84,2	82,5	81,9
Dividendo por acción ordinaria	8,2 %	1,00	1,20	1,36	1,52	1,68	1,80	4,1 %	1,88	1,92	1,96	2,04	2,20
Total dividendos ordinarios	2,6 %	101	114	124	133	146	153	2,6 %	159	157	161	163	174
Coste de recompra de acciones ordinarias	—	274	268	206	236	59	179	—	134	207	35	735	864
Capital ordinario por acción	14,9 %	26,20	29,04	34,28	37,50	45,14	49,89	16,1 %	56,92	59,35	80,22	89,92	105,40
Precio de la acción ordinaria													
Alto	12,1 %	68,38	59,25	95,75	93,00	101,88	123,13	12,1 %	132,75	128,50	157,88	169,38	219,38
Bajo	12,0 %	48,75	45,88	55,00	69,00	84,88	78,63	14,0 %	105,38	102,50	122,88	139,13	151,25
Cierre del ejercicio	14,3 %	55,88	55,25	87,13	93,00	101,88	115,75	12,9 %	107,00	123,50	155,00	157,75	212,00

Fuente: General Re Corporation, *Informe 10K 1997*, pp. 7-9.

de los beneficios. En concreto, a diferencia de otras compañías de reaseguros independientes que cotizan en bolsa, General Re ya no tendría que preocuparse por ser penalizada por los inversores a los que no les gusta la volatilidad de los beneficios. En su lugar, podría centrarse sólo en suscribir pólizas rentables, aunque algunas de ellas pudieran ser volátiles. Buffett continúa describiendo la capacidad que tendría General Re de expandir la distribución mundial de Berkshire para vender productos de seguros y las capacidades técnicas en suscripción que aportaría a los negocios de Berkshire. Sorprendentemente, en este caso, la inversión de Buffett se basa no sólo en aspectos financieros, sino también en razonamientos empresariales estratégicos.

Tabla 17.8. Cuenta de resultados (1995-1997)
(en millones de dólares, excepto datos por acción)

	1997	1996	1995
Primas y otros ingresos			
Primas netas emitidas			
Propiedad y siniestros	5.326	5.586	5.393
Vida/salud	1.219	1.075	709
Total primas netas suscritas	6.545	6.661	6.102
Primas netas devengadas			
Propiedad y siniestros	5.414	5.618	5.141
Vida/salud	1.193	1.060	696
Total primas netas devengadas	6.607	6.678	5.837
Ingresos por inversiones	1.288	1.205	1.017
Otros ingresos	352	309	292
Ganancias netas realizadas en inversiones	4	104	64
Ingresos totales	8.252	8.296	7.210
Gastos			
Siniestros y gastos de siniestros	3.788	3.984	3.680
Prestaciones de vida/salud	883	789	505
Gastos de adquisición	1.414	1.478	1.345
Otros costes y gastos de explotación	810	727	550
Amortización del fondo de comercio	29	21	13
Gastos totales	6.924	6.999	6.093

.../...

.../...

	1997	1996	1995
Beneficios antes de impuestos y participaciones minoritarias	1.327	1.297	1.117
Gasto (beneficio) por impuesto sobre beneficios:			
Corriente	254	327	288
Diferido	48	−4	−41
Gasto por impuesto sobre beneficios	302	323	247
Ingresos antes de intereses minoritarios	1.025	974	870
Intereses minoritarios	57	80	45
INGRESOS NETOS	968	894	825
Datos por acción Beneficio neto por acción ordinaria:			
Básico	12,04	11,00	9,92
Diluido	11,76	10,78	9,74
Promedio de acciones ordinarias en circulación:			
Básico	79.502.845	80.251.342	82.085.315
Diluido	81.947.547	82.466.750	84.227.806
Dividendos por acción a los accionistas ordinarios	2,20	2,04	1,96

Fuente: General Re Corporation, *Informe 10K 1997*, p. 34.

Tabla 17.9. Balance consolidado (1996-1997) (en millones de dólares)

ACTIVOS	1997	1996
Inversiones		
Vencimientos fijos, disponibles para la venta (coste: 15.859 $ en 1997; 16.298 $ en 1996)	16.847	16.992
Acciones preferentes, al valor razonable (coste: 980 $ en 1997; 771 $ en 1996)	1.041	789
Acciones ordinarias, al valor razonable (coste: 2.098 $ en 1998; 1940 $ en 1996)	4.748	3.672
Inversiones a corto plazo, al coste amortizado que se aprox. al valor razonable	1.172	1.019
Otros activos invertidos	768	696
Total inversiones en seguros	24.576	23.168

.../...

.../...

ACTIVOS	1997	1996
Efectivo	193	154
Ingresos devengados por inversiones	358	350
Cuentas por cobrar	1.858	2.663
Fondos retenidos por compañías reaseguradas	488	474
Reaseguro recuperable	2.706	2.935
Gastos de adquisición diferidos	476	457
Fondo de comercio	968	1.038
Otros activos	962	804
Activos de servicios financieros		
Títulos de inversión, al valor razonable (coste: 790 $ en 1997; 176 $ en 1996)	792	179
Títulos de negociación, al valor razonable (coste: 1.908 $ en 1997; 2.994 $ en 1996)	1.859	2.967
Inversiones a corto plazo, al valor razonable	129	248
Efectivo	159	211
Activos de la cuenta de negociación	4.313	3.962
Valores adquiridos con pacto de reventa	903	–
Otros activos	719	551
Total activos de servicios financieros	8.874	8.118
TOTAL ACTIVOS	41.549	40.161
Pasivo y fondos propios		
Pasivo		
Siniestros y gastos de siniestros	15.797	15.977
Prestaciones de los contratos de vida/salud	907	751
Primas no consumidas	1.874	1.957
Otros saldos de reaseguro	2.948	3.388
Documentos por pagar	285	286
Impuestos sobre la renta	1.104	732
Otros pasivos	997	963
Intereses minoritarios	1.032	1.166
Pasivos por servicios financieros:		
Títulos vendidos con pacto de recompra, al valor contractual	1.030	1.985
Valores vendidos, pero aún no comprados, a valor de mercado	1.190	869
Pasivo de la cuenta de negociación	3.664	3.785
Pagarés de empresa	689	140
Documentos por pagar	746	4

.../...

.../...

ACTIVOS	1997	1996
Otros pasivos	1.032	830
Total pasivo por servicios financieros	8.351	7.613
Total pasivo	33.295	32.833
Acciones preferentes convertibles acumulativas (acciones emitidas: 1.700.231 en 1997 y 1.711.907 en 1996; sin valor nominal)	145	146
Préstamo al plan de ahorro y accionariado de los empleados	−142	−144
Fondos propios ordinarios		
Acciones ordinarias (102.827.344 acciones emitidas en 1997 y 1996; valor nominal 0,50 $)	51	51
Capital desembolsado	1.109	1.041
Apreciación no realizada de las inversiones, neta de impuestos diferidos	2.460	1.625
Ajustes por cambio de divisas, netos de impuestos diferidos	−42	−53
Beneficios no distribuidos	7.492	6.708
Menos acciones ordinarias en autocartera, al coste (acciones en cartera: 25.393.840 en 1997 y 21.262.113 en 1996)	−2.909	−2.046
Total de fondos propios ordinarios	8.161	7.326
TOTAL PASIVO Y FONDOS PROPIOS	41.459	40.161

Fuente: General Re Corporation, *Informe 10K 1997*, p. 35.

18

1999: MidAmerican Energy Holdings Company

En octubre de 1999 Warren Buffett anunció un acuerdo para adquirir aproximadamente el 76 por ciento de MidAmerican Energy a un precio por acción de 35,05 dólares en efectivo, lo que representaba una prima del 29 por ciento sobre el precio de cierre anterior al anuncio. En esta operación, además de acciones preferentes convertibles y valores de renta fija, Berkshire Hathaway adquirió acciones ordinarias. La estructura del acuerdo otorgó a Berkshire Hathaway una participación económica del 76 por ciento en la empresa, pero con un derecho a voto de apenas el 10 por ciento. En parte, se adoptó esta estructura para evitar infringir alguna de las complejas regulaciones relacionadas con la Public Utility Holding Company Act de 1935 (PUHCA) [Ley de Sociedades de Utilidad Pública]. Esta ley restringía sensiblemente las actividades comerciales de los *holdings* de empresas de servicios públicos, y cabe suponer que si Berkshire hubiera tenido una participación con derecho a voto superior al 10 por ciento, habría estado sujeta a estas restricciones. En total, en esta transacción Berkshire Hathaway pagó unos 2.000 millones de dólares. Además, hubo dos coinversores destacados: Walter Scott, que formaba parte del consejo de Berkshire Hathaway desde 1988 y había presentado la operación a

Buffett, y David Sokol, el CEO emprendedor de MidAmerican en ese momento.[130]

Entrando de lleno en el caso de la inversión, si yo hubiese estado interesado en invertir en ese momento, me habría hecho dos preguntas primordiales sobre la empresa: ¿es un negocio de calidad? y ¿está la empresa en venta a un buen precio? El informe de cierre del ejercicio de 1998 de MidAmerican es un buen punto de partida, ya que se trata del informe anual más reciente disponible a finales de 1999, momento en que se anunció el acuerdo.

Como se observa en ese informe anual, MidAmerican era una empresa energética diversificada que se dedicaba sobre todo a la producción de electricidad, pero también a la distribución de electricidad y a la exploración de yacimientos de gas. Según la información por segmentos que figura en las notas a los estados financieros, además de sus sedes corporativas, MidAmerican dividía su actividad en tres segmentos de negocio principales (véase la tabla 18.1).

El informe anual también incluye una lista de las plantas de generación de la empresa a finales de 1998.

Como podemos ver, el segmento empresarial responsable de la mayor parte de los ingresos fue la generación nacional, con la mayoría de las plantas generadoras ubicadas en Iowa e Illinois. Estas centrales abarcan plantas de carbón, gas, geotérmicas, hidroeléctricas y nucleares. Las centrales extranjeras, que incluyen tres plantas en Filipinas y dos en Inglaterra, constituyen los activos del segmento de generación extranjera.

Las operaciones de los negocios de generación nacionales y extranjeros eran similares. En ambos casos, la actividad principal era la construcción y explotación de centrales eléctricas: compra de combustible, como el carbón, y venta de electricidad. Hay matices que diferencian a las centrales más rentables de las que lo son menos: sus combustibles sustitutivos y costes, sus tecnologías y su eficiencia; pero la mayor diferencia general entre

---

130. Warren Buffett a los accionistas de Berkshire Hathaway al cierre del ejercicio de 1999, marzo de 2000.

los dos negocios radica en la regulación gubernamental. La generación de energía es una de las industrias más reguladas del mundo y, por lo tanto, la rentabilidad de una empresa de este tipo depende en gran medida del marco normativo del país en el que lleva a cabo su actividad.

En Estados Unidos había entonces varios organismos reguladores y políticas relevantes para MidAmerican. A escala nacional, desde la aprobación justo antes de 1980 de la Public Utilities Regulatory Policies Act (PURPA) [Ley de Políticas de Regulación de los Servicios Públicos] se alentaba a los productores de energía independientes, y las empresas de servicios públicos estaban obligadas a comprarles su electricidad. La regulación se extendía a los márgenes de precios. En el ámbito estatal, también había numerosas regulaciones, a menudo relacionadas con las políticas nacionales. Por ejemplo, en Iowa, la regulación de los beneficios directos estipulaba que si el rendimiento anual jurisdiccional de MidAmerican sobre el capital ordinario superaba el 12 por ciento, parte de esos beneficios debían compartirse con los clientes. Del mismo modo, a menos que la rentabilidad anual de los fondos propios de MidAmerican sobre el capital común cayera por debajo del 9 por ciento, no podría aumentar sus precios.

Tabla 18.1. Resumen de los segmentos de actividad (en millones de dólares)

SEGMENTO	INGRESOS	INGRESOS DE EXPLOTACIÓN	COMENTARIOS
Generación nacional	583 $	314 $	
Generación extranjera	224 $	143 $	Principalmente en Filipinas
Empresa extranjera	1.843 $	173 $	Principalmente en Reino Unido
Empresa	33 $	−10 $	
Total		619 $	

En Inglaterra, la regulación de la industria de generación de electricidad incluía un mercado completo para el comercio de electricidad llamado Pool. Desde la entrada en vigor de la Ley

Tabla 18.2. Resumen de centrales generadoras (1998)

PROYECTO[a,b]	MW NETOS DE LA INSTALACIÓN	MW NETOS DE LA PROPIEDAD[c]	COMBUSTIBLE	UBICACIÓN	OPERACIÓN COMERCIAL	PAGOS EE. UU.	COMPRADOR DE ENERGÍA[d]	SEGURO DE RIESGO POLÍTICO
Proyectos en funcionamiento Centro energético Council Bluffs, unidades 1 y 2	131	131	Carbón	Iowa	1954, 1958	Sí	MEC	No
Centro energético Council Bluffs unidad 3	675	534	Carbón	Iowa	1978	Sí	MEC	No
Estación generadora de Louisa, unidades 1 y 2	700	616	Carbón	Iowa	1983	Sí	MEC	No
Estación generadora Neal, unidades 1 y 2	435	435	Carbón	Iowa	1964, 1972	Sí	MEC	No
Estación generadora Neal, unidad 3	515	371	Carbón	Iowa	1975	Sí	MEC	No
Estación generadora Neal, unidad 4	624	253	Carbón	Iowa	1979	Sí	MEC	No
Estación generadora Ottumwa	716	372	Carbón	Iowa	1981	Sí	MEC	No
Central eléctrica Quad-Cities	1.529	383	Nuclear	Illinois	1972	Sí	MEC	No
Estación generadora Riverside	135	135	Carbón	Iowa	1925-1961	Sí	MEC	No
Turbinas de combustión	758	758	Gas	Iowa	1969-1995	Sí	MEC	No
Energía hidráulica Moline	3	3	Hidroeléct.	Illinois	1970	Sí	MEC	No

Imperial Valley	268	134	Geotérm.	Calif.	1986-1996	Sí	Edison	No
Saranac	240	90	Gas	N.Y.	1994	Sí	NYSEG	No
Recursos energéticos	200	100	Gas	Texas	1988	Sí	TUEC	No
NorCon	80	32	Gas	Penn.	1992	Sí	NIMO	No
Yuma	50	25	Gas	Arizona	1994	Sí	SDG&E	No
Roosevelt Hot Springs	23	17	Geotérm.	Utah	1984	Sí	UP&L	No
Desert Peak	10	10	Geotérm.	Nevada	1985	Sí	N/A	No
Mahanagdong	165	149	Geotérm.	Filipinas	1997	Sí	PNOC-EDC	Sí
Malitbog	216	216	Geotérm.	Filipinas	1996-1997	Sí	PNOC-EDC	Sí
Upper Mahiao	119	119	Geotérm.	Filipinas	1996	Sí	PNOC-EDC	Sí
Teeside Power Ltd.	1.875	289	Gas	Inglaterra	1993	No	Varios	No
Viking	50	25	Gas	Inglaterra	1998	No	Northern	No
Total de proyectos en funcionamiento	9.517	5.197						

[a] La empresa explota todos estos proyectos salvo Teeside, Quad Cities, Ottumwa y Desert Peak.

[b] Esta tabla excluye tres proyectos en Indonesia, dos de los cuales se encuentran actualmente en fase de arbitraje. Una unidad entró en funcionamiento en marzo de 1998.

[c] Los megavatios reales pueden variar en función de las condiciones de explotación y del embalse, así como del diseño de la instalación y del embalse, así como del diseño de la central. La capacidad neta de la instalación (en MW) representa la capacidad bruta de la instalación (en MW) menos la carga parasitaria, que es la producción eléctrica que utiliza la instalación y no se pone a disposición para la venta a empresas de servicios públicos u otras compras externas. Los MW netos en propiedad indican la propiedad legal actual, pero en algunos casos no reflejan la asignación actual de las distribuciones de la sociedad.

[d] PNOC-Energy Development Corporation (PNOC-EDC); gobierno de Filipinas (GOP) y Administración Nacional de Riegos de Filipinas (NIA, que también compra agua de esta instalación); Northern Electric plc (Northern). El compromiso del gobierno de Filipinas respalda las obligaciones respectivas de PNOC-EDC y NIA. Southern California Edison Company (Edison); San Diego Gas & Electric Company (SDG&E); Utah Power & Light Company (UP&L); Bonneville Power Administration (BPA); New York State Electric & Gas Corporation (NYSEG); Texas Utilities Electric Company (TUEC); Niagara Mohawk Power Corporation (NIMO); y MidAmerican Energy Company (MEC).

de Electricidad de 1989, casi toda la electricidad generada en Inglaterra y Gales debía comprarse y venderse a través del Pool, que establecía los precios. Esto significaba que incluso si una empresa producía electricidad y la vendía como servicio público, tenía que vender su electricidad al Pool a un precio determinado y recomprarla al Pool para revenderla a sus clientes de servicios públicos. Esta y otras medidas hicieron que la regulación de los precios prevaleciera en Inglaterra.

En general, el efecto de la regulación gubernamental, tanto a escala nacional como en el extranjero, consistió en limitar la rentabilidad en un margen de cifras saludables, pero no excepcionales. En el plazo de un contrato estipulado, una empresa energética podía aumentar sus beneficios si conseguía aumentar la eficiencia, pero sólo durante un tiempo. Una vez que los organismos reguladores detectaban estas ganancias elevadas, se implementaba una nueva regulación.

Los dos últimos segmentos comerciales de la empresa eran el de servicios públicos extranjeros y el corporativo. El segmento de servicios públicos extranjeros estaba dominado por Northern Electric Distribution Limited, una empresa distribuidora de electricidad en Inglaterra. En 1998, este negocio poseía una extensa red de unos 17.000 km de cables eléctricos aéreos y 26.000 km de cables eléctricos subterráneos y tenía derecho a suministrar electricidad a alrededor de 1,5 millones de clientes. Además de distribuir electricidad, Northern también se dedicaba al suministro y distribución de gas natural. Junto con Northern, MidAmerican tenía otros negocios en el extranjero, como CE Gas UK Limited, especializado en la prospección y producción de gas. Así, en el extranjero, en particular en Inglaterra, MidAmerican operaba un negocio de servicios públicos convencional que abarcaba toda la cadena de valor del suministro de energía, desde la prospección hasta la generación, pasando por la distribución y venta a los clientes. Por último, el segmento corporativo comprendía funciones corporativas como las legales y financieras, así como varios nichos como Homeservices, un negocio inmobiliario propiedad en su totalidad de MidAmerican.

Por lo que respecta a los estados financieros, en 1998, MidAmerican reportó unas ganancias netas de 127 millones de dólares sobre una base de ingresos de 2.550 millones de dólares para el *holding*. En términos diluidos por acción, esto representó 2,01 dólares por acción para los 74,1 millones de acciones en circulación al cierre de 1998. Al calcular el beneficio de explotación, el EBIT fue de 491 millones de dólares. Este cálculo excluye 220 millones en intereses netos, una provisión de 93 millones para impuestos, un cargo de 41 millones por intereses minoritarios y 11 millones en gastos extraordinarios. Dada la magnitud de los gastos netos por intereses (casi el doble de los ingresos netos), es probable que el EBIT refleje mejor la capacidad intrínseca de la empresa para generar beneficios que los ingresos netos. El margen EBIT fue del 19,2 por ciento y el margen de ingresos netos, del 5 por ciento.

Si yo hubiese estado interesado en invertir en la empresa, también habría tenido en cuenta la intensidad de capital y la rentabilidad económica del negocio, y por ello habría calculado el ROTCE. En este caso, tomando un EBIT de 491 dólares y restando el impuesto de sociedades vigente en 1998, que era del 35 por ciento, el NOPAT resultante habría sido de 319 millones de dólares. La base de capital tangible habría sido la siguiente:

Tabla 18.3

Categoría	Cantidad ($)	En % de los ingresos
Inmovilizado material	4.236 m $	166 %
Inventarios	—	0 %
Cuentas por cobrar	528 m $	21 %
Cuentas por pagar	−306 m $	−12 %
Total capital empleado (TCE)	**4.458 m $**	**174 %**

Como se puede observar, la magnitud del capital empleado en el negocio de generación de energía y servicios públicos de MidAmerican es notable. En total, representa el 174 por ciento de los ingresos, una cifra considerablemente superior a la de la mayoría de las empresas del sector. Calculado sobre la base de este TCE y el NOPAT de 319 millones de dólares, el ROTCE resultante se sitúa en el 7,2 por ciento. Aunque este rendimiento es razonable, no alcanza la categoría de excepcional. Teniendo en cuenta que al final del ejercicio parte de este inmovilizado material figuraba en el balance, pero no contribuyó a los beneficios de ese año, sería justificable adoptar a finales de 1997 un TCE menos conservador, calculado en 3.731 millones de dólares. Con este ajuste, el ROTCE resultante habría sido del 8,5 por ciento: una mejora, pero todavía no sobresaliente. Como inversor, habría llegado a la conclusión de que la economía ROTCE de MidAmerican era buena, pero ni mucho menos excelente.

Por supuesto, existen factores adicionales dignos de tener en consideración. Dado que MidAmerican es una empresa de servicios públicos con una constancia notable, es probable que haya tenido acceso a capital a un coste muy bajo, lo que pudo haber contribuido a generar rendimientos superiores a los que sugiere su economía ROTCE. Calcular el ROE es una buena forma de comprobar esta hipótesis. Tomando los ingresos netos de 127 millones de dólares sobre una base de capital ordinario de 827 millones de dólares, se obtiene para MidAmerican un ROE del 15 por ciento. Este dato parece respaldar la hipótesis de que la empresa pudo haber logrado unos rendimientos bastante favorables en su negocio, al menos en parte, gracias a su uso del apalancamiento financiero de capital a un precio razonable. En general, mi conclusión sería que, si bien MidAmerican estaba mejor gestionada que sus competidoras y tenía un crecimiento más alto, su actividad principal no era intrínsecamente un excelente *compounder* o generador de valor a largo plazo.

En cuanto a la valoración, habida cuenta del precio de adquisición de 35,05 dólares por parte de Berkshire Hathaway, podemos hacer la siguiente evaluación:

Tabla 18.4. Múltiplos EBIT-EV

EBIT-EV	1998	1997
EV*	7.867 m $	7.867 m $
EBIT	491 m $	343 m $
EBIT-EV	16,0×	22,9×

* El cálculo del valor empresarial (EV, por sus siglas en inglés) se basa en un precio de la acción de 35,05 dólares multiplicado por los 72,64 millones de acciones diluidas en circulación a 30 de junio de 1999, más la deuda neta al 30 de junio de 1999 de 5.321 millones de dólares. La deuda neta se calcula a partir de las siguientes cifras: 247 millones de dólares en efectivo + 130 millones de dólares en valores negociables + 385 millones de dólares en efectivo restringido + 190 millones de dólares en inversiones en capital – 2.017 millones de dólares en deuda de la empresa matriz – 4.256 millones de dólares de deuda del proyecto. Obsérvese que esta suma, basada en el último informe 10Q disponible, es algo inferior a los aproximadamente 9.000 millones de dólares de valor empresarial citados en el comunicado de prensa sobre la adquisición. Dos factores explican la divergencia: 1) los cambios en la deuda neta entre el 30 de junio y la fecha de publicación del comunicado de prensa y 2) el cálculo del valor de las acciones preferentes.

Tabla 18.5. Múltiplos PER

PER	1998	1997
Precio por acción	35,50 $	35,50 $
BPA declarado (diluido)	2,01 $	Negativo
PER	17,4×	No aplicable

Estos múltiplos parecen muy elevados, sobre todo si recordamos el análisis anterior que sugiere que MidAmerican no era un generador excepcional de valor a largo plazo. Es cierto que había uno o dos negocios en MidAmerican (como el sector inmobiliario) que tenían un valor claro, pero no se tuvieron en cuenta en la valoración; sin embargo, a menos que los beneficios estuvieran en niveles cíclicamente deprimidos, MidAmerican no me habría parecido infravalorada si hubiese estado interesado en invertir en ese momento. En vista del ROTCE del 7 por ciento y el ROE del 15 por ciento alcanzados en 1998, habría considerado poco probable que se produzcan unos beneficios cíclicamente bajos; dado que la generación de energía parecía ser claramente intensiva en capital, habría supuesto que un ROTCE cíclicamente alto no superaría el 12 o el 13 por ciento. Incluso en un año muy bueno, en el que los beneficios hubieran sido un 50 por ciento más altos sobre la misma base de activos, el múltiplo EBIT-EV equiparable habría sido de aproximadamente once veces, y el PER habría rondado las doce veces, lo que no se consideraría barato.

El único aspecto que me habría dejado impresionado habría sido el crecimiento. Entre 1994 y 1998, como demuestran los datos financieros seleccionados, los ingresos aumentaron de 154 millones de dólares a 2.500 millones. Mientras tanto, durante ese período los ingresos netos crecieron de 37 millones de dólares a 127 millones. Los comentarios del informe anual indican que el crecimiento fue tanto orgánico como resultado de adquisiciones. En líneas generales, habría considerado que MidAmerican era una empresa estable con un buen crecimiento, pero un rendimiento medio. Al menos en lo que respecta al capital ordinario, no me habría parecido una inversión en particular atractiva.

Entonces, ¿qué pudo haber visto Buffett de forma diferente en este caso? El comunicado de prensa del 25 de octubre de 1999 de Berkshire Hathaway sobre esta adquisición nos da algunas pistas. En primer lugar, la operación no se organizó como una simple adquisición consistente en la compra de todas las acciones ordinarias. Para mantener bajo el porcentaje de derechos de voto a efectos reglamentarios, Berkshire Hathaway debía invertir unos 1.250 millones de dólares en acciones ordinarias y acciones convertibles no remuneradas y otros 800 millones de dólares en acciones preferentes no transferibles. Según la carta anual de Berkshire a los accionistas, acorde con la perspectiva de Buffett, estos 800 millones de dólares en acciones preferentes fiduciarias se consideraban equivalentes a un título de renta fija con un rendimiento del 11 por ciento. Por lo tanto, se puede argumentar que la inversión de Buffett en MidAmerican sólo compromete 1.250 millones de dólares como capital propio, con la ventaja de poseer un producto de renta fija del 11 por ciento con relativamente poco riesgo. Aunque la estructura es algo compleja, esta operación parece similar a una transacción de capital privado. Buffett y sus socios no adquieren a

35,05 dólares por acción los cerca de 72 millones de acciones diluidas en circulación,[131] operación que habría costado en torno a los 2.500 millones de dólares. Buffett sólo desembolsa 1.250 millones de dólares, lo que le permite invertir en un producto de renta fija con un rendimiento del 11 por ciento y asegurarse una participación del 76 por ciento en los beneficios de la empresa. El efectivo restante se compensa con deuda en forma de bonos y una inversión menor de 300 millones de dólares por parte de los coinversores, Walter Scott y David Sokol. En este escenario, parece que Buffett se beneficia en dos aspectos. Primero, disfruta de una inversión en renta fija bastante atractiva; segundo, puede beneficiarse de apalancar un negocio de crecimiento estable, lo que se traduce en una mayor rentabilidad de sus acciones en comparación con el ROTCE moderado inherente al negocio. A pesar de que es difícil de cuantificar, parece que este acuerdo es sustancialmente mejor de lo que sería para un inversor común que invirtiera en acciones ordinarias de MidAmerican. También parece claro que evitar los requisitos regulatorios no fue la única razón por la que la operación se planteó de esta manera tan compleja.

Otro aspecto que parece esencial para Buffett en esta inversión es el enfoque en el equipo directivo y en el consejo de administración. Al describir la adquisición de MidAmerican, afirma: «Si pudiera escoger sólo a dos personas del ámbito empresarial estadounidense, los elegidos para este sector serían Walter Scott y David Sokol».[132] En este caso, parece que Buffett también estaba invirtiendo en dos socios a los que consideraba magníficos gestores. El informe anual de MidAmerican no ofrece una descripción detallada del equipo directivo, pero a partir de la historia de crecimiento de la empresa se desprende sin lugar a duda que la dirección había sido competente. Está claro que Buffett aprovechó que conocía personalmente las habilidades del equipo directivo.

131. Las recompras de acciones han reducido aún más el número de acciones desde los aproximadamente 74 millones de acciones diluidas a 30 de junio de 1999.

132. Berkshire Hathaway, comunicado de prensa, 25 de octubre de 1999.

Al leer los comentarios de Buffett sobre el negocio en años posteriores,[133] me impresionó su agudeza para los números. En concreto, menciona que MidAmerican arrastra una cantidad considerable de amortización del fondo de comercio (también conocida como «asignación del precio de compra» o PPA, por sus siglas en inglés), que estaba disminuyendo. De hecho, el informe anual de 1998 incluye una cifra de amortización del fondo de comercio, pero dicha cifra está oculta en la cuenta de resultados bajo la línea de «depreciación y amortización». Aunque en 1998 fue de sólo 42 millones de dólares, la amortización del fondo de comercio no debe contabilizarse como un coste real, ya que es puramente contable y la empresa no la necesita para continuar sus operaciones. Teniendo en cuenta este factor, el EBIT real menos la asignación del precio de compra habría sido de 533 millones de dólares en lugar de 491 millones, aproximadamente un 10 por ciento más. El múltiplo resultante EBIT-EV cambiaría de 16,0 veces a un múltiplo EBIT-EV menos PPA de 14,6 veces, todavía alto, pero más bajo que antes.

Al considerar en conjunto estos factores, parece que Buffett invirtió sobre todo en un equipo de directivos en los que confiaba y a quienes creía capaces de seguir impulsando el crecimiento de la empresa. También invirtió en una configuración específica que es probable que ofreciera ventajas superiores a las que habría obtenido un inversor particular en el caso de que hubiera comprado acciones ordinarias en el mismo período. Sin embargo, si nos atenemos al precio, que es un poco más bajo de lo que yo me habría planteado, parece que Buffett pagó el precio completo en comparación con los beneficios históricos del negocio de MidAmerican. Tal vez sea cierto que durante 1999, que marcó el final de una gran racha alcista en los precios de las acciones, Buffett tuvo que pagar más de lo habitual y estaba dispuesto a hacerlo por un negocio que sería capaz de emplear una gran cantidad de capital con un rendimiento decente, aunque no excepcional.

133. Warren Buffett a los accionistas de Berkshire Hathaway, 28 de febrero de 2002, p. 13.

Tabla 18.6. Resumen financiero quinquenal (1994-1998)
(en miles de dólares)

	1998[a]	1997	1996[b]	1995[c]	1994
Datos de la cuenta de resultados					
Ingresos de explotación	2.555.206	2.166.338	518.934	335.630	154.562
Ingresos totales	2.682.711	2.270.911	576.195	398.723	185.854
Gastos	2.410.658	2.074.051	435.791	301.672	130.018
Ingresos antes de provisión para impuestos	272.053	196.860*	140.404	97.051	55.836
Intereses minoritarios	41.276	45.993	6.122	3.005	—
Ingresos antes de cambio de criterio contable y partidas extraordinarias	137.512	51.823	492.461	63.415	38.834
Partida extraordinaria, neta de impuestos	−7.146	−135.850	—	—	−2.007
Efecto acumulado del cambio de criterio contable, neto de impuestos	−3.361	—	—	—	—
Resultado neto	127.003	−84.027	2.492.261	63.415	36.827
Dividendos preferentes	—	—	—	1.080	5.010
Beneficios/pérdidas netos disponibles para accionistas ordinarios	127.003	−84.027	492.461	62.335	31.817
Beneficio por acción					
Antes de cambio de criterio contable y partida extraordinaria	2,29	0,77*	1,69	1,32	1,02
Partida extraordinaria	−0,12	−2,02	—	—	−0,06
Efecto acumulado del cambio de criterio contable	−0,06	—	—	—	—
Resultado neto	2,11	−1,25*	1,69	1,32	0,96
Acciones ordinarias básicas en circulación	60.139	67.268	54.739	47.249	33.189
Beneficios por acción					
Antes de partidas extraordinarias y efecto acumulado del cambio de cuenta-diluido	2,15	0,75	1,54	1,22	0,95
Partida extraordinaria diluida	−0,10	−1,97	—	—	−0,05

.../...

.../...

	1998[a]	1997	1996[b]	1995[c]	1994
Efecto acumulado del cambio de criterio contable-diluido	−0,04	—	—	—	—
Resultado neto diluido	2,01	−1,22*	1,54	1,22	0,95
Acciones diluidas en circulación	74.100	68.686	65.072	56.195	39.203
Datos del balance					
Activos totales	9.103.524	7.487.626	5.630.156	2.654.038	1.131.145
Total pasivo	7.598.040	5.282.162	4.181.052	2.084.474	867.703
Obligaciones preferentes obligatoriamente reembolsables convertibles de sociedades fiduciarias filiales	553.930	553.930	103.930	—	—
Títulos preferentes de filial	66.033	56.181	136.065	—	—
Intereses minoritarios	—	134.454	299.252	—	—
Acciones preferentes rescatables	—	—	—	—	63.600
Fondos propios	827.053	765.326	880.790	543.532	179.991

[a] Refleja la adquisición de KDG.
[b] Refleja las adquisiciones de Northern, Falcon Seaboard y la participación en la asociación que poseía durante una parte del año.
[c] Refleja la adquisición de Magma Power Company que poseía durante una parte del año.
* Incluye el cargo no recurrente de 87.000 dólares, 1.29 dólares por acción básica, 1,27 dólares por acción diluida, por deterioro de activos indonesios.
Fuente: MidAmerican Energy Holdings Co., *Informe 10K 1998*, p. 61.

Tabla 18.7. Balance (1997-1998) (en miles de dólares)

Cierre de ejercicios a 31 de diciembre

ACTIVOS	1998	1997
Efectivo y equivalentes de efectivo	1.604.470	1.445.338
Efectivo e inversiones en empresas conjuntas	1.678	6.072
Efectivo restringido	515.231	223.636
Inversiones restringidas	122.340	—
Cuentas por cobrar	528.116	376.745
Inmovilizado material, neto	4.236.039	3.528.910
Exceso del coste sobre el valor razonable de los activos netos adquiridos, neto	1.538.176	1.312.788
Inversiones de capital	125.036	238.025
Cargos diferidos y otros activos	432.438	356.112

.../...

.../...

ACTIVOS	1998	1997
TOTAL ACTIVO	9.103.524	7.487.626
Pasivo y fondos propios		
Pasivo		
Acreedores	305.757	173.610
Otros pasivos acumulados	1.009.091	1.106.641
Deuda de la sociedad matriz	2.645.991	1.303.845
Deuda de filiales y proyectos	3.093.810	2.189.007
Impuestos diferidos	543.391	509.059
Total pasivo	7.598.040	5.282.162
Ingresos diferidos	58.468	40.837
Participaciones preferentes obligatoriamente reembolsables convertibles de los fideicomisos filiales	553.930	553.930
Valores preferentes de filiales	66.033	56.181
Intereses minoritarios	—	134.454
Acciones ordinarias y opciones sujetas a amortización	—	654.736
Fondos propios		
Acciones ordinarias, valor nominal 0,0675 $ por acción*	5.602	5.602
Capital desembolsado adicional	1.233.088	1.261.081
Ganancias acumuladas	340.496	213.493
Otros ingresos generales acumulados	45	-3.589
Acciones ordinarias y opciones sujetas a amortización	—	-654.736
Acciones propias - 23.375 y 1.658 acciones ordinarias a precio de coste	-752.178	-56.525
Total fondos propios	827.053	765.326
TOTAL PASIVO Y FONDOS PROPIOS	9.103.514	7.487.626

* Autorizadas 180.000 acciones, emitidas 82.980 acciones, en circulación 59.605 y 81.322 acciones, respectivamente.

Fuente: MidAmerican Energy Holdings Co., *Informe 10K 1998*, p. 73.

Tabla 18.8. Cuenta de resultados (1996-1998)
(en miles de dólares, excepto datos por acción)

Cierre de ejercicios a 31 de diciembre

	1998	1997	1996
Ingresos			
Ingresos de explotación	2.555.206	2.166.338	518.934
Intereses y otros ingresos	127.505	104.573	57.261
Total de ingresos	2.682.711	2.270.911	576.195
Costes y gastos			
Coste de ventas	1.258.539	1.055.195	31.840
Gastos de explotación	425.004	345.833	132.655
Gastos generales y de administración	46.401	52.705	21.451
Amortizaciones	333.422	276.041	118.586
Pérdidas por participaciones en Casecnan	—	5.972	5.221
Gastos financieros	406.084	296.364	165.900
Menos intereses capitalizados	−58.792	−45.059	−39.862
Cargo no recurrente – depreciación de la valoración de activos	—	87.000	—
Total costes y gastos	2.410.658	2.074.051	435.791
Ingresos antes de la provisión para impuestos	272.053	196.860	140.404
Provisión para impuestos sobre beneficios	93.265	99.044	41.821
Ingresos antes de intereses minoritarios	178.788	97.816	98.583
Intereses minoritarios	41.276	45.993	6.122
Resultado antes de partidas extraordinarias y efecto acumulado del cambio de criterio contable	137.512	51.823	92.461
Partida extraordinaria, neta de impuestos	−7.146	−135.850	—
Efecto acumulado del cambio de criterio contable neto de impuestos	−3.363	—	—
Resultado neto disponible para accionistas ordinarios	127.003	−84.027	92.461
Por acción			
Beneficios antes de partidas extraordinarias y acumulado por cambio de criterio contable	2,29	0,77	1,69
Partida extraordinaria	−0,12	−2,02	—
Efecto acumulado del cambio de criterio contable	−0,06	—	—
Resultado neto	2,11	−1,25	1,69

.../...

.../...

	1998	1997	1996
Por acción diluida			
Beneficios antes de partidas extraordinarias y acumulado por cambio de criterio contable	2,15	0,75	1,54
Partida extraordinaria	−0,10	−1,97	—
Efecto acumulado del cambio de criterio contable	−0,04	—	—
Resultado neto	2,01	−1,22	1,54

Fuente: MidAmerican Energy Holdings Co., *Informe 10K 1998*, p. 74.

Tabla 18.9. Estado de tesorería (1996-1998) (en miles de dólares)

Cierre de ejercicios a 31 de diciembre

	1998	1997	1996
Flujos de tesorería de las actividades de explotación			
Resultado neto	127.003	−84.027	92.461
Ajustes para conciliar el flujo de caja neto de las actividades de explotación:			
Cargo no recurrente-depreciación de activos	—	87.000	—
Partida extraordinaria, neta de impuestos	7.146	—	—
Efecto acumulado del cambio de criterio contable	3.363	—	—
Amortizaciones	290.794	239.234	109.447
Amortización del exceso del coste sobre el valor razonable de los activos netos adquiridos	42.628	36.807	9.139
Amortización del descuento de emisión original	42	2.160	50.194
Amortización de costes de financiación diferidos y otros costes	21.681	31.632	11.212
Provisión para impuestos diferidos	34.332	55.584	12.252
Ingresos de participaciones en capital	−10.837	−16.068	−910
Ingresos/pérdidas aplicables a intereses minoritarios	5.313	−35.387	1.431
Cambios en otras partidas:			
Cuentas por cobrar	−135.124	−34.146	−13.936
Cuentas por pagar, pasivo acumulado e ingresos diferidos	−41.803	29.799	2.093
Flujos de tesorería netos de las actividades de explotación	344.538	312.588	273.383

.../...

.../...

	1998	1997	1996
Flujos de tesorería procedentes de actividades de inversión			
Adquisición de KDG, Northern, Falcon Seaboard, Partnership Interest y Magma, neto de efectivo adquirido	-500.916	-632.014	-474.443
Distribuciones de participaciones	17.008	23.960	8.222
Gastos de capital relativos a proyectos de explotación	-227.071	-194.224	-24.821
Construcción en Filipinas	-112.263	-27.334	-167.160
Construcción en Indonesia	-83.869	-146.297	-76.546
Adquisición de activos de gas en el Reino Unido	-35.677	—	—
Construcción nacional y otros costes de desarrollo	-36.047	-12.794	-73.179
Disminución de las inversiones a corto plazo	1.282	2.880	33.998
Disminución/aumento del efectivo e inversiones restringidos	20.568	-116.668	63.175
Otros	-33.787	60.390	-2.910
Flujos de tesorería netos procedentes de inversiones	-990.772	-1.042.101	-713.664
Flujos de tesorería netos procedentes de financiaciones			
Ingresos por venta de acciones ordinarias y propias y ejercicio de opciones sobre acciones	3.412	703.624	54.935
Ingresos procedentes de valores preferentes convertibles de fideicomisos filiales	—	450.000	103.930
Producto de la emisión de deuda de la sociedad matriz	1.502.243	350.000	324.136
Reembolso de la deuda de la sociedad matriz	-167.285	-100.000	—
Ingresos netos de la línea de crédito rotativa	—	-95.000	95.000
Producto de la deuda de filiales y proyectos	464.974	795.658	428.134
Reembolso de la deuda de filiales y proyectos	-255.711	-271.618	210.892
Gastos diferidos relativos a la financiación de la deuda	-47.205	-48.395	-36.010
Compra de acciones propias	-724.791	-55.505	-12.008
Otros	21.701	13.142	10.756
Flujos netos de tesorería procedentes de actividades de financiación	797.338	1.741.906	757.981
Efecto de las variaciones de los tipos de cambio	3.634	-33.247	4.860
Aumento neto de tesorería y equivalentes	154.738	979.146	322.560
Efectivo y equivalentes de efectivo al inicio del ejercicio	1.451.410	472.264	149.704
Efectivo y equivalentes de efectivo al final del ejercicio	1.606.148	1.451.410	472.264
Información complementaria			
Intereses pagados (netos de importes capitalizados)	341.645	316.060	92.829
Impuestos pagados	53.609	44.483	23.211

Fuente: MidAmerican Energy Holdings Co., *Informe 10K 1998*, p. 76.

19

2007-2009: Burlington Northern

En su carta dirigida a los accionistas al cierre del ejercicio de 2007, Warren Buffett reveló que con un coste base de 4.730 millones de dólares, poseía 60.828.818 acciones de Burlington Northern Santa Fe (BNSF). Esta cantidad representaba un 17,5 por ciento de participación en la empresa, con un precio promedio de 77,76 dólares por acción. Esta compra marcó la inversión inicial de Buffett en BNSF, que por entonces y hasta la fecha se mantiene como una de las dos principales compañías ferroviarias de América del Norte, junto con Union Pacific. A finales de 2009, Buffett y Berkshire Hathaway adquirieron las acciones restantes de BNSF en un acuerdo que valoró la empresa en una capitalización total de mercado de 34.000 millones de dólares; es decir, unos 100 dólares por cada una de los 341,2 millones de acciones que estaban en circulación en ese momento. El remanente adquirido en ese entonces suponía una participación del 77,4 por ciento en la empresa. Entre 2007 y 2010, Berkshire Hathaway había incrementado su participación inicial del 17,5 a un 22,6 por ciento. En este capítulo analizaremos la inversión en BNSF tanto desde la perspectiva de la adquisición inicial en 2007 como de la compra completa en 2010. Operar una red ferroviaria implica una alta demanda de capital. BNSF obtiene la mayoría de sus ingresos del transporte de mercancías entre los principales núcleos económicos de América del Norte. Esto conlleva gastos significativos para mantener la flota de locomotoras y vagones de carga, así como la infraestructura de vías férreas y toda una red de instalaciones de apoyo que incluye estaciones, terminales, centros de despacho y talleres especializados en servicio y mantenimiento. Según el informe anual de 2008 de BNSF, el ferrocarril daba empleo a aproximadamente 40.000 personas y contaba con 6.510 locomotoras y 82.555 vagones de carga. Matthew Rose, CEO y presidente de la empresa, informó que entre 1997 y 2008, BNSF invirtió 30.000 millones de dólares en mejorar su infraestructura ferroviaria y su flota de vehículos. Desde cualquier punto de vista, esta inversión representa una suma considerable. Además de ocuparse de las operaciones cotidianas, dirigir un ferrocarril rentable también implica asignar capital de forma inteligente para la expansión, navegar por un entorno competitivo y gestionar con éxito asuntos regulatorios, como los derechos de paso (imagen 19.1).

Imagen 19.1

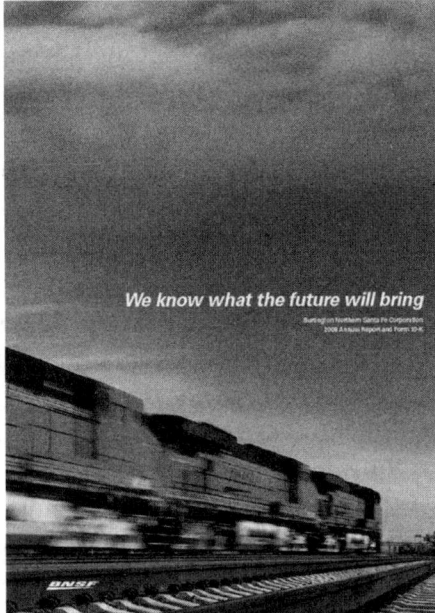

De acuerdo con el informe anual de BNSF de 2008, el negocio está segmentado en cuatro divisiones principales y una categoría de «otros». La distribución por ingresos queda detallada en la tabla 19.1.

Tabla 19.1. Resumen de los segmentos de actividad

SEGMENTO	INGRESOS	% DEL TOTAL
Productos de consumo	6.064 m $	34 %
Productos industriales	4.028 m	22 %
Carbón	3.970 m	22 %
Productos agrícolas	3.441 m	19 %
Otros	515 m	3 %
Total	**18.018 m $**	**100 %**

En 2009, excluyendo la categoría «otros», las cuatro actividades principales de transporte de mercancías de BNSF generaron unos ingresos de 17.500 millones de dólares. Como se indica en la tabla 19.1, el segmento de «productos de consumo» fue el más grande, pero los segmentos de «productos industriales», «carbón» y «productos agrícolas» también tuvieron una contribución relevante.

Detallando más cada categoría de carga de BNSF, la de productos de consumo comprende cerca del 90 por ciento de contenedores, que incluyen tanto de transporte internacional como mercancía nacional, y el 10 por ciento de productos automotrices. La categoría de productos industriales abarca materiales de construcción y edificación, productos petrolíferos, químicos y plásticos, así como alimentos y bebidas. La categoría de carbón se centra en el transporte de carbón estadounidense con bajo contenido en azufre, procedente de la cuenca del río Powder en Wyoming y Montana. En cuanto a los productos agrícolas, esta categoría incluye el transporte de maíz, trigo, soja y otros alimentos a granel, así como etanol, fertilizantes y productos relacionados. En términos generales, al margen de la categoría de producto, la principal actividad de BNSF es el transporte de productos a granel y realiza principalmente rutas por el corazón del centro y oeste de Estados Unidos, como se muestra en la imagen 19.2, procedente de su declaración 10-K de ese año.

Imagen 19.2. Mapa de la presencia de BNSF

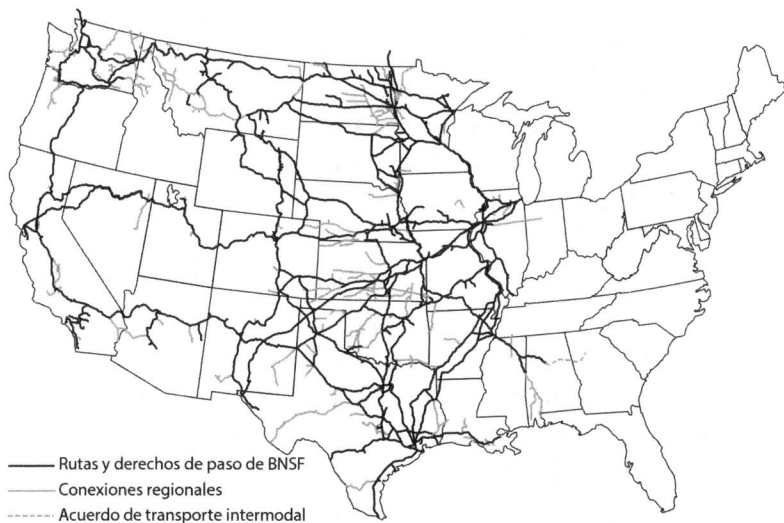

——— Rutas y derechos de paso de BNSF
——— Conexiones regionales
- - - - - - Acuerdo de transporte intermodal

Fuente: Union Pacific Corporation, *Informe anual 2007*.

Como también se señala en la declaración 10-K, la estructura de la relación con los clientes de BNSF es tal que aproximadamente dos tercios de los ingresos de la compañía provienen de contratos de diversa duración con clientes individuales, mientras que el tercio restante se genera a partir de clientes que pagan según las tarifas públicas establecidas por el transportista común.

Tal como puede observarse, si bien la longitud promedio de los transportes se ha mantenido relativamente constante, durante los dos últimos años, el volumen total de toneladas-milla se ha incrementado entre un 1 y un 2 por ciento anual. Sin embargo, la diferencia más notable se observa en el ingreso medio por tonelada-milla; es decir, el precio, que en ese mismo período ha registrado un aumento considerable de entre un 4 y un 13 por ciento. Aunque parte de este aumento puede atribuirse a la subida de los precios del combustible, los datos financieros detallados de BNSF muestran que los costes de combustible sólo aumentaron 1.700 millones de dólares, mientras que los ingresos por transporte de mercancías crecieron 3.000 millones de dólares. Esto demuestra que BNSF posee la capacidad de fijar precios en el mercado (tabla 19.2).

Tabla 19.2. Métricas operativas BNSF

Cierre ejercicios a 31 de diciembre	2008	2007	2006
Ingresos toneladas-milla (millones)	664.384	657.572	647.857
Ingresos de flete por cada mil toneladas-milla de ingresos	26,34 $	23,34 $	22,45 $
Longitud media de transporte (millas)	1.090	1.079	1.071

Fuente: Basado en el *Informe 10K 2008* de Burlington Northern Santa Fe, p. 10.

Otro aspecto fundamental para entender BNSF es reconocer su posición competitiva en el mercado. En primer lugar, BNSF compite con otros ferrocarriles. Su mayor rival, Union Pacific, contaba en 2008 con 48.000 empleados y alrededor de 8.700 locomotoras. Para ilustrar la magnitud de la competencia entre BNSF y Union Pacific, conviene referirse al mapa de operaciones de Union Pacific, que se muestra en la imagen 19.3. Esta comparativa permite visualizar las áreas geográficas en las que ambas compañías operan y la intensidad de su competencia.

Efectivamente, tanto Union Pacific como BNSF compiten en numerosas rutas que conectan las grandes llanuras centrales con la Costa Oeste.[134] Dada esta competencia directa, aspectos como el precio, la puntualidad y la calidad del servicio son esenciales en la operativa de ambos ferrocarriles. En la tabla 19.3, procedente del informe anual de 2008 de Union Pacific, se detallan estos parámetros operativos.

Al comparar los parámetros operativos de BNSF con los de

134. Union Pacific, *Informe anual 2008*, pp. 5, 10.

Imagen 19.3. Métricas operativas, BNSF

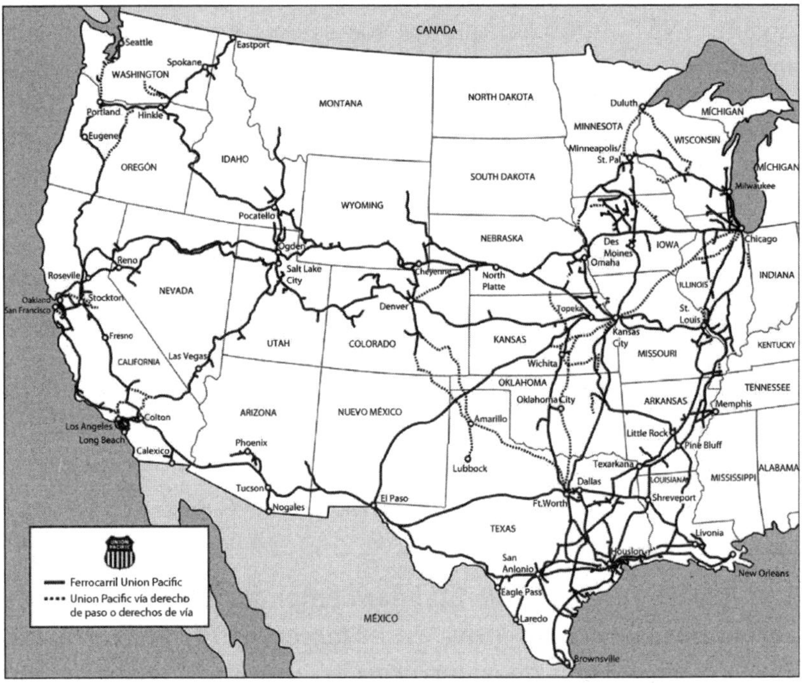

Fuente: Burlington Northern Santa Fe Corporation, *Informe anual 2008*.

Union Pacific, sacamos dos conclusiones clave. Primera, parece ser que BNSF había añadido vías o gestionado sus volúmenes de carga de manera más eficaz que Union Pacific, ya que mientras entre 2006 y 2008 ésta experimentó un ligero descenso en las toneladas-milla de ingresos, BNSF registró un incremento del 3 por ciento. Segunda, tanto BNSF como Union Pacific aumentaron sus tarifas, lo que sugiere que existía un entorno favorable para los precios en la industria, indicativo de la ausencia de una competencia despiadada en precios entre ambas compañías.

En cuanto a la competencia directa, Union Pacific fue un verdadero rival para BNSF, pero, conforme al análisis previo, es probable que la relación entre ambas se asemejara más a un duopolio disciplinado en términos de precios. BNSF parecía ser el operador más eficiente de los dos porque entre 2006 y 2008

Tabla 19.3. Métricas operativas Union Pacific

Cierre ejercicios a 31 de diciembre	2008	2007	2006
Ingresos toneladas-milla (millones)	562.600	561.800	565.200
Ingresos de flete por cada mil toneladas-milla de ingresos	30,43 $	27,56 $	26,17 $
Ratio de explotación	77,3 %	79,3 %	81,5 %
Índice de satisfacción del cliente	83	79	72

Fuente: Basado en Union Pacific, «Estadísticas de funcionamiento/rendimiento», *Informe anual 2008*, p. 35.

había conseguido aumentar de manera rentable sus ingresos en toneladas-milla, aunque Union Pacific también mostró unos resultados razonablemente buenos.

Además de la competencia directa entre ferrocarriles, también hay que considerar los modos alternativos de transporte de mercancías a larga distancia. Los sustitutos más evidentes incluyen el transporte por camión, barco y avión. Dado que el transporte marítimo se limita a las áreas cercanas a las vías navegables y que el transporte aéreo es muy costoso, no cabe duda de que el sustituto más relevante del ferrocarril de mercancías es el transporte terrestre en camión.

En su informe anual, el presidente de BNSF, Matthew Rose, enfatiza las ventajas del ferrocarril frente al transporte en camión y señala que «con la misma cantidad de combustible, los trenes transportan de media una tonelada de carga casi tres veces más lejos que un camión». A pesar de que el transporte ferroviario maneja más del 40 por ciento del total de mercancías transportadas a escala nacional, sólo produce el 2,6 por ciento de las emisiones de gases de efecto invernadero del país.[135] En general, es probable que el tren sea la opción más eficaz, económica y ecológica para el transporte regular de mercancías. De hecho, según Rose, el enfoque de BNSF no debería centrarse tanto en la competencia directa con operadores como Union Pacific como en la oportunidad que tiene el sector

135. Burlington Northern Santa Fe, *Informe anual 2008*, pp. 12-13.

ferroviario en su conjunto de hacerse con una mayor cuota del mercado general de transporte de mercancías.

Desde el año 2000 hasta el 2007, los estados financieros de Burlington Northern Santa Fe mostraron un crecimiento. Los ingresos aumentaron de 9.200 millones de dólares en el 2000 a 15.800 millones en el 2007. En términos de EBIT, la cifra pasó de 2.200 millones de dólares en el 2000 a 3.500 millones en el 2007, mientras que en ese mismo período los beneficios netos crecieron de 980 millones de dólares a 1.800 millones. Entre el 2000 y el 2007, este crecimiento se traduce en una tasa de crecimiento anual compuesto (CAGR) de en torno al 8 por ciento para los ingresos, 7 por ciento para el EBIT y 9 por ciento para los beneficios netos. Según el balance de la empresa al cierre del año 2007, BNSF mostraba una estructura de capital y una rentabilidad económica como las que se presentan en la tabla 19.4.

Tabla 19.4

CATEGORÍA	MONTO EN $	COMO % DE LOS INGRESOS
PPE:	$33.583 millones	213 %
Inventarios	$579 millones	4 %
Cuentas por cobrar	$790 millones	5 %
Cuentas por pagar	−$2.824 millones	−18 %
Capital total empleado (TCE)	**$32.128 millones**	**203 %**

En dicha tabla se resalta que el capital principal empleado en el negocio ferroviario está vinculado al inmovilizado material, categoría que incluye las vías férreas, las instalaciones de mantenimiento y el parque móvil, como las locomotoras y los vagones. Aparte de este inmovilizado material, el negocio requiere poco capital. Basándose en los ingresos reportados de 15.800 millones de dólares y un EBIT de 3.500 millones de dólares, la rentabilidad antes de impuestos se calcula en un 10,9 por ciento. Si suponemos un tipo impositivo del 30 por ciento con un NOPAT de 2.400 millones de dólares, el ROTCE teórico después de impuestos sería del 7,6 por ciento.

Aunque por sí solo este dato no parece en particular impresionante en comparación con el estándar general, que considera que un buen ROTCE debería estar algo por encima del 15 por ciento, BNSF parecía mostrar un rendimiento marginal mejor sobre el capital tangible que sobre su base de capital total. Este caso no es obvio, pero es bastante sencillo. De sus aproximadamente 40.000 millones de dólares en inmovilizado material neto, alrededor del 80 por ciento estaba vinculado a la estructura de las vías y otras infraestructuras ferroviarias.[136] Todas las locomotoras, vagones de mercancías y otros equipos representaron, en conjunto, sólo unos 6.000 millones de dólares brutos en inmovilizado material. En este caso, mientras que las locomotoras y los vagones de carga pueden necesitar ser reemplazados cada varios años, o puede ser necesario comprar más, las vías férreas y las infraestructuras principales son, en su mayoría, costes iniciales que una vez establecidos no requieren un capital adicional significativo. Por supuesto, con la expansión regional, deben tenderse algunas vías nuevas, pero el coste de este «capital marginal» es mucho menor que el de tender las vías principales. En concreto, BNSF informó que en 2006 se tendieron y mantuvieron 854 millas de vías, en 2007 fueron 994 millas y en 2008, 972 millas. De las aproximadamente 60.000 millas de vías gestionadas por la compañía, estas cifras representan un poco más del 1 por ciento anual. Las nuevas vías de expansión son una fracción de esta cantidad. En comparación con el crecimiento de los ingresos por flete, que subieron un 5 por ciento en 2007 y un 14 por ciento en 2008, se trata de una inversión muy pequeña. Por lo tanto, es probable que el ROTCE marginal sea al menos el doble de lo que sugiere el ROTCE del 7,6 por ciento, que se basa en el capital total de la empresa.

En total, con una tasa de crecimiento a largo plazo de entre el 6 y el 8 por ciento anual, basada en la eficiencia del ferrocarril

136. BNSF, *Informe anual 2008*, notas a los estados financieros consolidados, n.º 7, p. 54

frente a otros medios de transporte y un ROTCE marginal alto del 15 por ciento o superior, BNSF sería atractiva para un posible inversor que comprenda la economía del negocio: es una empresa de buena calidad con algunas ventajas estructurales. Los principales argumentos que podrían esgrimirse en contra de BNSF se centran en aspectos cualitativos, como la competencia en el sector y la necesidad de una excelente ejecución operativa para tener éxito.

Esto nos lleva de manera natural a analizar el equipo directivo de BNSF, responsable de esa buena ejecución. A finales de 2007, el equipo responsable de BNSF incluía al CEO y presidente, Matthew Rose, y al director financiero, Thomas Hund. Rose ocupaba ambos cargos desde el año 2000. Se incorporó a la empresa en 1993 y ascendió en el área de operaciones, donde ocupó el cargo de director de operaciones antes de convertirse en CEO. Antes de unirse a BNSF, trabajó en el sector ferroviario como vicepresidente de transporte en una filial de Norfolk Southern Railroad. Sin duda, era un directivo con una gran experiencia en la gestión de ferrocarriles y, como ya se ha mencionado, en su puesto como CEO tenía un historial de grandes resultados financieros, ayudando a la empresa a generar un crecimiento constante tanto de los ingresos como de los beneficios. Bajo el liderazgo de Rose, BNSF obtuvo a menudo mejores resultados que Union Pacific.[137] Por su parte, el ejecutivo Thomas Hund también tenía una amplia experiencia en la industria ferroviaria. Era el director financiero de BNSF desde 1999 y antes había ocupado varios cargos financieros en BNSF y Santa Fe Railway. Entre el 31 de diciembre de 1999 y el 31 de diciembre de 2007, las acciones en circulación (diluidas) de BNSF se redujeron un 23 por ciento, pasando de unos 467 millones a 359 millones. Durante el mismo período, los dividendos aumentaron de 0,48 dólares a 1,14 dólares, lo que demuestra la buena gestión del capital por parte de Hund. Si bien los miembros del equipo directivo de BNSF no parecían poseer muchas

137. Basado en estadísticas operativas de la Association of American Railroads <www.aaa.org>.

acciones, tenían mucha experiencia y un historial bastante respetable.

Y así llegamos a la valoración. Buffett adquirió Burlington Northern Santa Fe en varios tramos. Valorando la empresa en 27.000 millones de dólares, por su compra inicial en 2007 de una participación del 17,5 por ciento de la empresa, desembolsó 4.700 millones de dólares. Esto refleja un precio promedio de 77,78 dólares por acción. Los múltiplos de valoración convencionales para esta compra habrían sido los siguientes:[138]

Tabla 19.5. Múltiplos de valoración

	2007 PREVISTO	2006 REAL
BPA (diluido)	5,10 $	5,11 $
PER	15,3×	15,2×
EBIT	3.490 millones $	3.520 millones $
EBIT-EV	10,1×	10,0×
P/B	2,43×	2,42×

No es un precio increíblemente barato, pero para una empresa bien gestionada y con una calidad intrínseca, con una razón comprensible para tener incrementos anuales del 7 por ciento en beneficios e ingresos a un ROTCE marginal alto, es un precio más que razonable para un inversor que crea en el valor del crecimiento. La clave radica, entonces, en la certeza de ese crecimiento. Dado que BNSF tenía la ventaja estructural de ser una forma de transporte de mercancías más eficiente en términos de consumo de combustible, un largo historial de crecimiento y un equipo directivo competente, como inversor interesado me habría sentido bastante cómodo con sus perspectivas de crecimiento.

Cuando, en 2010, Berkshire adquirió el resto de la compañía, el coste fue de aproximadamente 100 dólares por acción para los 341,2 millones de acciones en circulación que aún no poseía. Esto representaba alrededor de un 20 por ciento más que la base de

---

138. Los múltiplos se basan en el VE y las cifras de beneficios en las cifras reales del informe de cierre de 2007.

coste de sus compras iniciales de acciones en 2007. Al observar los beneficios al cierre de 2009 (es probable que en el momento de la compra aún no estuvieran disponibles los resultados del cuarto trimestre), la nueva valoración habría sido la siguiente:[139]

Tabla 19.6. Múltiplos de valoración II

	2009 PREVISTO	2008 REAL
BPA (diluido)	5,01 $	6,06 $
PER	19,9×	16,5×
EBIT	3.260 millones $	3.910 millones $
EBIT-EV	13,2×	11,0×
P/B	2,66×	3,06×

Incluso más que su compra de 2007, está claro que la valoración que paga Buffett no es barata. A pesar de considerar la prima necesaria para hacerse con el cien por cien de la empresa, en ese momento un inversor podría haber concluido que el múltiplo EBIT-EV de 11,0 veces basado en 2008 reflejaba los beneficios máximos del sector ese año y que el múltiplo de 13,2 veces de 2009 ofrecía una imagen más precisa del precio pagado en relación con los beneficios sostenibles. Parece que Buffett confiaba en conocer mejor las perspectivas de crecimiento de BNSF o tenía suficiente confianza en ellas como para pagar un precio de 13,2 veces el EBIT-EV.

Lo que más me impresionó fue el contexto económico en que se realizó esta inversión. Cuando Buffett hizo esta compra a finales de 2009, Estados Unidos acababa de atravesar una de las recesiones económicas más graves de los últimos tiempos. El 3 de noviembre de 2009, cuando se anunció el acuerdo con Burlington Northern, el Dow Jones rondaba los 10.000 puntos, después de haber caído por debajo de los 7.000 en marzo de ese mismo año. En el caso específico de Burlington Northern Santa

---

139. Los múltiplos se basan en el valor empresarial y las cifras de beneficios se basan en las cifras reales del informe anual de 2009; el VE utilizado fue de 43.100 millones de dólares, a partir de una capitalización bursátil de 34.000 millones de dólares y una deuda neta de 9.100 millones de dólares.

Fe, los resultados operativos al cierre del ejercicio (que no estaban disponibles en el momento de la compra de Buffett) eran más o menos similares a los obtenidos en 2006; es decir, tres años antes. A pesar del miedo que reinaba en el mercado y de los malos resultados a corto plazo de BNSF, Buffett tuvo el valor de realizar la mayor inversión de su carrera en un momento de gran incertidumbre. Vio la oportunidad de adquirir un negocio de calidad con un crecimiento decente y un elevado ROTCE marginal y tuvo confianza suficiente para pagar un precio que otros habrían considerado elevado, sobre todo en 2009. En este caso, puedo suponer que a finales de 2009, en lugar de buscarse otros candidatos que también podrían haber sido interesantes, Buffett decidió aferrarse a una buena inversión que conocía bien.

En resumen, parece que en principio Buffett invirtió en BNSF porque era un buen negocio bien gestionado que costaba un precio razonable. En 2009, aprovechó la oportunidad de pagar «sólo» una prima de aproximadamente el 25 por ciento sobre su compra inicial para adquirir un negocio que conocía bien, pero en un momento en el que tanto la incertidumbre del mercado como el propio desempeño de la empresa seguían siendo inciertos. Para cualquier inversor experimentado, tomar esta decisión requiere mucho valor, al margen de la necesidad de rendir cuentas a los inversores a corto plazo de su fondo.

Entrevista de Matt Rose a Warren Buffett

El 21 de diciembre de 2009 Burlington Northern Santa Fe Corporation (BNSF) publicó en su intranet un vídeo en el que el CEO, Matt Rose, entrevistaba a Warren Buffett, CEO de Berkshire Hathaway Inc. (Berkshire Hathaway), sobre temas relacionados con la adquisición de BNSF. A continuación transcribimos la entrevista:

BNSF Video News
Entrevista a Warren Buffett
Entrevistador: Matt Rose
3 de diciembre de 2009

Matt Rose: Hola, soy Matt Rose. Bienvenidos a esta edición especial de BNSF Video News. Como todos ustedes saben, hemos aparecido mucho en las noticias debido al importante anuncio de que Berkshire Hathaway está adquiriendo la propiedad futura de BNSF. Por ello he recibido muchas preguntas sobre qué significa esto para BNSF, para las personas que trabajan aquí, para nuestros clientes y para las comunidades en las que trabajamos, así que pensé: «¿Quién mejor para responder a estas preguntas que Warren Buffett, presidente y CEO de Berkshire Hathaway?». Es un placer tener a Warren con nosotros hoy en esta grabación, así que vamos a empezar. Les pedí a unas 20 personas que enviaran preguntas para Warren y nos han llegado unas 150 preguntas. Aunque sólo haremos unas 15 o 20, intentaremos cubrir lo más importante. De nuevo, Warren, bienvenido y gracias por acompañarnos. La primera pregunta es: ¿por qué BNSF y por qué ahora?

Warren Buffett: Bueno, de todos es sabido que me encantan los trenes. Hace setenta años, solía ir a Union Station todos los domingos y lo hice durante muchos años. Por el tamaño que tenía Berkshire, no podríamos haber hecho esto hace veinte años. Pero Berkshire ha ido acumulando capital. No distribuimos dividendos, así que acumulamos entre 8 y 10 mil millones de dólares al año. En fin, esto es un sueño para mí, tener la oportunidad de comprar un ferrocarril maravilloso como éste... No podría estar más feliz al respecto.

Matt Rose: Al anunciar la adquisición, mencionaste que era una apuesta total por el futuro económico de Estados Unidos. Has estado aumentando tu participación en el sector ferroviario durante varios años y en el comunicado expresaste: «Me encantan estos acontecimientos». ¿Cuál es tu perspectiva y cuáles son tus pensamientos sobre el futuro de la industria ferroviaria?

Warren Buffett: Pues si al país le va bien, nos irá bien a nosotros también, y al país le va a ir bien. No sé si será la semana que viene, el mes que viene o incluso el año que viene, pero si miramos hacia los próximos cincuenta años, este país va a crecer, va a tener más población, habrá más mercancías en movimiento y lo más lógico es que una gran parte de esa mercancía se transporte en ferrocarril, es probable que en un porcentaje cada vez mayor. Es una cuestión de eficiencia de costes, eficiencia de combustible y respeto al medio ambiente. Así que no veo cómo el ferrocarril podría perder cuota de mercado; creo que el pastel seguirá creciendo y que la participación del ferrocarril en ese pastel también aumentará.

Matt Rose: En el pasado has dicho que prefieres adquirir un gran negocio a un precio razonable que un negocio razonable a un gran precio. ¿Cómo encaja BNSF en la descripción de un gran negocio?

Warren Buffett: Es un gran negocio porque sabes que llegó para quedarse, eso para empezar. Por ejemplo, el negocio del *hula-hoop* llegó y se fue, y lo mismo pasó con las piedras mascota y demás. Incluso los fabricantes de televisores se trasladaron a Japón. Pero el negocio ferroviario no va a irse a ninguna parte, va a permanecer aquí, en Estados Unidos. Habrá cuatro grandes ferrocarriles que seguirán moviendo cada vez más mercancías, así que sí, es un negocio sólido. No puede compararse con Coca-Cola o Google porque, ya sabes, también es un servicio público y eso implica que esté regulado, pero con el tiempo será un buen negocio. Tiene sentido que este país siga invirtiendo en la expansión y la eficiencia de los ferrocarriles. Estaremos en sintonía con la sociedad y la sociedad estará en gran medida de nuestro lado. Quizás no todos los días, pero sí la mayor parte del tiempo.

Matt Rose: Pues creo que nuestros 40.000 empleados estarían totalmente de acuerdo con eso. Muy bien, pasemos a la siguiente pregunta. Históricamente, ¿las empresas se vuelven más rentables después de unirse a Berkshire Hathaway? Si es así, ¿por qué crees que sucede esto?

Warren Buffett: Claro, es porque puedes dirigir el negocio exactamente como quieras. No tienes que complacer a los bancos, a Wall Street, a los medios de comunicación ni a nadie. Básicamente, liberamos a los gerentes de nuestras empresas para que se centren en lo que de verdad les apasiona, que es dirigir su negocio. Y no hay otro lugar además de Berkshire que ofrezca eso.

Matt Rose: Claro. La próxima pregunta es, y quiero aclarar que no la he formulado yo: ¿Berkshire se involucrará directamente en la gestión de BNSF? ¿Habrá cambios en la forma en que se gestiona la empresa?

Warren Buffett: No. La respuesta es bastante sencilla: tenemos un equipo de 20 personas trabajando en Omaha y ninguna de ellas tiene la menor idea de cómo dirigir un ferrocarril.

Matt Rose: ¿Esta transacción afectará de manera positiva o negativa a los puestos de trabajo?

Warren Buffett: No creo que cambie nada en ese aspecto. Seguiremos gestionando el ferrocarril de manera eficiente, y cuando las cosas vayan bien, habrá más empleados, y cuando vayan mal, habrá menos. Pero que los propietarios seamos nosotros no influye en la cantidad de puestos de trabajo.

Matt Rose: Uno de nuestros ingenieros de locomoción ha enviado esta pregunta: Bajo la gestión de Berkshire Hathaway, ¿cómo se manejará la comunicación de los trabajadores ferroviarios con respecto a posibles problemas? ¿Cómo se conciliarán las negociaciones salariales, la atención médica y el ambiente laboral positivo con los objetivos de ganancias de Berkshire Hathaway?

Warren Buffett: Pues igual que se ha hecho con las ganancias de BNSF. Ni yo ni ningún empleado de Omaha va a inmiscuirse en cuestiones de mano de obra ni en los términos de compra ni en la elección de locomotoras ni nada por el estilo. Adquirimos la empresa porque estaba bien gestionada. Si llegáramos a intervenir en la gestión de BNSF, sería porque ambos hemos tenido algún problema.

Matt Rose: De acuerdo. La próxima pregunta la ha enviado nuestro departamento financiero. ¿Se producirá una venta considerable de activos de BNSF para pagar la deuda de 8.000 millones de dólares de la adquisición?

Warren Buffett: Ni un centavo, ni un solo centavo.

Matt Rose: ¿Seguirá Berkshire invirtiendo el capital necesario para mantener la infraestructura de BNSF?

Warren Buffett: Sería absurdo no hacerlo. No hemos adquirido este negocio para dejarlo desatendido. La inversión anticipada es una parte fundamental del negocio ferroviario y continuará siéndolo en el futuro.

Matt Rose: Me has oído hablar del riesgo regulatorio. Llevamos años hablando de eso con nuestros empleados. La pregunta es: según lo que sabes, ¿cuál es tu perspectiva sobre el riesgo regulatorio en nuestro sector?

Warren Buffett: Bueno, Matt, eso nunca desaparecerá. Siempre habrá personas a las que les moleste lo que cobras, ya sea un agricultor en el campo o en cualquier otro lugar. El transporte ferroviario tiene un aspecto utilitario, pero también empresarial, por lo que siempre va a estar regulado. Siempre habrá cierta tensión entre los transportistas y los ferrocarriles y siempre habrá algunas personas que tratarán de utilizar la influencia política para alterar las tarifas. Sin embargo, a fin de cuentas, el país necesita que los ferrocarriles inviertan mucho dinero sólo para permanecer en el mismo lugar y aún más para crecer. Sería absurdo por parte de la sociedad negarles una tasa de rendimiento razonable.

Matt Rose: Otra pregunta del departamento financiero. ¿BNSF tendrá que competir ahora internamente por el capital con otros intereses de Berkshire?

Warren Buffett: Rotundamente no.

Matt Rose: A mí me pareció una buena pregunta. Pasemos a la siguiente. Dentro de diez años, ¿cómo se evaluará si la adquisición de BNSF ha sido un éxito o no?

Warren Buffett: La evaluaré según mi propio criterio, que se centra en el bienestar del país. Si me equivoco, será responsabilidad exclusivamente mía. Pero la compararé con otras compañías ferroviarias y, entre otros factores, analizaré el desempeño relativo de los ferrocarriles frente al transporte por carretera. En última instancia, no me preocupa demasiado. He observado de cerca cómo se han desarrollado las cosas aquí y tengo confianza en el futuro del país. Creo que Occidente prosperará y es donde prefiero estar.

Matt Rose: ¿De qué manera debería BNSF respaldar los objetivos a largo plazo de Berkshire Hathaway? ¿Qué expectativas han establecido para el equipo directivo de BNSF?

Warren Buffett: BNSF debería alinearse con Berkshire Hathaway y tratar como propios los intereses de los 250.000 propietarios actuales. No veo ninguna diferencia en cuanto a los objetivos entre BNSF y Berkshire. Ambas partes quieren que el ferrocarril opere de la mejor manera posible. Nos encantaría que todos y cada uno de los vagones que pudiéramos arrebatarle a Union Pacific [ininteligible], pero también queremos que Union Pacific tenga éxito. O sea, en los próximos años nos beneficiaremos mutuamente. Si creyéramos que se necesitan cambios, no estaríamos aquí.

Matt Rose: Esta pregunta ha sido enviada por uno de los empleados. He oído que en algunas compañías, Berkshire ha eliminado los planes de pensiones patrocinados por la empresa. ¿Qué previsiones tienes para los planes de pensiones de BNSF y qué factores tienes en cuenta al evaluar el mantenimiento de un plan de pensiones en una empresa que adquieres?

Warren Buffett: Sí. Eso dependerá del equipo directivo. Quiero decir, puede que con el tiempo los beneficios regulados por el gobierno cambien. ¿Quién hubiera imaginado hace cuarenta años que existirían los planes 401k[140] o algo por el estilo? Esas decisiones las tomarás tú, como todas las demás.

---

140. Los 401k son los planes de jubilación que ofrecen las empresas estadounidenses a los empleados en activo. (*N. de la t.*)

Matt Rose: Al vincular parte de la compensación a los resultados corporativos, BNSF ha desarrollado una estructura salarial que fomenta que los empleados se sientan dueños de la empresa. ¿Cómo crees que cambiará esto tras la fusión?

Warren Buffett: Quienes estén implicados en cualquier acuerdo de remuneración basado en el rendimiento, ya sea mediante acciones u otros medios, verán seguramente esos incentivos resueltos, en última instancia, por ti.

Matt Rose: Hemos recibido muchas preguntas para conocer tu opinión sobre la economía nacional y tu filosofía al respecto. Veamos un par de ellas. Hace poco se ha planteado que la creciente deuda nacional podría convertirse en la próxima crisis económica. ¿Estás de acuerdo? ¿Qué debería hacerse para abordar esta situación?

Warren Buffett: Recuerdo haber escrito hace unos meses un artículo al respecto. Es cierto que es un problema, pero si se echa la vista atrás, al comienzo de cada año desde 1776, se podría haber elaborado una lista de los problemas a los que se enfrentaba Estados Unidos. No somos perfectos evitándolos, pero somos bastante buenos resolviéndolos. Incluso en este país hemos tenido una guerra civil, por no hablar de la Gran Depresión, las guerras mundiales, las epidemias de gripe y más cosas. Este país siempre ha tenido problemas, pero siempre los ha resuelto. No sé si los negocios se recuperarán en tres meses o en seis, pero sí sé que en los próximos cien años es probable que tengamos quince años malos, quince regulares y setenta buenos. No sé en qué orden vendrán, pero, en líneas generales, este país funciona. Empezamos con 4 millones de personas en 1790 y mira ya por dónde vamos. Y eso es gracias al sistema.

Matt Rose: En términos de gestión, ¿fomentas la colaboración entre las empresas subsidiarias?

Warren Buffett: Sí, las animamos a buscar oportunidades de colaboración que beneficien a ambas partes, pero no dictamos directrices desde Omaha. Por ejemplo, en materia de transporte, una de nuestras empresas de alfombras ha llegado a un acuerdo con nuestra empresa de aislamientos, Johns Manville. También hemos visto colaboraciones para obtener descuentos especiales en la compra de ordenadores gracias al poder de compra en enormes cantidades, pero desde Omaha nunca hemos impuesto nada. Los directivos se conocen entre sí y a veces encuentran soluciones en beneficio mutuo sin intervención externa.

Matt Rose: Se ha observado que Berkshire Hathaway no ha invertido antes en empresas fuertemente sindicalizadas. ¿Cuál es la opinión del señor Buffett sobre el papel que desempeñan los sindicatos en las empresas del sector privado en general y en BNSF en particular?

Warren Buffett: Es probable que tengamos, estoy seguro de que tenemos más de una docena de empresas que están desde moderadamente sindicalizadas hasta muy sindicalizadas. En Buffalo News quizás tengamos, no sé, 12 o 13 sindicatos. En See's Candies tenemos sindicatos. También los tenemos en CTB, nuestro negocio de maquinaria agrícola. En resumen, contamos con montones de sindicatos en nuestras empresas. Esa situación depende en gran medida de la industria y de las decisiones de la dirección en el pasado, entre otros factores.

Matt Rose: Has adquirido algunas empresas no cotizadas y familiares excepcionales cuyos propietarios tienen una gran pasión por su negocio. ¿Qué cualidades han permitido a esas empresas alcanzar el éxito y cómo podemos, como parte de la familia BNSF de 40.000 empleados, aplicar esos principios en nuestro trabajo y en nuestra vida?

Warren Buffett: Sí, la verdad es que nos centramos en identificar empresas en las que los directivos sientan pasión por el negocio, ya que esto marca la diferencia. Una persona apasionada aporta un valor adicional en la toma de decisiones y en el trabajo cotidiano. De hecho, hoy yo no estaría aquí si no creyera en tu pasión por este negocio. Es absurdo tener a un burócrata que haga lo mismo todos los días al frente de una empresa. Eso no funciona en Estados Unidos. La pasión es un ingrediente clave que se suele encontrar en las empresas familiares y, aunque tal vez no con tanta frecuencia, en las empresas gestionadas profesionalmente, pero estoy seguro de que también existe en BNSF.

Matt Rose: ¿Hay algo que desees agregar antes de concluir?

Warren Buffett: Para finalizar, quiero expresar mi alegría por estar aquí. Si bien he tenido que esperar hasta los setenta y nueve años, sigue siendo un sueño de la infancia hecho realidad.

Matt Rose: Warren, me preguntan a menudo sobre cómo van a cambiar las cosas. Creo que para algunos de nuestros empleados ha sido un poco frustrante, porque, a fin de cuentas, lo que en realidad importa es la estructura corporativa. Ahora, en lugar de accionistas individuales, tenemos a Berkshire Hathaway y te tenemos a ti. La prioridad para nuestros empleados, todos los días, sigue siendo mejorar la seguridad, aumentar la eficiencia del ferrocarril, reducir costes y adentrarse más en la cadena de suministro de nuestros clientes. Estamos ansiosos por establecer una relación sólida con Berkshire Hathaway. Agradecemos sinceramente que hayas dedicado tu tiempo a venir y grabar este vídeo para nuestras noticias; estoy seguro de que significa mucho para todos nuestros empleados. Muchas gracias.

Warren Buffett: Gracias por la invitación.

Tabla 19.7. Cuenta de resultados (2006-2008)
(en millones de dólares, excepto datos por acción)

Cierre ejercicios a 31 de diciembre

	2008	2007	2006
Ingresos Gastos de explotación	18.018	15.902	14.985
Combustible	4.640	3.327	2.856
Remuneración y prestaciones	3.884	3.773	3.816
Servicios adquiridos	2.136	2.023	1.906
Depreciación y amortización	1.397	1.293	1.176
Alquiler de equipos	901	942	930
Materiales y otros	1.148	959	780
Total gastos de explotación	14.106	12.316	11.464
Ingresos de explotación	3.912	3.486	3.521
Gastos financieros	533	511	485
Otros gastos, netos	11	18	40
Ingresos antes de impuestos	3.368	2.957	2.996
Gastos por impuestos	1.253	1.128	1.107
BENEFICIO NETO	2.115	1.829	1.889
Beneficio por acción			
Beneficio básico por acción	6,15	5,19	5,23
Beneficio diluido por acción	6,08	5,10	5,11
Promedio de acciones			
Básico	343,8	352,5	361,0
Efecto dilusivo de las adjudicaciones de acciones	4,0	6,4	8,8
Diluido	347,8	358,9	369,8

Fuente: Burlington Northern Santa Fe Corporation, *Informe 10K 2008*, p. 39.

Tabla 19.8. Balance (2007-2008) (en millones de dólares)

Cierre ejercicios a 31 de diciembre

ACTIVOS	2008	2007
Activo circulante		
Efectivo y equivalentes de efectivo	633	330
Cuentas por cobrar, neto	847	790
Materiales y suministros	525	579
Porción corriente de impuestos diferidos	442	290
Otros activos corrientes	218	192
Total activo circulante	2.665	2.181
Inmovilizado material, neto	30.847	29.567
Otros activos	2.891	1.836
TOTAL ACTIVOS	36.403	33.583
Pasivo y fondos propios **Pasivo corriente**		
Acreedores y otros pasivos corrientes	3.190	2.824
Deuda a largo plazo con vencimiento inferior a un año	456	411
Total pasivo corriente	3.646	3.235
Deuda a largo plazo y pagarés comerciales	9.099	7.735
Impuestos diferidos	8.590	8.484
Obligaciones por pensiones y prestaciones sociales	1.047	444
Pasivos por siniestros y medioambientales	959	843
Costes por cese de empleados	57	77
Otros pasivos	1.874	1.621
Total pasivo	25.272	22.439
Fondos propios		
Acciones ordinarias, 0,01 $ de valor nominal, 600.000 acciones autorizadas; 541.346 y 537.330 acciones emitidas, respectivamente	5	5
Capital desembolsado adicional	7.631	7.348
Beneficios no distribuidos	12.764	11.152
Acciones propias, a precio de coste, 202.165 acciones y 189.626 acciones, respectivamente	-8.395	-7.222
Otras pérdidas globales acumuladas	-874	-139
Total fondos propios	11.131	11.144
TOTAL PASIVO Y FONDOS PROPIOS	36.403	33.583

Fuente: Burlington Northern Santa Fe Corporation, *Informe 10K 2008*, p. 40.

Tabla 19.9. Estado de tesorería (2006-2008)
(en millones de dólares)

Cierre ejercicios a 31 de diciembre

	2008	2007	2006
Actividades de explotación			
Ingresos netos	2.115	1.829	1.889
Ajustes para conciliar los ingresos netos con la tesorería neta proporcionada por las actividades de explotación:			
Depreciación y amortización	1.397	1.293	1.176
Impuestos diferidos	417	280	316
Costes de cese de empleados pagados	−15	−21	−27
Pasivos medioambientales y por siniestros a largo plazo, netos	150	26	−55
Otros, neto	81	183	−43
Variación del activo y pasivo circulante:			
Deudores, neto	191	20	−127
Variación de las cuentas por cobrar del programa de ventas	−250	—	—
Material y suministros	54	−91	−92
Otros activos corrientes	−31	12	99
Acreedores y otros pasivos corrientes	−132	−39	53
Efectivo neto procedente de activ. de explotación	3.977	3.492	3.189
Actividades de inversión			
Inversión de capital	−2.175	−2.248	−2.014
Costes de construcción para la obligación de financiación de instalaciones	−64	−37	−14
Adquisición de equipos pendientes de financiación	−941	−745	−1.223
Ingresos por venta de activos financiados	348	778	1.244
Otros, neto	−241	−163	−160
Efectivo neto utilizado en actividades de inversión	−3.073	−2.415	−2.167
Actividades de financiación			
Aumento/disminución neta de pagarés comerciales y empréstitos bancarios	−161	−584	283
Ingresos por emisión de deuda a largo plazo	1.150	1.300	300
Pagos de deuda a largo plazo	−217	−482	−467
Dividendos pagados	−471	−380	−310
Ingresos por opciones sobre acciones ejercidas	91	142	116

.../...

.../...

	2008	2007	2006
Compra de acciones ordinarias de BNSF	-1.147	-1.265	-730
Exceso de beneficios fiscales de planes de compensación de igualdad	96	121	95
Ingresos por obligación de financiación de instalaciones	68	41	—
Otros, neto	-10	-15	-9
Efectivo neto utilizado en actividades de financiación	-601	-1.122	-722
Aumento/disminución de efectivo y equivalentes	303	-45	300
Efectivo y equivalentes de efectivo:			
Inicio del ejercicio	330	375	75
Cierre del ejercicio	633	330	375
Información complementaria sobre el flujo de tesorería			
Intereses pagados, netos de importes capitalizados	538	494	462
Impuestos sobre la renta pagados, netos de devoluciones	820	680	779
Financiación no monetaria de activos	258	461	109

Fuente: Burlington Northern Santa Fe Corporation, *Informe 10K 2008*, p. 41.

20

2011: IBM

En noviembre de 2011, durante una entrevista en el programa de televisión *Squawk Box* de la CNBC, Warren Buffett anunció que Berkshire Hathaway había adquirido una participación de 10.700 millones de dólares en IBM, lo que representaba el 5,5 por ciento de las acciones en circulación de la empresa. Al explicar la compra, reveló que a pesar de haber estado revisando los informes anuales de IBM durante los últimos cincuenta años, hacía muy poco que había comprendido la importancia del negocio para las organizaciones de tecnologías de la información en todo el mundo. Sin embargo, tras leer el informe anual de 2010, Buffett empezó a comprar acciones.

IBM fue fundada por Charles Ranlett Flint en 1911 con el nombre de Computing-Tabulating-Recording Company (CTR). CTR se centraba en tecnologías de finales del siglo XIX, como balanzas comerciales y registradores industriales de tiempo. En 1924, bajo el liderazgo de Thomas J. Watson Sr., la empresa estaba preparada para expandirse a escala internacional y diversificar sus productos. Para reflejar estos cambios, Watson renombró la compañía como International Business Machines Corporation (IBM). Watson se convirtió en un líder emblemático, reconocido por su capacidad para inculcar un sentido casi reverencial entre los empleados de IBM. Su enfoque en la profesionalidad y la satisfacción del cliente se convirtieron en sus señas de identidad, personificados en el lema corporativo «Think» ['Piensa'].

Desde sus primeras décadas, IBM se destacó como un gigante en investigación y desarrollo. Desde la década de 1930 hasta la de 1980, la empresa desempeñó un papel fundamental en el diseño de maquinaria de registro y cálculo tanto para empresas comerciales (por ejemplo, creó el sistema de reservas de American Airlines, SABRE) como para el gobierno (por ejemplo, construyó el sistema de registro de la Seguridad Social). En 2013, Bloomberg informó de que por vigésimo año consecutivo, IBM había obtenido más patentes estadounidenses que cualquier otra empresa.[141] Entre sus inventos se incluyen el cajero automático (ATM), el disquete o disco flexible, el disco duro, la tarjeta de banda magnética, el código universal de producto (UPC), el microscopio de efecto túnel y el sistema de inteligencia artificial «Watson», que en 2011 participó en el famoso concurso televisivo *Jeopardy!* y lo ganó. A lo largo de su historia, la actividad principal de IBM ha sido atender las necesidades de sistemas, cálculos y procesamiento de sus diversos clientes internacionales de manera personalizada.

Desde el año 2000, IBM ha fortalecido algunas de sus divisiones más sólidas y ha abandonado otras. En 2002, adquirió PwC Consulting, una operación destinada a potenciar su división Global Business Services (GBS), especializada en consultoría de sistemas informáticos, integración e implantación. En 2005, IBM vendió su negocio de ordenadores personales a Lenovo. También llevó a cabo numerosas adquisiciones en el ámbito del software, empresas y servicios en la nube, como Micromuse, SPSS, Ascential, FileNet, ISS, Cognos, Kenexa y SoftLayer Technologies. Durante la última década, el enfoque estratégico de IBM ha sido desarrollar su división de software.

Para comprender la perspectiva de alguien que se planteara invertir en IBM a principios de 2011, es importante examinar el informe anual de 2010 de la empresa (imagen 20.1), que comienza con una nota personal de Samuel Palmisano, presidente y

141. Frier, Sarah, «IBM granted most US patents for 20th straight year», 10 de enero de 2013, <www.bloomberg.com/news>.

Imagen 20.1

Annual
2010 Report

CEO de IBM, en la que describe la transformación de la empresa
en un negocio internacional de productos y servicios de margen
alto y cómo esta transformación posicionará a IBM de manera
sólida para la próxima década. En la página cinco de su carta,
Palmisano presenta un plan claro para el futuro, conocido como
la hoja de ruta 2010. La visión es clara: tal como lo refleje el rendimiento de los beneficios por acción, IBM aspira a alcanzar un
éxito evidente en los próximos cinco años. Los tres impulsores
para lograrlo serán el apalancamiento operativo, la recompra de
acciones y el crecimiento. Para Palmisano, el apalancamiento
operativo significa la transición hacia negocios con márgenes
cada vez más rentables y la mejora continua de la productividad
de la empresa. En cuanto a la recompra de acciones, Palmisano
se fija el objetivo específico de distribuir durante los siguientes
cinco años 50.000 millones de dólares en recompra de acciones
y 20.000 millones de dólares en dividendos. El crecimiento es un
aspecto más complejo, pero se identifican algunas áreas de creci-

miento objetivo. Por ejemplo, señala a China, India y Brasil como «mercados en crecimiento» en los que IBM tiene previsto casi duplicar el número de sucursales. Palmisano establece el objetivo de aumentar para 2015 la cuota de ingresos proveniente de estos mercados en crecimiento del 20 al 30 por ciento. También aborda el área de análisis y optimización empresarial y destaca la megatendencia en las empresas para recopilar cada vez más datos. Se reconoce el valor que IBM puede aportar al ayudar a estas empresas a utilizar estos datos para mejorar la toma de decisiones. Una tercera área de crecimiento es la computación en la nube. IBM está posicionada para ayudar a los clientes a desarrollar su propia nube privada, así como a utilizar la infraestructura basada en la nube de IBM. Por último, Palmisano hace referencia a lo que denomina «Smarter Planet» [un planeta más inteligente], refiriéndose a una amplia gama de soluciones nuevas impulsadas por las tecnologías de la información en sectores en alto crecimiento como la sanidad, el comercio minorista, la banca y las comunicaciones.

En líneas generales, del informe anual se desprende que IBM cuenta con un CEO y presidente con una visión muy clara de cómo aumentar el valor intrínseco de la compañía para los accionistas en los siguientes cinco años. Como posible inversor, yo habría apreciado la franqueza de Palmisano y sus objetivos específicos para obtener valor para los accionistas. Sin embargo, habría sentido cierto escepticismo respecto a cómo se lograría el crecimiento.

En cuanto a la actividad real de IBM, la empresa se divide en cinco segmentos separados de negocio. Los he presentado en el mismo orden en que IBM los presentó en su informe anual.

Como se muestra en la tabla 20.1, las divisiones más importantes son, con diferencia, Global Technology Services, Global Business Services y Software. Juntas representan el 79 por ciento de los ingresos y el 83 por ciento de los beneficios antes de impuestos. De hecho, debido al margen tan alto de la división de software, ésta representa una proporción mayor de los beneficios globales antes de impuestos que cualquier otro segmento comercial, alcanzando un 44 por ciento. Si yo hubiese estado interesado en invertir, me habría centrado en comprender las dos divisiones de Global Services y la división de software.

Tabla 20.1. Resumen de los segmentos de actividad

UNIDAD DE NEGOCIO	INGRESOS EJERCICIO 2010	% DEL TOTAL	MARGEN BRUTO	MARGEN PBT*
Global Tech. Services	38.200 millones $	38 %	34,7 %	14,1 %
Global Business Services	18.200 millones $	18 %	28,3 %	13,5 %
Software	22.500 millones $	23 %	86,9 %	35,8 %
Systems and Tech.	18.000 millones $	18 %	38,5 %	8,4 %
Global Financing	2.200 millones $	2 %	51,3 %	48,0 %
Otras	700 millones $	1 %	N/A	N/A
Total	**99.800 millones $**	**100 %**	**21,5 %**	**19,5 %**

* Beneficios antes de impuestos.

Global Technology Services (GTS): Es probable que un inversor con conocimientos limitados del sector hubiese entendido sólo los aspectos básicos de este negocio, que proporciona cuatro grandes servicios de infraestructuras y procesos empresariales a los clientes. 1) Servicios de externalización estratégica, que incluyen la externalización de toda la actividad de tecnologías de la información y la ejecución de procesos comerciales como recursos humanos a ubicaciones más económicas, como la India. 2) Servicios tecnológicos integrados, dirigidos a aumentar la eficiencia o productividad empresarial. 3) Soporte tecnológico. 4) Servicios de mantenimiento, que proporcionan servicios de soporte de productos y mantenimiento de plataformas y sistemas de software.

El informe anual no ofrece muchos más detalles, lo que podría dificultar que un inversor comprendiera la actividad principal de IBM en GTS. Sólo los familiarizados con la estructura de IBM y del sector entenderían que GTS es ante todo un negocio de consultoría tecnológica centrado en ayudar a los clientes a implementar las capacidades mencionadas antes. En este sentido, su estructura de relaciones con el cliente consiste en personal de ventas que ofrece soluciones y su puesta en práctica directamente a directores de tecnología, de marketing y otros altos ejecutivos de importantes clientes corporativos. Entre los competidores que ofrecían servicios similares estaban Accenture, Deloitte, Infosys y Cognizant.

346 · Las inversiones de Warren Buffett

Global Business Services (GBS): Según el informe anual de IBM, Global Business Services ofrece a los clientes ayuda principalmente en dos áreas. La primera, consultoría e integración de sistemas, constituye un amplio conjunto de servicios que asisten a los clientes a desarrollar y poner en práctica soluciones informáticas. Esto incluye la instalación de software de terceros, como SAP u Oracle, y algunas de las soluciones de análisis y optimización empresarial que IBM destaca como áreas de crecimiento. La segunda área, servicios de gestión de aplicaciones, se centra en el desarrollo de software personalizado y en el soporte de software con el que IBM ayuda a los clientes a desarrollar y mantener soluciones de software para fines comerciales específicos. Es probable que alguien interesado en invertir con escasos conocimientos tecnológicos hubiera entendido sólo lo básico de este negocio, que podría resumirse en una combinación de consultoría e implantación de soluciones personalizadas de software.

Software: Para IBM, software abarca numerosas plataformas de software que la empresa posee y gestiona. Se centra principalmente en el *middleware*, una clase de software empresarial que las empresas utilizan para integrar información de diferentes sistemas y funciones de software. IBM menciona cinco plataformas distintas: WebSphere, Information Management, Tivoli, Lotus y Rational. Además del *middleware*, IBM respalda también sistemas operativos personalizados, que son versiones adaptadas del software principal y proporcionan la interfaz para ejecutar un sistema.

La tabla 20.2 incluida en el informe anual de IBM, muestra las tasas de crecimiento interanual de los subgrupos de *middleware*. Como puede observarse, el *middleware* es una categoría en crecimiento y WebSphere y Tivoli son las plataformas que experimentan un crecimiento más rápido.

En cuanto a la forma en que IBM vende el software, aproximadamente dos tercios de los ingresos se basan en anualidades procedentes de tarifas recurrentes de licencia y asistencia posterior al contrato. El otro tercio de los ingresos proviene de ingresos únicos o puntuales que incluyen el soporte posterior al contrato, las actualizaciones de productos y el soporte técnico.

Respecto a la competencia en el área de software, las soluciones de IBM compiten directa e indirectamente con numerosos proveedores de software como Oracle, Microsoft y negocios de nicho como Software AG. Evaluar la calidad empresarial de los principales negocios de IBM no es sencillo. En software, a un inversor potencial le habría parecido claro que la fidelidad del cliente era alta y la intensidad de capital, muy baja. Las actividades de GTS y GBS, por su parte, son más complejas. Algunos de los servicios que prestan, como la implantación especializada de tecnologías de la información para el análisis de datos, parecerían áreas en las que es probable que IBM tenga una ventaja competitiva construida a lo largo del tiempo. Otros servicios, como la consultoría empresarial o los servicios externalizados, parecerían más estandarizados, con numerosos competidores creíbles.

Tabla 20.2. Resumen de los ingresos de software de IBM por subcategorías (en millones de dólares)

Cierre ejercicio a 31 de diciembre	2010	2009*	VARIACIÓN INTERANUAL	VARIACIÓN INTERANUAL AJUSTADA POR DIVISAS
Ingresos externos de Software:	22.485	21.396	5,1 %	4,8 %
Middleware	18.444	17.125	7,7 %	7,5 %
Middleware de marca clave	13.876	12.524	10,8	10,7
WebSphere			20,8	20,6
Gestión de la información			8,6	8,3
Lotus			(2,3)	(2,1)
Tivoli			15,0	15,1
Rational			4,8	4,8
Otro middleware	4.568	4.602	(0,7)	(1,2)
Sistemas operativos	2.282	2.163	5,5	4,9
Otros	1.759	2.108	(16,6)	(17,0)

* Reclasificado para ajustarse a la presentación de 2010.
Fuente: IBM, *Informe anual 2010*, p. 28.

Una persona interesada en invertir en ese momento podría haber llegado a la conclusión de que IBM era una mezcla compleja de soluciones de software y servicios. Aproximadamente el 40 por ciento de los ingresos (correspondiente a los beneficios de software) eran altamente recurrentes y de alta calidad, mientras que el 40 por ciento correspondiente a la consultoría y los servicios empresariales se basaba en una variedad de ingresos, algunos de baja calidad y otros de alta calidad, que afrontaba diferentes conjuntos de ofertas competitivas. Para este segundo componente de los ingresos, que son servicios a las personas, con pocos activos pero con una ejecución intensiva, es probable que el inversor se diera cuenta de la alta dependencia de una ejecución eficaz.

Antes de adentrarnos en el análisis financiero de IBM, permíteme mencionar las dos últimas divisiones comerciales de la compañía, que representan aproximadamente el 20 por ciento de sus ingresos. Según el informe anual de IBM, la división Systems and Technology ofrece a los clientes soluciones empresariales basadas en capacidades avanzadas de computación y almacenamiento. En términos simples, esto se refiere sobre todo a soluciones de hardware, como servidores personalizados y productos complementarios, en particular los sistemas System z, Power Systems y System x de IBM. La última división, Global Financing, se encarga de financiar algunas compras que los clientes hacen de los productos de IBM.

En las páginas 10 y 11 del informe anual, IBM presenta una instantánea de diez años de su desempeño financiero, destacando los beneficios antes de impuestos, los beneficios por acción o BPA, el flujo de caja libre y los márgenes. En diez años, los beneficios antes de impuestos crecieron de unos 11.000 millones de dólares a 21.000 millones. En cuanto a los beneficios antes de impuestos por división de negocio, se puede observar que la mayor parte de este crecimiento provino de las divisiones de GTS/ GBS y Software (véase el gráfico 20.1).

Gráfico 20.1. Evolución de IBM antes de impuestos (2000-2010)

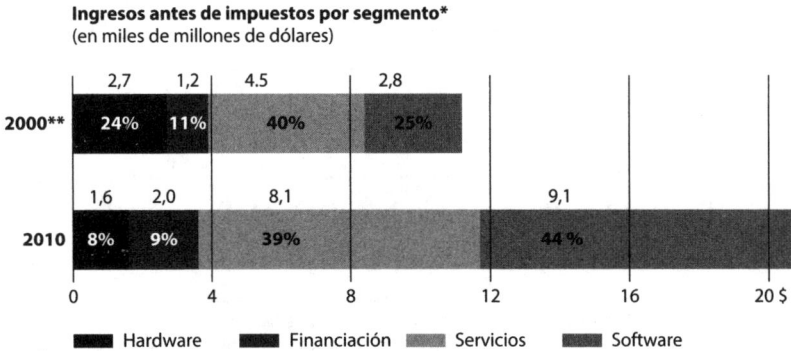

Ingresos antes de impuestos por segmento*
(en miles de millones de dólares)

	2,7	1,2	4.5	2,8		
2000**	24%	11%	40%	25%		

	1,6	2,0	8,1		9,1	
2010	8%	9%	39%		44%	

0   4   8   12   16   20 $

■ Hardware   ■ Financiación   ▨ Servicios   ▨ Software

Fuente: IBM, *Informe anual 2010*, p. 10.
* La suma de los ingresos antes de impuestos del segmento externo no es igual a los ingresos antes de impuestos de IBM.
** No incluye las inversiones de las empresas y no se ha recalculado para tener en cuenta la remuneración basada en acciones.

El aumento de los beneficios antes de impuestos se refleja en otras métricas, ya que durante ese período tanto el BPA como el flujo de caja libre se duplicaron con creces. Para todas las medidas de rentabilidad, la tasa anual durante los diez años anteriores fue superior al 6 por ciento anual. Además, hubo un aumento del margen bruto del 37 al 46 por ciento y del margen de explotación del 12 al 20 por ciento. Todos estos datos financieros parecen dignos de Buffett. Exceptuando una caída en 2003, IBM había mejorado año tras año de forma constante en todos los parámetros clave. Todo indica que la transformación de IBM ha sido un éxito.

Uno de los aspectos menos destacados en el informe anual es el de los ingresos. De hecho, en el análisis de diez años, no se mencionan en absoluto los ingresos del año 2000. Un inversor se vería obligado a recurrir a informes anuales anteriores para descubrir que en comparación con los 100.000 millones de dólares en 2010, los ingresos en el año 2000 fueron de 85.000 millones de dólares. Esto representa una tasa anual compuesta de crecimiento de aproximadamente el 1,6 por ciento, que es bastante menos impresionante si la comparamos con el comportamiento de otros parámetros.

Analizando más a fondo la economía empresarial de la compañía, la tabla 20.3 muestra las necesidades de capital y la rentabilidad de IBM. Como se puede comprobar en dicha tabla, la actividad principal de IBM no es intensiva en capital. Hay algo de inmovilizado material, pero la mayor parte de las necesidades de capital están relacionadas con el capital circulante, incluida la financiación de las cuentas por cobrar.

Tabla 20.3. Resumen del capital total empleado
(en millones de dólares)

CATEGORÍA	CANTIDAD EN MILLONES DE $	EN % DE LOS INGRESOS
Inmovilizado material	14.100	14 %
Intangibles	3.400	3 %
Existencias	2.500	3 %
Cuentas por cobrar	10.800	11 %
Créditos de financiación	26.800	27 %
Cuentas por pagar	−7.800	−8 %
Ingresos diferidos	−11.600	−12 %
Total capital empleado (TCE)	**38.200**	**38 %**

En conjunto, el capital total empleado (TCE) de IBM equivale al 38 por ciento de los ingresos. Con un EBIT de 19.800 millones de dólares, el retorno sobre el capital total empleado (ROTCE) antes de impuestos se calcula en el 52 por ciento. Suponiendo un tipo impositivo normalizado del 30 por ciento, el ROTCE comparable después de impuestos es del 36 por ciento. Se trata de un rendimiento de capital muy sólido y está claro que es la base de la capacidad de IBM para devolver capital a los accionistas en forma de dividendos y recompra de acciones. Desde el punto de vista financiero, un posible inversor habría visto que IBM era una empresa muy rentable y generadora de efectivo cuyo único defecto era un crecimiento muy modesto de los ingresos. A partir del análisis inicial, habría habido razones para creer que esto se justificaba en parte por la transformación estructural del negocio. Por supuesto, también se habría preferido que los ingresos crecieran con mayor fuerza, como lo observado en el caso de American Express o incluso BNSF.

Además de la actividad comercial esencial y los aspectos financieros, un posible inversor también habría tenido en cuenta el equipo directivo de IBM. Sam Palmisano era el presidente y CEO, por lo que estaba claro que era él quien llevaba las riendas. Profesionalmente Palmisano se formó en IBM; ingresó como vendedor en Big Blue en 1973 y ascendió hasta el cargo de director de operaciones, que ocupó inmediatamente antes de ser nombrado CEO en marzo de 2002. Palmisano sucedió al reconocido y muy admirado Lou Gerstner, a quien se le atribuye el mérito de haber salvado a IBM de la bancarrota en los años noventa, cuando la competencia erosionó su negocio de ordenadores personales. Palmisano asumió el liderazgo de la empresa tras el colapso de la burbuja tecnológica, y destacó como el ejecutivo que impulsó en el período posterior a Gerstner nuevas iniciativas para transformar IBM. Entre sus principales contribuciones hasta ese momento cabe destacar la diversificación de las capacidades de consultoría de IBM (incluida la adquisición de la consultora PwC en 2002) y el impulso a áreas de crecimiento como la analítica de datos y la computación en la nube. También tomó la controvertida decisión de vender en 2005 la división de ordenadores personales de IBM a Lenovo. Como muestran los estados financieros, se centró en la rentabilidad del negocio. Es probable que basándose en estos hechos, en los resultados financieros de IBM durante su mandato y en su comunicación de una visión y un objetivo específicos para la empresa, cualquier inversor lo considerara un ejecutivo probado y capaz. Cumplió con lo prometido.

Antes de pasar a la valoración de IBM y a las conclusiones que podría haber sacado alguien ante la perspectiva de invertir en esta compañía, quiero abordar dos aspectos adicionales que considero relevantes. En primer lugar, estaba claro que IBM era una máquina de adquisiciones. Como se señala en el informe anual, durante la etapa comprendida entre 2000 y 2010, IBM compró 116 empresas. El coste neto de estas adquisiciones fue de 27.000 millones de dólares, aproximadamente una quinta parte del flujo de caja generado por la compañía en ese período. En la búsqueda de estas adquisiciones, Palmisano se centró en obtener capacidades de servicios y plataformas de software que pudieran integrarse en la red de distribución de IBM. Esta estrategia fue una de las principales fuentes de crecimiento de la empresa y parece haber generado un valor significativo para el negocio. Como posible inversor, yo habría valorado de manera positiva su historial de fusiones y adquisiciones, reconociendo que IBM es una plataforma capaz de integrar y ampliar con rapidez la distribución para adquisiciones complementarias.

En segundo lugar, IBM tenía un gran pasivo por pensiones. En el balance de 2010, el déficit neto declarado ascendía a 13.000 millones de dólares. La sección de notas del informe anual revela el alcance total de estas obligaciones. IBM contaba con planes de prestaciones definidas tanto en Estados Unidos como a escala internacional, y el monto bruto de las obligaciones totales estimadas era de 99.000 millones de dólares. Frente a esta cantidad, IBM tenía activos del plan valorados en 86.000 millones de dólares. Se trata de una cifra relevante y también un potencial riesgo. En la mayoría de las empresas con déficits de pensiones se exige que con el tiempo corrijan la deficiencia mediante aportaciones de efectivo. Como se puede ver en el estado de flujos de caja, en los tres años anteriores a 2010, IBM destinó aproximadamente 2.000 millones de dólares anuales en efectivo para reducir este déficit. Se trata de dinero real que no estaría disponible para recomprar acciones, pagar dividendos ni reinvertir en la empresa. Además, representa alrededor del 15 por ciento del flujo de caja después de impuestos generado por IBM en un año. Aparte del impacto negativo inmediato, el gran valor bruto del pasivo estimado representa un riesgo considerable derivado de los cambios actuariales. El pasivo bruto de 99.000 millones de dólares es sólo una cantidad estimada que depende de suposiciones sobre la longevidad de los participantes, el tipo de descuento y la inflación de los salarios, entre otros factores. Por lo tanto, hacer pequeños cambios en estas suposiciones podría tener importantes implicaciones en dólares sobre lo que IBM debería pagar en el futuro. Por ejemplo, entre 2009 y 2010, al evaluar el pasivo bruto de los planes de pensiones definidos en Estados Unidos, IBM cambió su hipótesis de tipo de descuento del 5,6 al 5 por ciento. Por sí solo, esto tuvo el efecto de aumentar el pasivo de IBM en 1.500 millones de dólares. A simple vista, las suposiciones de la compañía parecen poco conservadoras; como inversor potencial, sería un riesgo a largo plazo que tendría en cuenta. Aparte de este riesgo, IBM parece una empresa con buenos resultados, de alta calidad y con una economía sólida.

Pasemos ahora a la valoración de la inversión. Como ya se ha mencionado, Buffett compró su participación en IBM en el primer semestre de 2011. Según la carta de Berkshire de ese año dirigida a los accionistas, el precio medio pagado fue de 169,87 dólares por acción.[142] En total, esto equivalía al 5,5 por ciento de las acciones en circulación de IBM, y cabe señalar que dado el gran tamaño de la empresa, Buffett compró las acciones de la misma manera que cualquier otro inversor público, como acciones comunes. Según la entrevista que le hicieron en el programa *Squawk Box* de la CNBC, Buffett ni siquiera conocía muy bien personalmente a Samuel Palmisano, lo que hace que esta inversión sea aún más notable. En este caso, Buffett se comportó más como un inversor ordinario, analizando la empresa sin basarse en relaciones personales.

Para esta adquisición, los múltiplos de valoración convencionales habrían sido los siguientes:

Tabla 20.4. Cálculo del valor de empresa

Precio de las acciones	169,87 $
Acciones en circulación*	1.228 millones
Capitalización bursátil	**208.600 millones $**
Deuda financiera neta y déficit de pensiones**	29.800 millones $
Valor de la empresa	**238.400 millones $**

* Basado en las acciones en circulación a 31 de diciembre de 2010, como se indica en la página 16 del *Informe anual 2010* de IBM.
** Se incluyen efectivo y valores negociables por valor de 11.700 millones de dólares, deuda a corto y largo plazo por valor de 28.600 millones de dólares y un déficit neto de pensiones de 12.900 millones de dólares.

142. Según se informa en el informe anual 2011 de Berkshire Hathaway, se compraron 63.905.931 acciones de IBM por 10.856 millones de dólares a precio de coste.

Tabla 20.5

	2010 REAL	2009 REAL
BPA (diluido)	11,52 $	10,01 $
PER	**14,7×**	**17,0×**
EBIT	20.100 millones $	18.500 millones $
EBIT-EV	11,9×	12,9×
Rendimiento FCF sobre capitalización bursátil*	**7,8%**	**7,2%**

* He utilizado el FCF declarado por IBM de 16.300 millones de dólares, que coincide aproximadamente con mi propio cálculo del FCF (basado en los beneficios en efectivo después de impuestos menos el CAPEX de mantenimiento estimado). El FCF declarado en 2009 fue de 15.100 millones de dólares.

Dado que IBM parecía ser un negocio de alta calidad, con un sólido historial de resultados financieros y una gestión probada, la valoración seguía siendo razonable, aunque no barata. Con unos múltiplos de beneficios de 11,9 veces el EBIT-EV y 14,7 veces el PER, el precio de la acción no habría reflejado por completo el potencial de crecimiento de los beneficios si IBM continuaba con la trayectoria de los diez años anteriores. Además, cabe destacar el rendimiento del flujo de efectivo libre de IBM. Una combinación de factores, incluyendo una menor necesidad de CAPEX de mantenimiento en comparación con la depreciación y amortización (en parte debido a la reducción del hardware), así como unos tipos impositivos más bajos de lo habitual (en parte debido al negocio en el extranjero y las pérdidas fiscales anteriores), permitieron que IBM tuviera una conversión de efectivo inusualmente alta a partir de los beneficios. De hecho, según mi análisis, en todos los años desde 2003, IBM tuvo una ratio de conversión de beneficios en efectivo a partir del EBIT superior al 80 por ciento. El rendimiento de los beneficios en efectivo de casi el 8 por ciento es bastante saludable, lo cual es en especial atractivo si consideramos que la dirección ya había prometido destinar una cantidad importante de este flujo de efectivo a recomprar acciones y pagar dividendos. En general, como inversor potencial en IBM, este caso me habría parecido bastante atractivo. Me habrían atraído sobre todo los sólidos resultados financieros, el equipo directivo acreditado y la valoración razonable, si bien me habría preocupado no comprender del todo las complejidades del negocio ni los planes de pensiones de prestación definida.

La opinión de Buffett

En varias entrevistas, incluida la que le hicieron en el programa *Squawk Box* de la CNBC en noviembre de 2011, en la que anunció por primera vez la compra por parte de Berkshire, Buffett ha hablado de su inversión en IBM. IBM también se menciona en el informe anual de aquel año, en el que Buffett la describe como una empresa maravillosa y una de sus cuatro mayores inversiones, junto con Coca-Cola, American Express y Wells Fargo. En particular, Buffett comenta que los CEO Lou Gerstner y Sam Palmisano han hecho un trabajo excelente transformando IBM, y destaca sus logros en materia de gestión operativa y financiera como extraordinarios y magníficos, respectivamente. Buffett va más allá y detalla la hábil asignación de capital que IBM ha realizado a lo largo de los años en cuanto a la recompra de acciones. Señala que no le importaría que el precio de las acciones se estancara, porque entonces IBM podría acumular más acciones al mismo precio e incrementar así la propiedad de cada accionista existente.

En *Squawk Box* Buffett dijo que antes de empezar a comprar acciones, prestó especial atención a los objetivos precisos que Samuel Palmisano había establecido para los accionistas con respecto a la situación financiera de IBM en el futuro. Es impresionante que Palmisano consiguiera lo que se había propuesto. Buffett dijo haber hablado sobre IBM con bastantes organizaciones informáticas de las filiales de Berkshire y la conclusión que sacó de todas esas conversaciones fue la fortaleza del papel que desempeñaba IBM y la «adherencia» de esas relaciones.

> [IBM es] una empresa que ayuda a los departamentos de tecnologías de la información a hacer mejor su trabajo... Para una compañía grande, cambiar de auditor o de bufete de abogados es un gran problema. Los departamentos de tecnologías de la información trabajan codo con codo con estos proveedores, lo que genera una gran continuidad en esas relaciones.
>
> Warren Buffett, entrevista en *Squawk Box*,
> CNBC, 14 de noviembre de 2011.

Quedaba claro que Buffett estaba entusiasmado con IBM, destacando que la empresa tenía una consideración por los accionistas que a él le parecía única entre las grandes corporaciones. Al final de la entrevista, cuando le preguntaron por qué compraba IBM, a pesar de ser una empresa de tecnología y de que el precio de sus acciones había alcanzado un máximo histórico, Buffett respondió que lo tenía todo en cuenta, incluidas las empresas tecnológicas, pero que hasta ese momento no había encontrado una que le pareciera comprensible. Cuando le preguntaron qué pensaba sobre comprar IBM a un precio récord, respondió que no le importaba en absoluto el precio de la acción. Había adquirido la participación mayoritaria de GEICO a un precio sin precedentes, y lo mismo con BNSF.

Teniendo todo esto en cuenta, éste parece ser un caso único en el sentido de que una persona interesada en invertir en IBM se habría formado una imagen similar a la de Buffett. Para un posible inversor habrían sido reconocibles los excelentes estados financieros, la gestión[143] y los flujos de efectivo, así como la hábil asignación de capital en forma de dividendos y recompra de acciones. Buffett también se benefició de las conversaciones que mantuvo con los departamentos informáticos de las filiales de

---

143. Como apunte curioso, en el momento en que Buffett anunció su participación en IBM, los inversores ya sabían que Palmisano se jubilaba y que Virginia Rometty asumía el cargo de CEO.

Berkshire, que le ayudaron a convencerse de su evaluación positiva del negocio de IBM, pero, en general, basó su decisión en los criterios mencionados y estaba dispuesto a pagar una valoración razonable para invertir en IBM.

Tabla 20.6. Cuenta de resultados (2010)
(en millones de dólares, excepto datos por acción)

Cierre ejercicios a 31 de diciembre

	2010	2009	2008
Ingresos:			
Servicios	56.868	55.128	58.892
Ventas	40.736	38.300	42.156
Financiación	2.267	2.331	2.582
Total ingresos	99.870	95.758	103.630
Costes:			
Servicios	38.383	37.146	40.937
Ventas	14.374	13.606	15.776
Financiación	1.100	1.220	1.256
Coste total	53.857	51.973	57.969
Beneficio bruto			
Gastos y otros ingresos:			
Gastos de venta, generales y administrativos	21.837	20.952	23.386
Investigación, desarrollo e ingeniería	6.026	5.820	6.337
Propiedad intelectual e ingresos por desarrollo a medida	−1.154	−1.177	−1.153
Otros gastos/ingresos	−787	−251	−298
Gastos por intereses	368	402	673
Total gastos y otros ingresos	26.291	25.647	28.945
Ingresos antes de impuestos	19.723	18.138	16.715
Provisión para impuestos	4.890	4.713	4.381
INGRESOS NETOS	14.833	13.425	12.334
Beneficios por acción ordinaria:			
Asumiendo dilución	11,52	10,01	8,89
Básico	11,69	10,12	9,02

.../...

.../...

	2010	2009	2008
Media ponderada de acciones ordinarias en circulación			
Asumiendo dilución	1.287.355.388	1.341.352.754	1.387.797.198
Básico	1.268.789.202	1.327.157.410	1.369.367.069

Fuente: IBM, *Informe anual 2010*, p. 62.

Tabla 20.7. Balance (2010)
(en millones de dólares)

Cierre ejercicios a 31 de diciembre

ACTIVOS	2010	2009
Activo corriente		
Efectivo y equivalentes de efectivo	10.661	12.183
Valores negociables	990	1.791
Efectos y cuentas por cobrar-comerciales (netos de provisiones de 324 y 217 dólares)	10.834	10.736
Créditos de financiación a corto plazo (netos de provisiones de 342 y 438 dólares)	16.257	14.914
Otras cuentas por cobrar (netas de provisiones de 10 y 15 dólares)	1.134	1.143
Inventarios	2.450	2.494
Impuestos diferidos	1.564	1.730
Gastos anticipados y otros activos corrientes	4.226	3.946
Total activo corriente	48.116	48.935
Inmovilizado material	40.289	39.596
Menos: amortización acumulada	26.193	25.431
Inmovilizado material, neto	14.096	14.165
Créditos de financiación a largo plazo (netos de provisiones de 58 y 97 dólares)	10.548	10.644
Activos por pensiones pagados por anticipado	3.068	3.001
Impuestos diferidos	3.220	4.195
Fondo de comercio	25.136	20.190
Activos inmateriales, neto	3.488	2.513
Inversiones y activos diversos	5.778	5.379
TOTAL ACTIVO	113.452	109.022

.../...

.../...

ACTIVOS	2010	2009
Pasivo y fondos propios		
Pasivo corriente		
Impuestos	4.216	3.826
Deuda a corto plazo	6.778	4.168
Cuentas por pagar	7.804	7.436
Indemnizaciones y prestaciones	5.028	4.505
Ingresos diferidos	11.580	10.845
Otros gastos y pasivos devengados	5.156	5.223
Total pasivo corriente	40.562	36.002
Deudas a largo plazo	21.846	21.932
Obligaciones por prestaciones de jubilación y posjubilación sin pensión	15.978	15.953
Ingresos diferidos	3.666	3.562
Otros pasivos	8.226	8.819
Total pasivo	90.279	86.267
Fondos propios:		
Acciones ordinarias, valor nominal 20 dólares por acción y prima de emisión*	45.418	41.810
Ganancias acumuladas	92.532	80.900
Acciones propias, al coste (acciones: 2010: 933.806.510; 2009: 821.679.245)	−96.161	−81.243
Otro resultado global acumulado	−18.743	−18.830
Total fondos propios	23.046	22.637
Intereses minoritarios	126	118
Total fondos propios	23.172	22.755
TOTAL PASIVO Y FONDOS PROPIOS	113.452	109.022

* Acciones autorizadas: 4.687.500.000; acciones emitidas: 2010: 2.161.800.054; 2009: 2.127.016.668.

Fuente: IBM, *Informe anual 2010*, p. 63.

Tabla 20.8. Estado de tesorería (2008-2010) (en millones de dólares)

Cierre ejercicios a 31 de diciembre

	2010	2009	2008
Flujo de caja de las actividades de explotación			
Ingresos netos	14.833	13.425	12.334
Ajustes para conciliar los ingresos netos con la tesorería neta proporcionada por las actividades de explotación:			
Amortización	3.657	3.773	4.140
Amortización de intangibles	1.174	1.221	1.310
Compensación basada en acciones	629	558	659
Impuestos diferidos	1.294	1.773	1.900
Ganancias/pérdidas netas por venta de activos y otros	−801	−395	−338
Variación de los activos y pasivos de explotación, neta de adquisiciones/venta de activos:			
Cuentas por cobrar (incluidas las de financiación)	−489	2.131	274
Jubilaciones	−1.963	−2.465	−1.773
Inventarios	92	263	−102
Otros activos/otros pasivos	949	319	1.268
Cuentas por pagar	174	170	−860
Efectivo neto procedente de actividades de explotación	19.549	20.773	18.812
Flujo de caja de actividades de inversión			
Pagos por instalaciones, máquinas alquiladas y otras propiedades	−4.185	−3.447	−4.171
Ingresos por enajenación de instalaciones, máquinas de alquiler y otras propiedades	770	330	350
Inversión en software	−569	−630	−716
Compras de valores negociables y otras inversiones	−6.129	−5.604	−4.590
Producto de la enajenación de valores negociables y otras inversiones	7.877	3.599	6.100
Deudores financieros no operativos, neto	−405	−184	−16
Desinversión de actividades, neto de efectivo transferido	55	400	71
Desinversión de negocios, neto de efectivo adquirido	−5.922	−1.194	−6.313
Efectivo neto utilizado en actividades de inversión	−8.507	−6.729	−9.285
Flujo de caja de actividades de financiación			
Cobros de nueva deuda	8.055	6.683	13.829

.../...

.../...

	2010	2009	2008
Pagos para liquidar deuda	-6.522	-13.495	-10.248
Reembolsos/endeudamiento a corto plazo inferior a 90 días, neto	817	-651	-6.025
Recompra de acciones ordinarias	-15.375	-7.429	-10.578
Operaciones con acciones ordinarias, otras	3.774	3.052	3.774
Dividendos pagados en efectivo	-3.177	-2.860	-2.585
Efectivo neto utilizado en actividades de financiación	-12.429	-14.700	-11.834
Efecto de las variaciones de los tipos de cambio sobre el efectivo y los equivalentes	-135	98	58
Variación neta de tesorería y equivalentes	-1.522	-558	-2.250
Efectivo y equivalentes de efectivo 1 de enero	12.183	12.741	14.991
Efectivo y equivalentes de efectivo 31 de diciembre	10.661	12.183	12.741
Datos complementarios			
Impuestos sobre la renta pagados-netos de devoluciones	3.238	1.567	2.111
Intereses pagados sobre la deuda	951	1.240	1.460
Obligaciones por arrendamiento financiero	30	15	41

Fuente: IBM, *Informe anual 2010*, p. 64.

Cuarta parte

Las lecciones aprendidas

21

Evolución de la estrategia inversora de Buffett

Ejemplificada por las notables inversiones que he analizado, la extensa carrera de Warren Buffett como inversor no se define por un único tipo de inversión o estrategia; desde 1957, cuando comenzó su primera sociedad de inversión, hasta la actualidad, su enfoque ha evolucionado claramente. Analizar en retrospectiva las características de sus diversas inversiones puede ayudar a comprender esta evolución.

Lo más sorprendente de las empresas en las que invirtió Buffett en sus comienzos, como Sanborn Map Company, Dempster Mill o Berkshire Hathaway, era que cotizaban a un precio increíblemente bajo en comparación con el valor de los activos que poseían. Esto no siempre significaba pagar un múltiplo bajo de beneficios (como, por ejemplo, alrededor de cinco veces el PER). De hecho, en el momento de la inversión de Buffett, tanto Sanborn Map como Dempster Mill tenían unas ganancias modestas y, por lo tanto, habrían tenido múltiplos de beneficios elevados. En lugar de limitarse a evaluar el PER, Buffett parecía buscar empresas que cotizaran por debajo del valor realizable de los activos que poseían. Sanborn Map, por ejemplo, tenía una cartera de inversiones que valía más que el precio que pagó por toda la empresa; en el caso de Dempster Mill, había inventario que él sabía que se podía vender. Y en Berkshire Hathaway, había una combinación de efectivo y capital circulante realizable.

Aparte de buscar inversiones baratas, desde comienzos de su carrera Buffett se centró en los negocios fundamentales en los que invertía. No sólo le interesaban los beneficios netos, sino también las empresas con beneficios positivos y, cuando era posible, una evolución positiva de las perspectivas comerciales subyacentes. Sanborn Map, por ejemplo, llevaba años en declive estructural debido al cambio tecnológico, pero seguía generando un margen de beneficios positivo y, de hecho, en los años anteriores a la inversión se había estabilizado. Esto significaba que Buffett no tenía que preocuparse de que la empresa quemara todo su efectivo en operaciones no rentables. También identificaba situaciones en las que se estaban produciendo mejoras operativas o en las que él mismo podía ser el catalizador de esos avances positivos.

Otro aspecto importante de la estrategia de inversión de Buffett es que incluso durante estos primeros años de asociación ya prestaba especial atención al equipo directivo de las empresas. Aunque sus criterios para evaluar estos equipos evolucionaron con el tiempo, en sus primeras inversiones (como Dempster Mill y Berkshire Hathaway) ya mostraba un gran interés por seleccionar a gestores operativos excelentes. Y cabe decir que incluso en sus primeros trabajos, Buffett no sólo sabía encontrar empresas baratas, sino que también sabía identificar y valorar la calidad de los equipos de gestión. Como muestra la inversión en Texas National Petroleum, también invirtió en situaciones de arbitraje de fusiones e incluso en productos de renta fija. Su análisis detallado y su capacidad para comprender los riesgos demostraban que estaba familiarizado con este tipo de inversión. Además, hizo incursiones en inversiones mayoritarias en las que participó activamente para introducir cambios; tanto en Dempster Mill como en Berkshire Hathaway, por ejemplo, desempeñó un papel clave al influir en las operaciones del negocio tras asumir el control.

La estrategia de inversión de Buffett en sus comienzos se centraba sobre todo en encontrar empresas que fueran baratas en comparación con el valor de los activos realizables que poseían. Sin embargo, también estaba familiarizado con otros tipos de inversiones y las perseguía cuando le parecían en particular atractivas. Lo que en realidad sentó las bases para sus reflexiones posteriores sobre las inversiones fue su escrutinio detallado de cada caso de inversión, muchos de ellos pequeñas empresas con activos tangibles, desde el punto de vista del propietario de una empresa. Evaluaba tanto a las personas clave como los activos involucrados en un negocio, así como su posible efecto en el desarrollo futuro de éste. Desde el principio, su estrategia fue más compleja que un simple cálculo de los beneficios netos al estilo de Graham.

Hacia la mitad de su carrera (de 1968 a 1990, aproximadamente), Buffett empezó a dar cada vez más importancia a la calidad de las empresas en las que invertía. Pasó de centrarse en el valor de los activos de un negocio a evaluar su capacidad para generar beneficios sostenibles. Si observamos las inversiones que Buffett realizó en este período, ya fuera en empresas no cotizadas como See's Candies, en situaciones de recuperación como GEICO o en franquicias de marca como Coca-Cola, el razonamiento clave siempre fue la obtención de beneficios atractivos a largo plazo. Aunque seguía comprando cuando era posible grandes empresas a valoraciones elevadas, parecía sentirse mucho más cómodo pagando múltiplos de beneficios más elevados, en varios casos quince veces el PER, que es más de lo que la mayoría de los inversores en valor considerarían.

La definición de calidad de Buffett incluía aspectos tanto cuantitativos como cualitativos. Cuantitativamente, se inclinaba cada vez más por empresas con un crecimiento constante y un alto rendimiento del capital tangible empleado (ROTCE). No estaba obsesionado con un crecimiento extremadamente alto o una valoración en especial atractiva; el criterio clave parecía ser más bien un crecimiento de un dígito medio que fuera muy constante e impulsado por una causa estructural comprensible. Sin duda, éste fue el caso con varias inversiones en productos de marca. Cuando Buffett invirtió en Coca-Cola en 1987, el aumento del consumo mundial había ayudado a la empresa a aumentar sus ingresos y sus beneficios de explotación en nueve de los diez años anteriores. De manera similar, cuando tras la compra de See's Candies en 1976 publicó las finanzas de la empresa, demostró que el aumento de los ingresos en tiendas comparables había dado lugar a cinco años consecutivos de crecimiento de los ingresos y a cuatro de los cinco años de crecimiento de los beneficios. Incluso cuando Buffett compraba empresas a precios más baratos en comparación con sus beneficios, este crecimiento constante seguía presente. Por ejemplo, en los diez años anteriores a la compra de Buffett, *The Washington Post* había aumentado sus ingresos y sus ingresos de explotación en ocho de esos diez años. Durante casi todo este período intermedio de su carrera, Buffett invirtió en empresas que podían ofrecer sistemáticamente un ROTCE superior al 20 por ciento después de impuestos. Invertir en empresas con un crecimiento constante y un ROTCE elevado significaba que Buffett estaba invirtiendo en *compounders*; es decir, en empresas con un largo historial de crecimiento constante en el que podía confiar.

Igual que evolucionó su evaluación cuantitativa de las empresas, Buffett llegó a confiar más aún en su capacidad para comprender los aspectos cualitativos de las operaciones comerciales. Con su inversión en American Express y, más tarde, en GEICO, arriesgó una gran parte de su cartera basándose en percepciones cualitativas clave que los demás, y el mercado en general, no supieron ver. En el caso de American Express, comprendió que el escándalo del aceite para ensalada no tendría un efecto a largo plazo en la capacidad de la empresa para generar beneficios, y se dio cuenta de que otras partes del negocio (como la nueva división de tarjetas de crédito) la posicionarían para crecer en el futuro. En cuanto a GEICO, reconoció que la empresa tenía ventajas competitivas intrínsecas en el sector de los seguros y que era probable que se produjera una recuperación.

The Buffalo Evening News fue otra inversión en la que Buffett se basó en su percepción cualitativa. No compró la empresa en función de sus beneficios históricos, que habrían hecho que la valoración pareciese excesiva, sino por su profundo conocimiento de lo que la empresa podría llegar a ser desde el punto de vista financiero: un negocio con márgenes y rendimientos mucho mayores, ingresos atractivos y capacidad de fijación de precios. Esta percepción se vio reforzada por su experiencia en medios de comunicación, como mentor de Katherine Graham en *The Washington Post* y de Tom Murphy en Capital Cities. En pocos años, esta inversión confirmó la confianza de Buffett en su propia percepción cualitativa, ya que poco después de la compra, los beneficios se multiplicaron por más de diez.

Por último, en estos años intermedios, Buffett no sólo se centró en empresas de mayor calidad, sino que también ganó experiencia en varias áreas de negocio que retomaría una y otra vez, sobre todo los seguros, los medios de comunicación y las marcas minoristas. Aunque también invirtió en empresas de otros sectores, Buffett adquirió un profundo conocimiento de los modelos de negocio en estas áreas específicas. Desarrolló, por ejemplo, un agudo sentido para evaluar la suscripción de las aseguradoras, analizando ratios de pérdidas, gastos y combinados y evaluando los tipos de riesgos que asumían los equipos de gestión. En cuanto a las inversiones, percibía con claridad cómo determinar la capacidad de una aseguradora para gestionar su capital flotante.

La experiencia de Buffett en estos sectores no se limitaba a lo conceptual; también creó una red de personas con recursos, incluidos muchos CEO. En los medios de comunicación, por ejemplo, sus estrechas relaciones con socios como Katharine Graham y Stan Lipsey fueron decisivas para ayudarle a encontrar y evaluar oportunidades de inversión. A la hora de invertir, su confianza en el equipo directivo siguió siendo fundamental en sus decisiones, pero durante estos años empezó a enfocarse no sólo en su confianza y capacidad operativa, sino también en su competencia para asignar el capital con sensatez. En algunos casos, como con Katharine Graham en *The Washington Post,* el propio Buffett la asesoró sobre cómo ser prudente con las adquisiciones y los gastos de capital.

A partir de 1990, en los últimos años de la carrera de Buffett, su desafío ha sido invertir cantidades de capital cada vez mayores para Berkshire Hathaway. Un cambio obvio en su estrategia de inversión ha sido poner más énfasis en las grandes corporaciones, pero en cuanto a su estilo de inversión, Buffett ha mantenido el enfoque cualitativo que perfeccionó durante su etapa intermedia. Ya sea evaluando correctamente la crisis hipotecaria a la que se enfrentaba Wells Fargo o reconociendo su propia incapacidad para comprender la dinámica competitiva de US Air, la principal preocupación de Buffett ha sido su capacidad para entender mejor que otros inversores las ideas fundamentales. Con este objetivo en mente, ha vuelto a las mismas industrias —y, a veces, incluso a los mismos negocios— en las que se hizo experto décadas antes.

Tomemos, por ejemplo, General Re. En el momento de la inversión de Buffett, Berkshire ya tenía una importante actividad aseguradora propia y era propietaria de compañías de seguros como GEICO. Además, Buffett conocía a los propietarios de General Re. Esta experiencia le permitió comprender el negocio a un nivel que superaba el de la mayoría de los analistas. Esta capacidad no pasó inadvertida para la dirección de General Re. Según cuenta la historia, cuando Buffett se reunió por primera vez con ellos para hablar de la compra de la empresa, dijo: «No voy a intervenir de ningún modo. Dirijan ustedes su propio negocio, no interferiré». En cambio, cuando más tarde empezó a hablar de GEICO y a dar cifras, el equipo se quedó asombrado y el principal suscriptor, Tad Montross, exclamó: «¡Santo cielo! ¿A esto lo llama no intervenir?».[144] Buffett se ciñó a su círculo de competencia, pero su conocimiento de esas áreas siempre fue impresionante y, a menudo, superior a lo que él mismo reconocía.

Si bien Buffett siguió la misma filosofía general de inversión y continuó ampliando su vasta experiencia en determinados sectores, se vio obligado a desarrollar ciertos aspectos de su estrategia debido a que trabajaba con enormes cantidades de capital. En particular, comenzó a buscar inversiones en empresas que no sólo fueran muy grandes y maduras, sino también en aquellas que pudieran desplegar de manera inteligente grandes cantidades de capital. Algunas de las inversiones más recientes de Buf-

144. Schroeder, Alice, *op. cit.*, p. 673 del original en inglés publicado por Bantam.

fett, como MidAmerican Energy o Burlington Northern Santa Fe, ejemplifican este nuevo enfoque.

Como ya hemos mencionado, MidAmerican Energy se dedicaba principalmente a construir y operar con eficacia varias docenas de centrales eléctricas en Estados Unidos y otras partes del mundo. La construcción y el mantenimiento de estas infraestructuras requerían miles de millones de dólares. En 1998, cuando Buffett invirtió en el negocio, MidAmerican Energy tenía inmovilizado material en sus libros por un valor de 4.200 millones de dólares, que representaban el 166 por ciento de sus ingresos de ese año. Debido a las grandes necesidades de capital de la empresa, sus rendimientos después de impuestos, aunque relativamente estables, eran modestos, en general de un solo dígito o de dos dígitos bajos. El valor evidente para Buffett radicaba en que podía desplegar grandes cantidades de capital de manera orgánica y con tasas de rentabilidad razonables. Este valor se vio reforzado por la estructura única que Buffett utilizó para invertir en la empresa, que incluía varias clases de acciones diferentes y garantizaba parte de la rentabilidad.

De manera similar, en el caso de la empresa ferroviaria Burlington Northern Santa Fe, las necesidades de capital eran inmensas. Además del tendido y mantenimiento de las vías, la empresa se encargaba del mantenimiento continuo de locomotoras, vagones de mercancías e instalaciones auxiliares como estaciones, terminales y centros de despacho. A pesar de que el rendimiento marginal del capital de los ferrocarriles era superior al basado en el capital total empleado, seguía siendo un negocio que requería miles de millones de dólares de inversión durante varios años. Como en el caso de MidAmerican Energy, Buffett pagó por BNSF una relación precio/beneficios superior a quince veces, un precio bastante mayor que el de algunas de sus primeras inversiones. En cambio, el principal argumento de inversión para estas dos empresas, de las que Berkshire acabaría poseyendo el cien por cien, era que requerían una gran cantidad de capital invertido y producían unos rendimientos razonables.

Otra prueba del interés de Buffett por desplegar grandes cantidades de capital es la estructuración de las inversiones como acciones preferentes o convertibles con una característica de renta fija. Éste fue el caso de la inversión en US Air (tratada en este libro), así como en Goldman Sachs, General Electric, Bank of America y Burger King (no tratadas en este libro). En estos últimos años, Buffett parece estar dispuesto a aceptar rendimientos algo inferiores a cambio de poder desplegar grandes cantidades de capital.

Con todo, lo que me parece más asombroso es que las inversiones de Buffett no se limitaron sólo a acciones baratas o empresas con un alto rendimiento del capital; tampoco se limitaron a aspectos específicos como el crecimiento o el valor profundo. La carrera de Buffett evolucionó de forma constante, impulsada en parte por las oportunidades que se presentaban en el mercado, en parte por su propio desarrollo y en parte por los recursos y limitaciones de los activos que gestionaba. A lo largo de su carrera se mantuvieron constantes algunos criterios de inversión, como contar con un equipo directivo digno de confianza y capaz. Otros aspectos evolucionaron con el tiempo, como el crecimiento continuo de una empresa, su capacidad para expandirse o la necesidad de grandes cantidades de capital. Esta evolución permitió a Buffett pasar de gestionar con éxito una sociedad de inversión privada a dirigir con éxito uno de los mayores vehículos de inversión del mundo.

22

¿Qué podemos aprender de Buffett?

A lo largo de los años, Warren Buffett ha abordado casi todos los temas relacionados con la inversión, ya sea mediante sus cartas a los accionistas, en alguna entrevista o en artículos. De estos debates se podría elaborar una lista concisa de consejos de inversión que abarque desde cómo analizar el riesgo en relación con la recompensa hasta cómo considerar la concentración de la cartera. Sin embargo, como este libro se centra en la perspectiva de un analista de inversiones al valorar las empresas en las que Buffett invirtió, me limitaré a los puntos que considero más críticos para convertirse en un mejor inversor. Estas lecciones representan mi mejor interpretación de las conclusiones obtenidas al analizar las veinte inversiones más importantes de Buffett (tal como se tratan en este libro). Incluyen ideas que me parecieron muy reveladoras y otras que aunque no sean nuevas para un inversor en valor bien informado, son lo suficientemente fundamentales como para recalcarlas. Por naturaleza, esta lista es al menos parcialmente subjetiva. Te animo a extraer lecciones adicionales basadas en tu propia interpretación de las pruebas presentadas.

A. Calidad de la información

La mayoría de los inversores en valor que han seguido a Buffett saben que él creía en la importancia de realizar una investigación fundamental y en invertir de forma concentrada una vez concluida dicha investigación. Según Buffett, invertir debería ser como tener una tarjeta perforada con sólo veinte agujeros, cada uno de los cuales representaría una inversión que se podría hacer a lo largo de la vida. Sin embargo, lo que suele comprenderse menos es qué significaba para Buffett una buena investigación y por qué para él tenía más sentido concentrar sus inversiones que diversificarlas.

Un aspecto que me llamó la atención al analizar las inversiones de Buffett fue la calidad de la información que poseía de las empresas en las que invertía. Por ejemplo, en el caso de Burlington Northern Santa Fe: cuando Buffett decidió invertir en la empresa, el nivel de información que tenía (y que, en mi opinión, cualquier analista dedicado podría haber obtenido) era extremadamente alto. En sus informes anuales, disponibles públicamente, BNSF incluía no sólo información financiera detallada, sino también los parámetros operativos más relevantes de su negocio ferroviario. Esto incluía, entre otras cosas, los ingresos por tonelada-milla recorrida, los ingresos de flete por cada mil toneladas y las puntuaciones de satisfacción del cliente. Estos parámetros se comunicaron de forma sistemática durante varios años, proporcionando a los posibles inversores los datos objetivos necesarios para comprender el funcionamiento de la emprcsa un año tras otro. Lo más importante es que el informe anual, redactado por Matthew Rose, presidente y CEO durante muchos años, explica con claridad las principales áreas de negocio y los factores clave de cada una. Por ejemplo, detalla que el área de productos de consumo se compone en un 90 por ciento de transporte nacional e internacional de mercancías, cuyos volúmenes dependen del tráfico comercial internacional, y en un 10 por ciento de la distribución de productos de automoción, cuyos volúmenes dependen del éxito de la industria automovilística regional. A continuación, detalla las necesidades de capital de la empresa a lo largo del tiempo y explica por qué, para esas categorías de productos, el ferrocarril es un método de transporte más eficiente que las alternativas, sobre todo, el transporte por camión. De esta manera, se dispone de suficientes datos verificables y objetivos para respaldar una visión cualitativa necesaria para una inversión sólida. En este caso, la visión de Buffett era que la futura intensidad de capital disminuiría con una mayor densidad de la red ferroviaria, lo que significaba que los rendimientos del capital marginal empleado seguirían mejorando. Con esta creciente eficiencia, es muy probable que la participación de los ferrocarriles en el transporte global de productos siguiese aumentando durante muchas décadas.

Una y otra vez, en casos muy diversos, una constante en las inversiones de Buffett fue la abundancia de datos objetivos relevantes sobre las empresas en cuestión. En el caso de American Express, Buffett disponía de información que respaldaba sus percepciones cualitativas sobre el potencial a largo plazo de las tarjetas de crédito y los cheques de viajero, así como sobre los daños localizados y a corto plazo del escándalo del aceite para ensalada. De manera similar, en el caso de Coca-Cola, disponía de datos objetivos que confirmaban que la expansión internacional y el aumento del consumo (en porciones de más de 200 mililitros al año) en distintos países impulsarían el crecimiento. Así pues, aunque es cierto que Buffett investigaba minuciosamente todos los aspectos de una empresa, se centraba sobre todo en aquellos casos de inversión que estaban respaldados por datos objetivos concretos.

Esta información no siempre procedía de los informes anuales, sino también de datos del sector. La Association of American Railroads [Asociación de Ferrocarriles Estadounidenses] publicaba mensualmente datos operativos detallados, como ratios de explotación y tiempos de inactividad, de las principales compañías ferroviarias de Estados Unidos. De este modo, los inversores no sólo podían conocer mes a mes y año a año el desempeño de un ferrocarril, sino también compararlo con el de otras compañías. Asimismo, en el caso de *The Buffalo Evening News*, se disponía de cifras de difusión de los periódicos de la zona de Búfalo y de datos publicitarios del sector. Buffett se inclinaba por sectores en los que el nivel de datos objetivos disponibles era elevado, y esto corrobora la lección de que para invertir con éxito es crucial acceder a información de calidad. Sin esa información de alta calidad que respalde nuestras ideas cualitativas es probable que sea mejor no invertir.

Tal vez uno de los resultados de esta estrategia fue la tendencia de Buffett a volver una y otra vez a determinados sectores. Yo diría que cada vez más concentró sus inversiones en unos pocos sectores seleccionados, y esto le permitió perfeccionar y comprender lo que significaba la información de alta calidad y cómo utilizar este conocimiento de manera coherente. Por ejemplo, sin duda conocer las cifras detalladas de suscripciones, las tasas de rotación y los márgenes operativos de *The Washington Post* ayudó a evaluar la inversión en *The Buffalo News*. En general, también parece que los sectores que Buffett revisaba —medios de comunicación, seguros y productos de marca— eran los que contaban con una amplia información objetiva del sector. Al disponer de abundante información objetiva, Buffett podía hacer con confianza las grandes apuestas que definían su enfoque concentrado de inversión.

B. Constancia del crecimiento de los beneficios

La mayoría de los inversores que han seguido a Buffett lo asocian con inversiones en empresas «de alta calidad», entendiendo por esto una empresa con una marca duradera (como Coca-Cola o American Express) o una *compounder* con altos rendimientos sobre el capital. Aunque ambos criterios eran importantes para Buffett, lo que quiero resaltar, y considero aún más crucial, es la constancia de los resultados, específicamente en términos de ingresos y beneficios.

Me explico. La mayoría de los inversores en valor buscan empresas con «fosos»; es decir, ventajas competitivas duraderas. Para muchos, esto significa dedicar tiempo a identificar efectos de red, costes de cambio, beneficios de escala y otros signos cualitativos de ventajas. En el lado cuantitativo, esto implica un análisis detallado de los beneficios y rendimientos actuales. El parámetro preferido, que a grandes rasgos también era el que utilizaba Buffett, son los beneficios en efectivo después de considerar el mantenimiento (CAPEX). Otro criterio cuantitativo frecuente para los inversores en valor es el rendimiento del capital tangible empleado, definido por los beneficios antes mencionados divididos por el capital total empleado o por alguna forma de capital marginal empleado. Pese a que todos estos factores son relevantes y dignos de escrutinio, la lección que se desprende del análisis de las inversiones de Buffett es que todos ellos son secundarios ante la capacidad de hacer una predicción fiable de las perspectivas futuras de una empresa.

La mayoría de las inversiones analizadas en este libro se realizaron en empresas que registraron un crecimiento constante en sus ingresos y beneficios en los años previos a la inversión de Buffett. Muchas de estas empresas habían incrementado sus ingresos o beneficios en nueve de los últimos diez años, lo cual es notable, ya que pocos negocios logran ese rendimiento. Buffett valoraba mucho la coherencia de los datos financieros históricos y los utilizaba para entender las razones cualitativas que había detrás del crecimiento constante de una empresa (en ingresos o beneficios) y la lógica de que ese rendimiento continuara. Su forma de ver American Express, por ejemplo, era que un mayor número de viajes internacionales significaría una mayor demanda de cheques de viajero American Express. En cuanto a Burlington Northern Santa Fe, creía que debido a la propia naturaleza del transporte por ferrocarril, más eficiente en cuanto al consumo de combustible, el transporte de mercancías por ferrocarril seguiría ganando cuota de mercado frente al transporte en camión. Pero ¿por qué es más importante buscar unos buenos resultados constantes que ventajas competitivas, empresas de crecimiento constante o beneficios actuales? Abordaré primero las ventajas competitivas.

En mi experiencia, buscar de forma explícita ventajas competitivas puede ser bastante impreciso. A veces se puede articular y comprender una ventaja competitiva real, pero es necesario disponer de datos financieros históricos uniformes o algún tipo de datos que lo confirmen. De lo contrario, buscar explícitamente ventajas competitivas puede llevar a identificar fosos que en realidad no existen de manera significativa. Por ejemplo, tomemos el argumento de que BlackBerry tenía un foso con su modelo de suscripción y sus servidores privados. Aunque puede que en ello hubiera algo de cierto, financieramente no importaba, ya que los ingresos del negocio se redujeron en más del 80 por ciento entre 2011 y 2014 y las ganancias se volvieron negativas.[145] Buscar pruebas en forma de cifras y datos objetivos parece ser una manera más fiable de determinar una ventaja estructural real, en lugar de limitarse a teorizar sobre ella.

Respecto a las empresas de crecimiento constante y las ganancias actuales, a las que muchos inversores dedican un tiempo desproporcionado para calcular con precisión hasta el último detalle, el argumento es aún más sencillo. Determinar los beneficios actuales es importante, ya que permite al inversor hacerse una idea de la valoración del negocio. Comprender el rendimiento del capital de una empresa también es crucial, ya que sin un rendimiento del capital superior al coste del capital, una empresa no puede crecer. Sin embargo, el verdadero valor de un negocio es la suma de sus beneficios futuros. No importa tanto que un inversor acierte con exactitud si los beneficios actuales son 80, 82 o 79 dólares; lo que importa mucho más es si los beneficios futuros en cinco años se situarán en torno a 700, 15 o 3.000 dólares. De manera similar, aunque tener un alto rendimiento sobre el capital es un requisito para la capitalización, si las perspectivas futuras de una empresa no están claras, entonces ese alto rendimiento sobre el capital es insuficiente. En comparación con una empresa con rendimientos menores, una empresa que tiene un retorno excelente del 50 por ciento sobre el capital empleado, pero que no incrementa sus ingresos o ganancias obtiene exactamente cero beneficio de su alto rendimiento sobre el capital, ya que no podrá reinvertir sus ganancias para hacer crecer el negocio.

---

145. BlackBerry (antes llamada Research in Motion) había registrado unos ingresos de 24.800 millones de dólares canadienses en 2011 y de 4.600 millones en 2014.

En vista de esto, ahora creo que en lugar de dedicar el 80 por ciento del tiempo de investigación a determinar con precisión los beneficios reales del último año o a establecer el retorno exacto sobre el capital de una empresa, se debería dedicar mucho más tiempo a buscar empresas que demuestren una gran constancia en el crecimiento de los beneficios y a encontrar datos de calidad que respalden una justificación clara de por qué se está produciendo este crecimiento. No se debería caer en la trampa de ser preciso, pero equivocarse.

C. Dejar que las oportunidades guíen tu forma de invertir

En el mundo actual de la inversión, muchos inversores desarrollan su estrategia basándose en un enfoque específico como «valor», «crecimiento» o «impulsado por los acontecimientos». Buffett trascendió todas esas categorizaciones; no se limitó a invertir sólo en empresas infravaloradas, compañías de calidad o acciones preferentes. En lugar de eso, adaptó su estrategia de inversión según las condiciones del mercado y su propia disposición para invertir. Podemos analizar más de cerca cómo lo hizo Buffett. En su carta a los socios al cierre del ejercicio 1961, detalla tres tipos de inversiones que constituyen el núcleo de la estrategia de inversión de su sociedad. La primera categoría fue la de «generales»: valores que consideraba muy infravalorados en comparación con su valor intrínseco. Esto incluía la mayoría de lo que se considerarían inversiones de valor típicas: inversiones a largo plazo en empresas baratas en comparación con el valor de sus activos o beneficios. Según Buffett, no existe un plazo específico para que esta infravaloración se corrija, pero espera que, con el tiempo, estas inversiones se revaloricen en su conjunto. Como resultado, un inversor obtiene un gran valor por el precio pagado. Según su experiencia, esta categoría de valores estaba correlacionada con los movimientos del mercado: bajaban cuando el mercado bajaba y subían cuando el mercado subía. Sin embargo, al estar infravaloradas, esperaba que tuvieran un *margen de seguridad* significativo; cuando los mercados cayeran, estas acciones caerían relativamente menos que el mercado en general.

La segunda categoría de inversiones analizada fue la de *workouts*. Eran empresas cuya rentabilidad financiera dependía de operaciones corporativas como fusiones, liquidaciones, reorganizaciones, escisiones, entre otras. Según Buffett, esta categoría debería depender mucho menos del mercado general y esperaba obtener un rendimiento medio bastante estable, de entre el 10 y el 20 por ciento. Si bien es probable que como tal esta categoría no iguale el rendimiento de los mercados al alza, debería superar con creces a un mercado a la baja. Además, suelen resolverse en un plazo determinable, a diferencia de las inversiones infravaloradas en general y en línea con las acciones corporativas específicas.

La tercera categoría de inversiones que menciona Buffett son las que él denominó «situaciones de control». Son inversiones en las que la sociedad puede controlar directamente una empresa o poseer una participación del tamaño suficiente para influir de forma activa en sus operaciones. Aunque estas situaciones pueden surgir de alguna de las dos categorías anteriores, Buffett se centra aquí en influir en la empresa para desbloquear el valor oculto de los activos, el capital circulante o, más adelante en su carrera, mejorar las operaciones.

Su objetivo general era utilizar una combinación de los tres tipos de inversiones para superar al mercado a largo plazo. Esperaba incurrir en pérdidas menores que el mercado en períodos en descenso y en momentos alcistas, igualar o quedarse ligeramente por debajo del rendimiento del mercado. Buffett se refería a la construcción de una cartera de oportunidades, en la que el mejor tipo de inversión variaba en función de las condiciones del mercado. El inversor debía reconocer y adaptarse a estos cambios para identificar las oportunidades más prometedoras.[146] Si bien era flexible en cuanto a los tipos de inversión que consi-

---

146. Buffett habla de la abundancia relativa de oportunidades en las tres categorías de inversiones y de su capacidad para materializarlas en varios casos. Un ejemplo es la carta de 1961 a Buffett Partnership, fechada el 24 de enero de

deraba, Buffett se mantenía inflexible respecto a sus criterios de calidad. Cuando no podía adquirir grandes empresas de capital abierto a un precio razonable, invertía en más operaciones de arbitraje de fusiones. Cuando estas oportunidades se agotaban, buscaba empresas no cotizadas. En 1968, cuando no encontró oportunidades en ninguna de esas categorías, Buffett disolvió su sociedad en lugar de ceder en sus criterios como inversionista. Si su requisito para invertir era tener un margen de seguridad del 50 por ciento respecto al valor intrínseco para inversiones generales infravaloradas, no cedía hasta encontrar una oportunidad de ese tipo. Si eso significaba que debía tener una confianza absoluta en la capacidad de la dirección para asignar el capital con sensatez, no se doblegaba.

La lección que se extrae de aquí es que los inversores no deben imponer un único estilo de inversión al mercado. En su lugar, deben adquirir experiencia en varios tipos de inversiones que se adapten a diferentes entornos y aprovechar las oportunidades que se presenten. Cuando las oportunidades parecen escasas, no se debe compensar relajando los criterios de inversión.

D. Todo depende de la gestión

A lo largo de los años, Buffett ha mantenido constante un aspecto de su enfoque: su atención primordial a la buena gestión. Mientras que otros reconocidos inversores como Walter Schloss o Benjamin Graham prestaban poca atención a evaluar la gestión, Buffett dedicaba una enorme cantidad de tiempo a comprender y evaluar la calidad de la gestión de una empresa. En muchos casos, como Jack Ringwalt, de National Indemnity; Tom Murphy, de Cap Cities/ABC e incluso John Gutfreund, de Salomon, por mencionar sólo algunos, Buffett conocía a los directivos desde años antes de invertir en sus empresas. Y cuando se convierte en propietario de una empresa, dedica un tiempo

---

1962, en la que hablaba de la realización de un número relativamente mayor de operaciones de control a medida que su creciente capital se lo permitía.

considerable a supervisar y apoyar la gestión cuando es necesario. Incluso entre los inversores que evalúan la gestión como parte de su proceso de inversión, Buffett va mucho más allá de lo que se considera la norma.

Al evaluar la gestión de una compañía, un criterio que a todas luces busca Buffett es un historial comprobado de éxito operativo. Por ejemplo, Jack Ringwalt cofundó National Indemnity con su hermano Arthur en 1940 y construyó la empresa desde cero. En 1967, cuando Buffett invirtió, Ringwalt llevaba más de veinticinco años dirigiendo la empresa con éxito, equilibrando los riesgos y las oportunidades de crecimiento. Este mismo historial de éxito era evidente en las grandes empresas de capital abierto en las que Buffett invirtió: Howard Clark, CEO de American Express y Roberto Goizueta, CEO de Coca-Cola, eran dos ejecutivos acreditados que llevaban al menos varios años en sus puestos. Otro punto en común que tenían estos gestores era la elaboración de informes anuales tan detallados y transparentes que proporcionaban una visión poco habitual de sus negocios. Era excepcional que Buffett invirtiera en una empresa sin ver un historial de éxitos por parte del gerente. Un caso notable fue el de *The Washington Post,* en el que tras la muerte inesperada de Fritz Beebe, Katharine Graham se hizo cargo del negocio. Incluso en este caso, Buffett se tomó su tiempo para conocer a los tres directores de división que dirigían las operaciones: John Prescott en los periódicos, Osborn Elliott en *Newsweek* y Larry Israel en la radiodifusión. A ello hay que añadir la extensa labor que más adelante desempeñó Graham como mentora.

Buffett parecía valorar de manera especial a los directivos-propietarios; es decir, a los CEO que eran propietarios de la empresa o tenían un vínculo personal con ella. Algunos casos estaban claros: Jack Ringwalt en National Indemnity y Rose Blumkin de Nebraska Furniture Mart eran propietarios-gerentes que fundaron su propia empresa. Lo mismo sucedía con Katharine Graham por ser la nieta del fundador de *The Washington Post*. En otros casos, los directivos se convirtieron en propietarios-gerentes como incentivo, a consecuencia de un acuerdo directo de reparto de beneficios o por haber sido seleccionados por el propio Buffett por su relación personal con él o con el negocio. Entre estos gestores se encontraban Harry Bottle en Dempster Mill, Ken Chace en Berkshire Hathaway, Stan Lipsey en *The Buffalo Evening News* y Walter Scott y David Sokol en MidAmerican Energy. Incluso cuando se trataba de grandes corporaciones con gestores profesionales, Buffett prefería invertir en aquellas en las que los gestores tenían una trayectoria muy larga y bien definida en la empresa; Tom Murphy en Capital Cities, Carl Reichardt en Wells Fargo, Ronald Ferguson en General Re y Matthew Rose en BNSF llevaban más de diez años en sus puestos y, en algunos casos, más de veinticinco. Buffett prefería a los directivos-propietarios porque sus intereses coincidían con los que él tendría como propietario a largo plazo del negocio.

Buffett también tenía otros criterios importantes para los directivos. Creía que debían ser personas íntegras, ya que de no ser así podrían perjudicar a los inversores más por su astucia que por su incompetencia. Valoraba a los directivos que tenían la capacidad de asignar el capital con sensatez, aunque estaba dispuesto a enseñarles su enfoque moderado en lugar de insistir en que lo dominaran desde el principio. Buffett consideraba que la gestión era uno de los criterios más importantes, si no el más importante, para encontrar una buena inversión. Dedicaba mucho tiempo a conocer, evaluar y orientar a los directivos y a buscar a personas honradas con un historial de éxito demostrado y que se preocuparan de verdad por las empresas que dirigían.

Últimas reflexiones

Desmitificar a Warren Buffett no es tarea fácil. Sin embargo, las lecciones que pueden extraerse al estudiar sus actividades y estrategias son muy esclarecedoras. En este libro, he intentado adoptar un enfoque específico al profundizar en los detalles de los fundamentos de inversión de Buffett a lo largo de varios períodos de su carrera. Me he centrado sobre todo en su enfoque al abordar casos concretos de inversión y en comprender, desde la perspectiva de un tercero, la lógica que él o cualquier inversor pudo emplear en cada situación. En este contexto, también he intentado mostrar la evolución de Buffett como inversor a lo largo del tiempo. Espero que el lector pueda aprender de los ejemplos específicos presentados en los estudios de casos de inversión y relacionar la evolución de Buffett como inversor con su propia experiencia.

Una pregunta que los inversores se hacen con frecuencia es hasta qué punto puede un individuo reproducir las inversiones de Warren Buffett. Tras analizar las veinte inversiones que, en mi opinión, fueron las más importantes de su carrera, me atrevería a afirmar que, en realidad, un buen número de ellas habrían sido posibles para cualquier otro inversor. Esto es cierto sobre todo en el caso de las inversiones realizadas en la última parte de su carrera. Incluso en aquellas inversiones que fueron transacciones privadas y habrían sido imposibles de ejecutar para la mayoría de las personas, muchas de las lecciones aprendidas son aplicables a oportunidades similares en empresas cotizadas. El principal escollo que veo es que Buffett sólo encontraba, en promedio, unas pocas buenas oportunidades de inversión al año, y eso requería un esfuerzo a tiempo completo. Sin embargo, si se está dispuesto a dedicar mucho tiempo y ser paciente, creo con sinceridad que muchas de las lecciones de las inversiones de Buffett pueden aplicarse directamente para mejorar nuestro enfoque como inversores.

Apéndice A

Rendimientos de Buffett Partnership Limited (1957-1968)

AÑO	RESULTADOS GENERALES DEL DOW*	RESULTADOS DE LA SOCIEDAD**	RESULTADO DE LOS SOCIOS COMANDITARIOS***
1957	−8,4 %	10,4 %	9,3 %
1958	38,5 %	40,9 %	32,2 %
1959	20,0 %	25,9 %	20,9 %
1960	−6,2 %	22,8 %	18,6 %
1961	22,4 %	45,9 %	35,9 %
1962	−7,6 %	13,9 %	11,9 %
1963	20,6 %	38,7 %	30,5 %
1964	18,7 %	27,8 %	22,3 %
1965	14,2 %	47,2 %	36,9 %
1966	−15,6 %	20,4 %	16,8 %
1967	19,0 %	35,9 %	28,4 %
1968	7,7 %	58,8 %	45,6 %
Tasa compuesta anual	9,1 %	31,6 %	25,3 %

* Basado en los cambios anuales del valor del Dow más los dividendos que se habrían recibido por la propiedad del Dow durante ese año. La tabla incluye todos los años completos de actividad de la sociedad.

** Para 1957-1961 consiste en los resultados combinados de las sociedades limitadas predecesoras que operaron durante todo el año después de los gastos, pero antes de las distribuciones a los socios o asignaciones al socio general.

*** Para 1957-1961 se calcula sobre la base de la columna anterior de resultados de la sociedad, permitiendo la asignación al socio general según el acuerdo de sociedad actual, pero antes de las retiradas mensuales por parte de los socios comanditarios.

Fuente: Carta de Buffett Partnership fechada el 22 de enero de 1969.

Apéndice B

Rendimientos de Berkshire Hathaway (1965-2014)

Variación porcentual anual

AÑO	EN VALOR CONTABLE POR ACCIÓN DE BERKSHIRE	EN VALOR DE MERCADO POR ACCIÓN DE BERKSHIRE	EN S&P 500 CON DIVIDENDOS INCLUIDOS
1965	23,8	49,5	10,0
1966	20,3	(3,4)	(11,7)
1967	11,0	13,3	30,9
1968	19,0	77,8	11,0
1969	16,2	19,4	(8,4)
1970	12,0	(4,6)	3,9
1971	16,4	80,5	14,6
1972	21,7	8,1	18,9
1973	4,7	(2,5)	(14,8)
1974	5,5	(48,7)	(26,4)
1975	21,9	2,5	37,2
1976	59,3	129,3	23,6
1977	31,9	46,8	(7,4)
1978	24,0	14,5	6,4
1979	35,7	102,5	18,2
1980	19,3	32,8	32,3
1981	31,4	31,8	(5,0)
1982	40,0	38,4	21,4
1983	32,3	69,0	22,4
1984	13,6	(2,7)	6,1
1985	48,2	93,7	31,6

.../...

.../...

AÑO	EN VALOR CONTABLE POR ACCIÓN DE BERKSHIRE	EN VALOR DE MERCADO POR ACCIÓN DE BERKSHIRE	EN S&P 500 CON DIVIDENDOS INCLUIDOS
1986	26,1	14,2	18,6
1987	19,5	4,6	5,1
1988	20,1	59,3	16,6
1989	44,4	84,6	31,7
1990	7,4	(23,1)	(3,1)
1991	39,6	35,6	30,5
1992	20,3	29,8	7,6
1993	14,3	38,9	10,1
1994	13,9	25,0	1,3
1995	43,1	57,4	37,6
1996	31,8	6,2	23,0
1997	34,1	34,9	33,4
1998	48,3	52,2	28,6
1999	0,5	(19,9)	21,0
2000	6,5	26,6	(9,1)
2001	(6,2)	6,5	(11,9)
2002	10,0	(3,8)	(22,1)
2003	21,0	15,8	28,7
2004	10,5	4,3	10,9
2005	6,4	0,8	4,9
2006	18,4	24,1	15,8
2007	11,0	28,7	5,5
2008	(9,6)	(31,8)	(37,0)
2009	19,8	2,7	26,5
2010	13,0	21,4	15,1
2011	4,6	(4,7)	2,1
2012	14,4	16,8	16,0
2013	18,2	32,7	32,4
2014	8,3	27,0	13,7
Ganancia anual compuesta (1965-2014)	19,4 %	21,6 %	9,9 %
Ganancia global (1964-2014)	751.113 %	1.826.163 %	11.196 %

Nota: Los datos corresponden a años naturales con las siguientes excepciones: 1965 y 1966, cuyo cierre de ejercicio fue a 30 de septiembre; 1967, quince meses finalizados el 31 de diciembre. A partir de 1979, las normas contables obligaron a las compañías de seguros a valorar los títulos de renta variable que poseían a precios de mercado en lugar de hacerlo al valor más bajo entre el coste y el mercado, que era lo que se exigía anteriormente. En esta tabla, los resultados de Berkshire hasta 1978 se han recalculado para ajustarlos a las nuevas normas. En todos los demás aspectos, los resultados se calculan utilizando las cifras comunicadas originalmente. Las cifras del S&P 500 son antes de impuestos, mientras que las de Berkshire son después de impuestos. Si una empresa como Berkshire simplemente hubiera sido propietaria del S&P 500 y hubiera reunido los impuestos correspondientes, sus resultados habrían sido inferiores a los del S&P 500 en los años en que dicho índice hubiera arrojado un rendimiento positivo, pero habrían superado al S&P 500 en los años en que el índice hubiera arrojado un rendimiento negativo. A lo largo de los años, los costes fiscales habrían hecho que el retraso agregado fuera sustancial.

Fuente: Berkshire Hathaway, *Informe anual 2014*, p. 2, reimpreso.

Agradecimientos

No habría podido escribir este libro sin el apoyo y la contribución de numerosas personas, a las que deseo agradecer sinceramente su ayuda.

En primer lugar, a Eddie Ramsden, de la London Business School, que me alentó a convertir en un libro en toda regla lo que en principio era un proyecto de investigación personal. Si no hubiera sido porque él percibió lo que aún quedaba por hacer, yo habría llegado a la conclusión de que ya había demasiados libros publicados sobre Warren Buffett y nunca me habría aventurado a escribir sobre este tema de la manera en que lo he hecho.

También quiero expresar mi agradecimiento a Bridget Flannery-McCoy y a Stephen Wesley, de Columbia University Press, que trabajaron directamente conmigo y dedicaron innumerables horas a darme su opinión y editar mis manuscritos. Muchas gracias por vuestra implicación en este proyecto y por vuestro talento. Sin vosotros y sin la ayuda de todo el equipo de Columbia University Press este libro no habría sido posible tal como está escrito.

No puedo dejar de expresar mi reconocimiento a mis actuales colegas de Shareholder Value Management AG en Fráncfort (Alemania) por el papel fundamental que ha desempeñado cada uno. Gracias a Frank Fischer y Reiner Sachs por crear una organización que ha proporcionado un entorno increíble y la oportunidad de comprender mejor la inversión en valor. Sin esta organización, no habría podido escribir este libro. Cada uno a su manera, sois dos de las personas más increíbles y positivas con las que he tenido la oportunidad de trabajar. Estoy en especial agradecido por el tiempo tan valioso que tú, Frank, has dedicado a compartir conmigo tus conocimientos sobre inversión y muchas otras facetas de la vida. También quiero darles las gracias a mis colegas Suad Cehajic, Gianluca Ferrari, Ronny Ruchay, Simon Hruby y Cedric Schwalm por nuestras numerosas conversaciones sobre este tema y por sacar tiempo de vuestra apretada agenda para leer los borradores de mis manuscritos y hacerme comentarios detallados. En conjunto, esta organización y sus miembros han contribuido de manera destacada a que yo comprenda mejor la inversión en valor y la vida.

Gracias también a mis antiguos colegas del Forum Family Office de Múnich. Todos los miembros de esta organización, bajo la dirección del doctor Burkhard Wittek, han conseguido que ya me quede menos que aprender de la inversión en valor. Un agradecimiento especial a Frank Weippert, Till Campe, Jeremie Couix y Sasha Seiler, que continúan siendo unos magníficos compañeros de batalla en la búsqueda de ideas de inversión. Son colegas de la comunidad alemana de inversores, de la que me complace formar parte, a quienes aprecio mucho.

Deseo también dar las gracias a Norman Rentrop y Jens Grosse-Allermann, los anfitriones del encuentro anual de inversores alemanes en la asamblea anual de Berkshire Hathaway. He tenido el placer de asistir en varias ocasiones y considero que es un recurso y servicio invaluable, sobre todo para la comunidad alemana de inversores.

Tengo una deuda importante con varias personas, entre ellas Rob Vinall, de RV Capital, que revisó varios capítulos de este libro y a lo largo de los años me ha enseñado los entresijos de la inversión en valor; le estoy muy agradecido por ambas contribuciones. Frederik Meinertsen, de SEB, que se interesó por mi trabajo académico y aportó valiosas observaciones sobre varias partes de este libro. Chris Genovese, responsable a partir de 2013 del archivo histórico de Sanborn Maps, que me ayudó mucho a buscar material original de dicha empresa. El profesor T. Lindsay Baker, de la Tarleton State University, que me brindó una gran ayuda con el estudio de caso de Dempster Mill Manufacturing. Además, mi gratitud se extiende a todas las personas, incluidas Ralph Bull y Daniel Teston, que me permitieron publicar su material gráfico y fotográfico en este libro.

Por último, quiero dar las gracias a mi querida familia: Nora, Lily, mis padres, Xuan-yong y Lizhu, y mi hermano Felix. Han sido mi mayor apoyo durante este arduo esfuerzo, soportando las incontables horas que me pasé delante del ordenador en casa, en la playa y dondequiera que estuviéramos. Muchas gracias por vuestra comprensión, paciencia y cariño.

Bibliografía seleccionada

Altucher, James, *Trade like Warren Buffett*, Wiley, Estados Unidos, 2005.

Buek, Michael, «Why index funds beat active strategies», <http://www .bankrate.com/finance/financial-literacy/why-index-funds-beat -active-strategies-1.aspx>.

Buffett, Warren, *Warren Buffett to shareholders, 1977-2015*, Berkshire Hathaway Inc., <http://www.berkshirehathaway.com/letters/letters. html>.

Graham, Benjamin, *El inversor inteligente*, Ediciones Deusto, Barcelona, 2022.

Greenwald, Bruce C. N.; Judd Kahn, Paul D. Sonkin; y van Biema, Michael, *Value investing: from Graham to Buffett and beyond*, Wiley, Estados Unidos, 2001.

Kilpatrick, Andrew, *Of permanent value: the story of Warren Buffett*, AKPE, Estados Unidos, 2006.

Lowenstein, Roger, *Buffett: the making of an American capitalist*, Random House, Estados Unidos, 2008.

Schroeder, Alice, *La bola de nieve. Warren Buffett y el negocio de la vida*, Valor Editions de España, Madrid, 2018.